JN293736

知っておきたい

幸せになれる家相学

家相方位盤付きで分かりやすい!

幸せが舞い込む家づくり!

はじめに

人はだれでも、夢や希望をかなえて幸せな人生を送りたいと願い、運命の向上に向けて一生懸命に努力する能力や知識を持っています。しかし、住宅の吉凶が住む人の運命に大きく関係していることを自覚して生活している人は少ないでしょう。

では、なぜ、家の吉凶が、そこに住む人の運命に影響するのでしょうか。

それは、家も人も、この大宇宙の一部だからです。宇宙の中の地球、地球の中の日本、日本の中にあるわが家。私たち人間は、大きな自然の懐に抱かれて生きています。大宇宙のマクロの世界から見れば、ほんの小さな微粒子のような存在にすぎませんが、大気の現象や地球磁場の活動といった自然界の影響を受け、そのルールのもとで生きていかなければなりません。ですから、「家は小宇宙であり小天地」といわれるように、家も土地も、この自然界の法則、つまり自然の「気」の働きに影響され、それが住む人の心身に作用し、人生の幸・不幸や吉凶禍福につながるのです。

こうした自然律を背景として、人生のより良い選択を手助けするのが「観象学」であり、人間としての生活のあり方を追求する学問が、観象学における『家相学』です。家相学は、長年にわたる実験と鑑定経験から推察するに、家の中の空気の流れと日差しが、住む人の心や身体の健康に大きな影響を与えることを示しており、さまざまな法則が成り立っています。

したがって今日の家相とは、観象学的見地からみた住宅の環境学といえるのです。

実際には、屋内に差し込む太陽の光や空気の過不足、また室内の温度や湿度を、住む人の健康にとって適切で快適となるように調整し、建築する際の順序や方法をアドバイスします。決して「○○に蔵を建てれば金持ちになる」といった迷信的なものではなく、安易なノウハウでもありません。

また家相学は、中国古来の風土習慣を日本の自然風土に適合させたものです。さらに方位学と密接な関係があり、陰陽思想、木・火・土・金・水の五気思想からなる『五行説』とも深くかかわっています。これらのことを総合的にふまえ、本書では、家相に基づく住宅の環境学についてやさしく解説しました。

現代では、人間は科学を万能と考えるあまり、目に見えない自然の「気」の世界には無関心になりがちです。しかし、自分自身が「気」の存在を意識したとき、「気」の流れは好転し始め、運命もまた向上へと向かうでしょう。吉相の家の新築や増改築、吉方位への移転こそ、その絶好の機会といえます。本書が、読者の方々にとってライフプランの指針、幸運を招くためのガイドとなれば幸いです。

井上象英

目次

第三章　開運の間取り

◆第一章◆

まずは見てみよう！

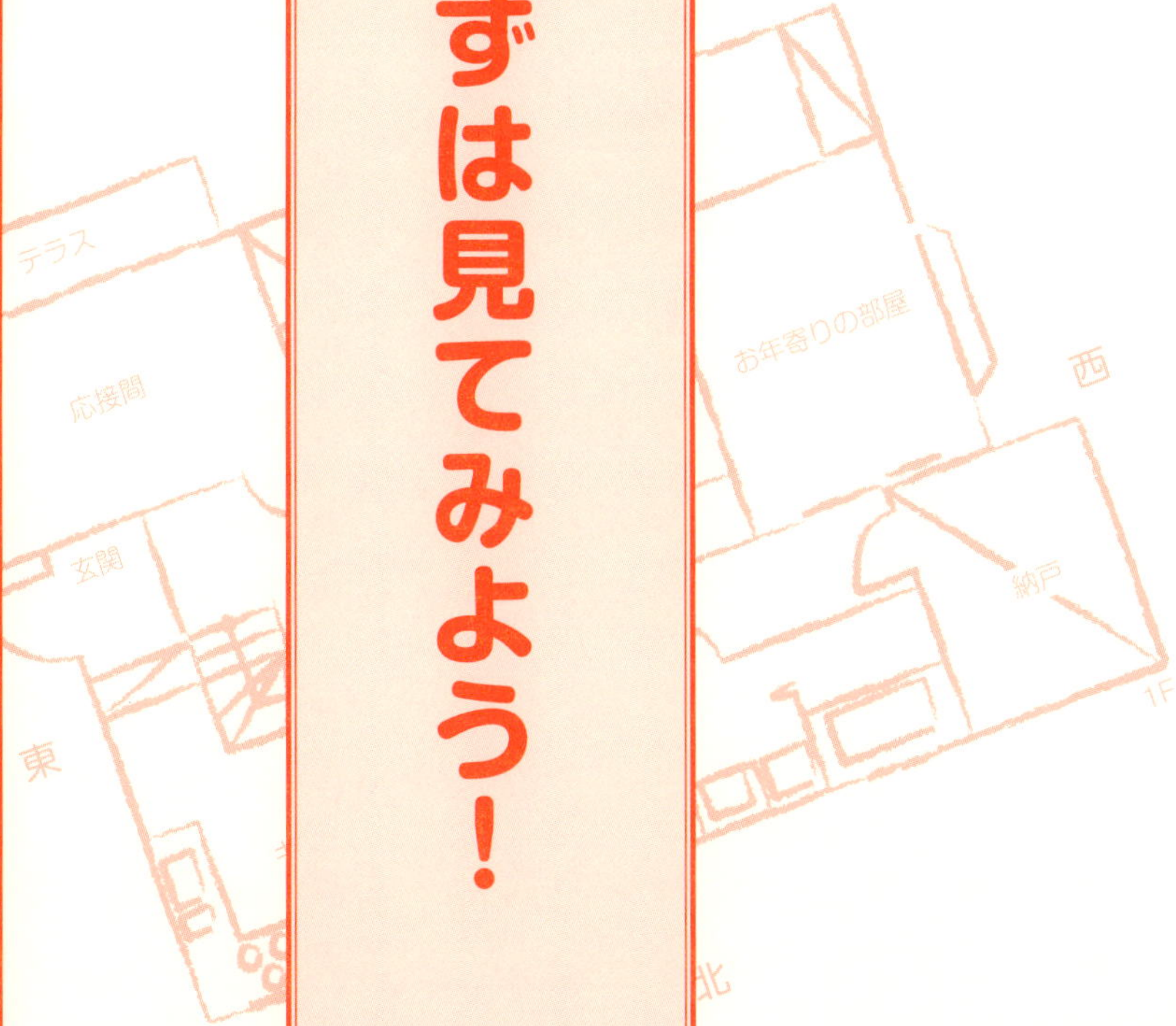

理想の吉相家屋例

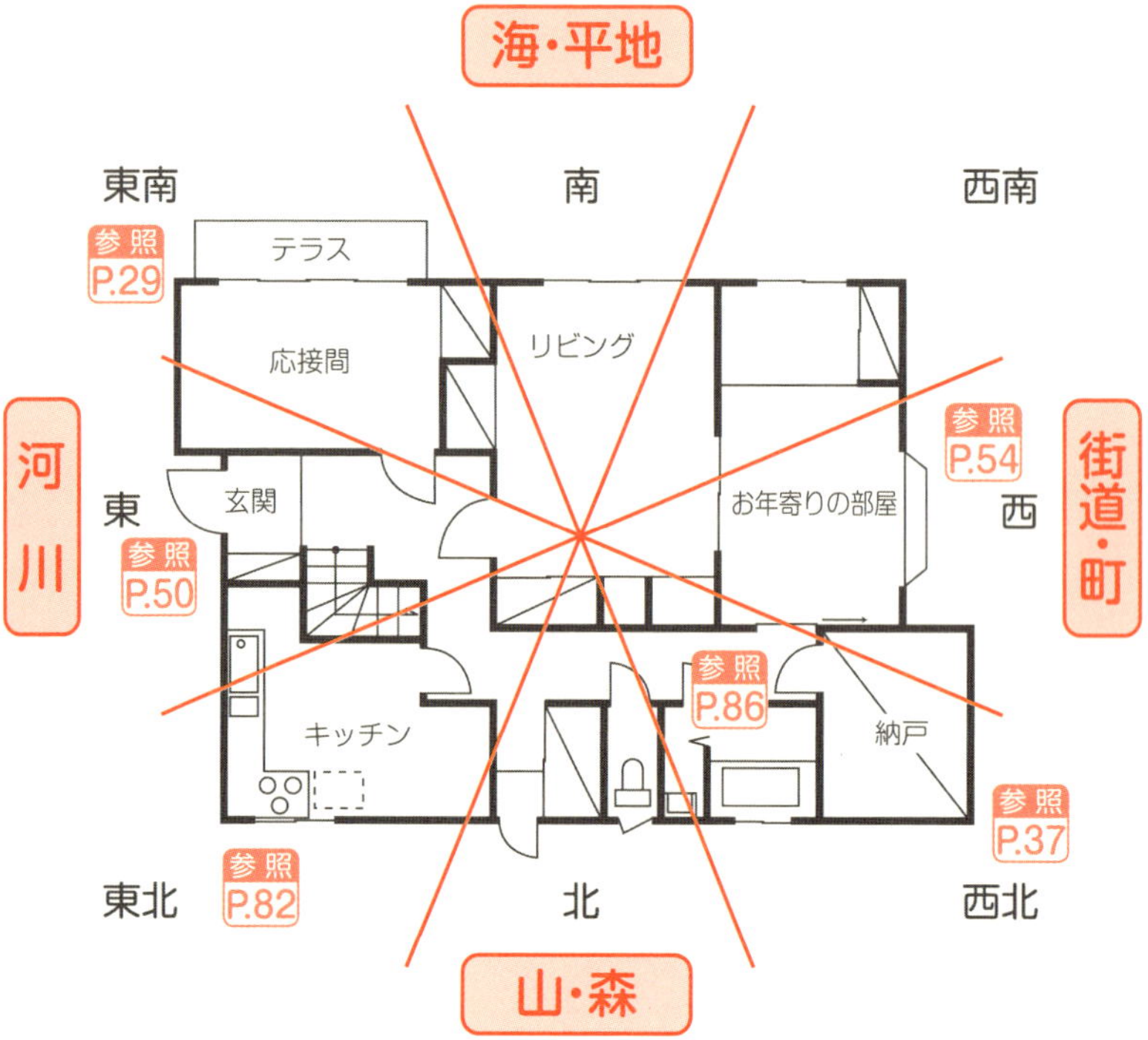

〈四神相応〉

「四神」は天の四方をつかさどる神のことで、古くから東に青龍、南に朱雀、西に白虎、北に玄武の守り神がいるとされてきました。これらの守り神に相応するように、東に河川、南に海や平地、西に街道や町、北に山や森のある土地が「四神相応」の地で、家相学では最良の地形といわれています。

およそ家相は南面向きをもって常位とされ、理想とされるこの「四神相応」の地に家や建物を建築することが、家相学の最も大切な基本原則で、繁栄をもたらす最高の吉相とされます。

〈地質〉

その土地の吉凶を判断する「地相」を見る上で、地形とともに重要になるのが「地質」です。

地質的に見て、土がよく締まり、自然に潤いを含む土地は最上です。土の締まりが弱くても、朝夕に潤いを持つ土地は繁栄発展の地といえます。また、黄色で潤いのある土地、草木がよく育つ土地、水はけがいい土地は吉相となります。

こうした吉相の土地とは、よい気が流れる「生きた土地」です。土の色が黄色っぽく、光沢がある土地は福徳をもたらすとされますから、生きた土地を選び、健康で豊かないきいきとした人生を送りましょう。

〈辰・巳（東南）の張り〉
すべては信用が基本となって調い、繁栄し、利益も順調に伸びていきます。

参照 P.29

〈乙（東）の玄関〉
長子が世間の信用を得て、良縁に恵まれる吉徳があるでしょう。

参照 P.50

〈甲の流し〉
一家は繁栄。とくに有能な男子に恵まれ、家族も活動的になるでしょう。

参照 P.82

〈戌・亥（西北）の張り〉
収穫した実りを蓄え、主人の尊厳や行動力がますます盛んとなってきます。

参照 P.37

〈西の出窓〉
ほどよく開けるならば問題ありません。出窓は張りとなるので注意しましょう。

参照 P.54

〈亥（西北）の浴室〉
亥の方位のみが安全です。財運が安定し、家族は主人に忠実でしょう。ほかの戌・乾は財産を減らす凶相となります。

参照 P.86

理想の吉相家屋例（マンション）

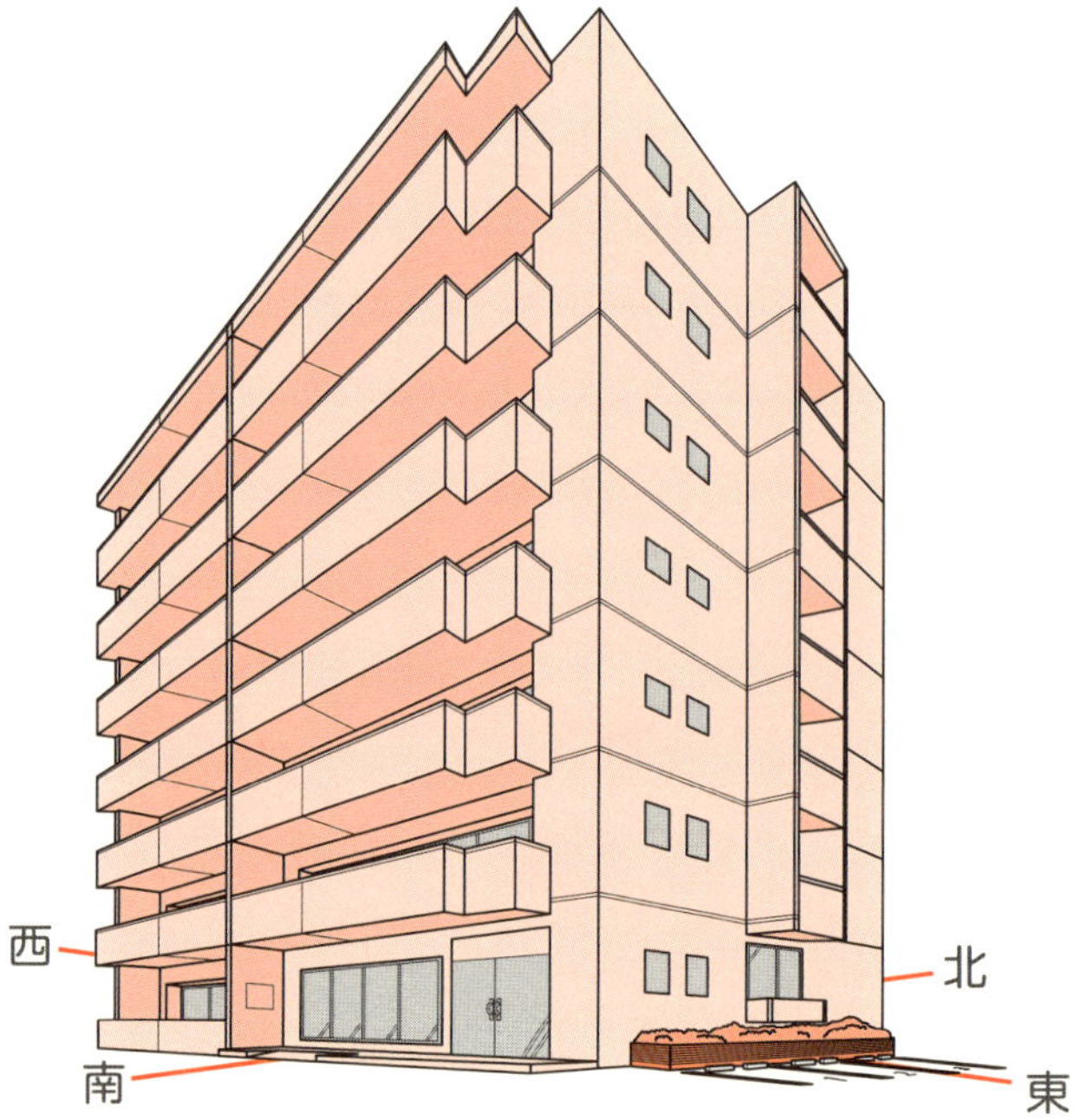

〈東の駐車場〉
建物の東に駐車場を設けているマンションがよいでしょう。建物と駐車場が離れていて、間に樹木が植えられていると、四神相応の勝地の構えとなり吉相です。

参照
P.142

〈東南のエントランス〉

一戸建ての玄関同様、エントランスは東南や東、西北の方位が吉相になります。道路に対して斜めの向きになっていないことも大切です。

参照
P.144

〈東向きの階段〉

マンションの階段は、気の通り道の役割を果たします。東向きにある階段は朝日が当たって明るく、陽の気がスムーズに建物全体に流れるので、よい気に満ちたマンションになります。

ただし、照明が切れたままになっていたりすると、気の流れが滞り、住んでいる人の運気を低下させます。

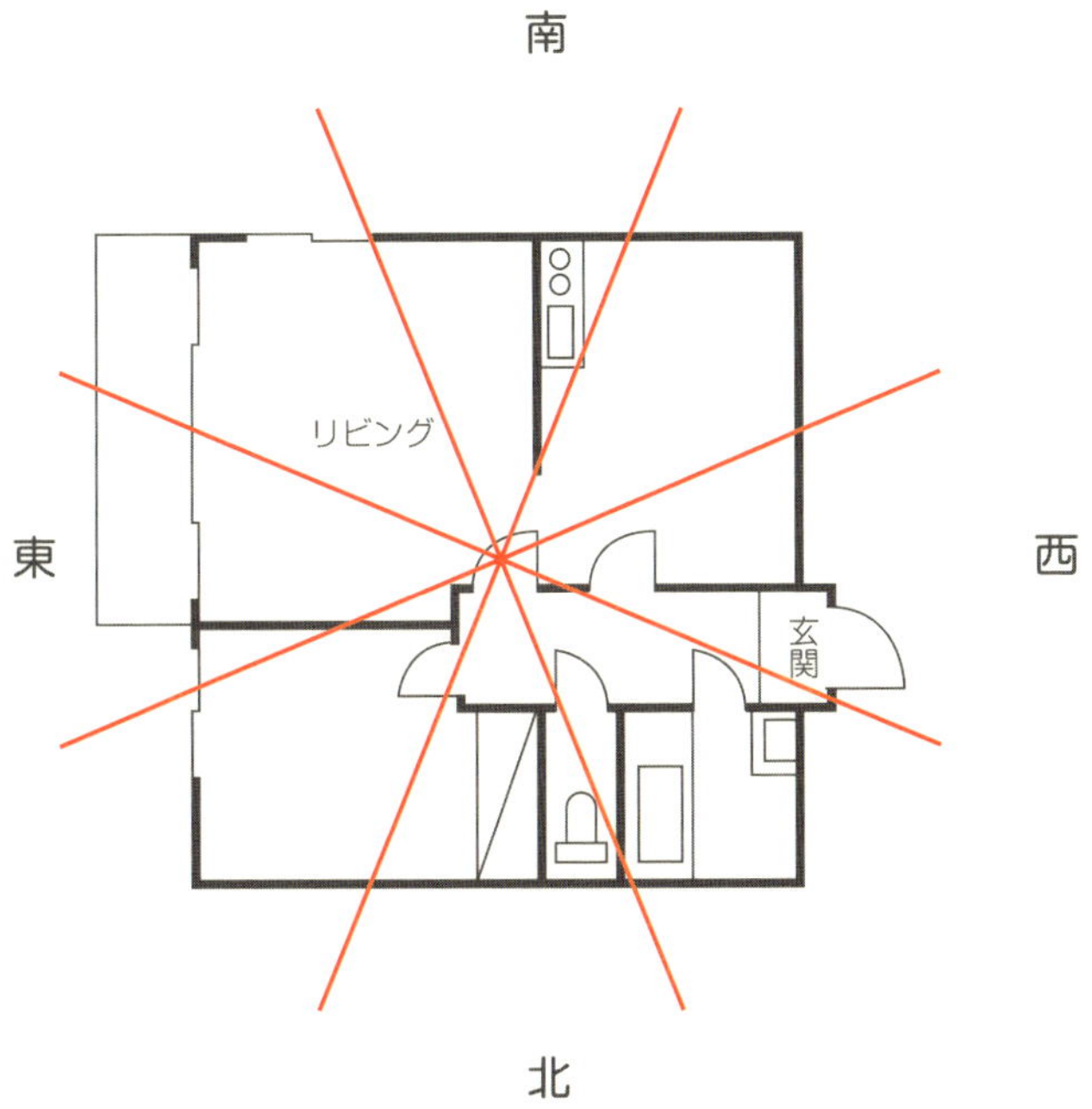

〈東向きの部屋〉

東に向いている部屋は、家族のだれが使っても大吉です。とくに子供部屋にすると、陽の気を受けて子供が活動的になり、意欲が高まります。

また、東向きの部屋はお年寄りにも適しています。東は希望と発展の方位ですから、行動力が出て、心身の健康を保つ吉相となります。


〈東南の窓〉

東南の窓は採光や風通しがよく、最適な方位です。陽の気が住まい全体に流れ、運気が上昇します。

巳から未までの方位は、どの位置に大きく開いていても吉相。寅から辰までの方位は、ほどよく開いていれば吉相です。ただし、明るい部分と暗い部分のバランスが大切ですから、しっかりチェックしましょう。


〈東南のリビング〉

リビングが、日当たりや風通しのいい場所にあるマンションを選びましょう。明るくて居心地がよく、家族全員のくつろぎの場になるのが理想的です。

東南の方位にあるリビングは大吉相で、家族の交流が活発になり、リビングに集まる機会が増えます。家具やカーテンなどで、より快適にしましょう。

凶相家屋例

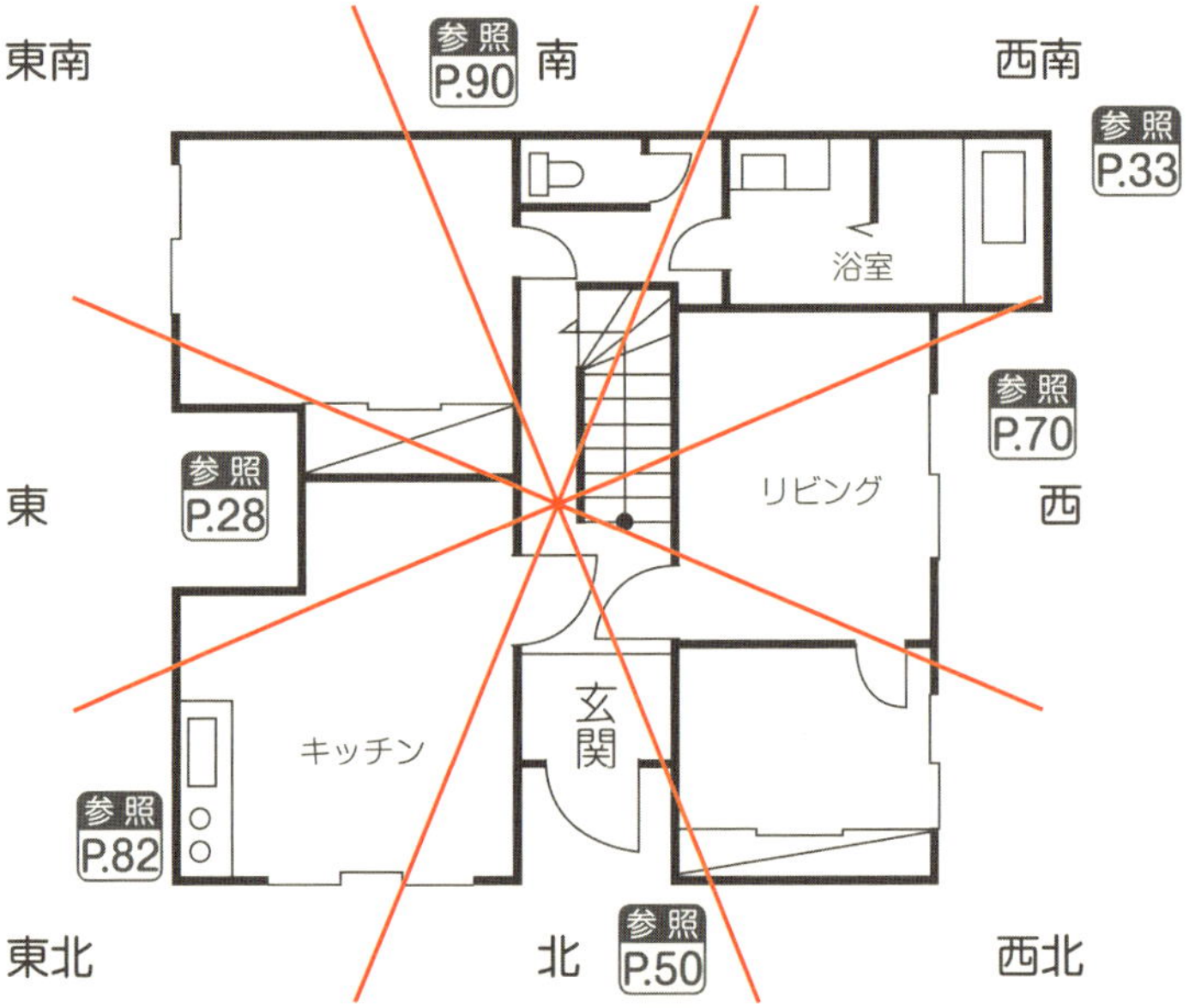

ゆるい地盤

〈地質〉

年々地盤が沈下する土地や、沼地や凹地を埋め立てた造成地など、ゆるい地盤に建物を建てるのは避けてください。病難や家庭の乱れ、運勢の変化がつづき、繁栄することはないからです。

土が締まらず、枯れたように崩れる土地や草木の育たない土地は地質に問題があり、住宅地には適しません。一年を通してほこりっぽい場所、石が多くて土が見えない場所、晴れのときはほこりがたち、雨のあとはぬかるんで乾きが遅い土地などは、財産がたまらず、運勢が衰える傾向があります。ねばつく土地、青黒い土地、焼け跡の土地、潤いのない土地も凶相です。


〈土地の形〉

建物は、張りや欠けのない長方形の土地に建てるのが理想的です。東南から西北に長い長方形の土地、西北から東南に長い長方形の土地は大吉相の構えとなります。土地に張りや欠けがある場合は、家の形でそれを補うように考慮しなければなりません。

長方形でも、表鬼門の東北や裏鬼門の西南へ張った土地は凶相です。鬼門張りの土地にあわせて鬼門張りの家を建てると、変化の大きい人生を送ることになります。また、変形の激しい土地も気の流れが安定しないため凶相です。とくに三角形の土地は大凶相で、トラブルが起こりやすく落ち着いた生活ができません。

〈東の欠け〉
不満が絶えず、子供の非行などで苦労し、家族にも病人が出やすいでしょう。

参照
P.28

〈北の玄関〉
長子に恵まれず、家の中が乱れ、不和や病気に苦しむことが多くなる凶相です。

参照
P.50

〈東北の流し〉
一家の円満を欠く大凶相。兄弟仲や親戚間にも支障が出る可能性が強くなります。

参照
P.82

〈西南の張り〉
夫の死や遊び癖で苦労が多く、男子に恵まれず、女系家族となりやすいでしょう。

参照
P.33

〈西のリビング〉
西日が凶作用をもたらすため、家族に病人が出たり、口論になることもあります。

参照
P.70

〈南のトイレ〉
仕事上のトラブル、色情問題、眼病や頭部の病気などが起こりやすい大凶相です。

参照
P.90

凶相家屋例（マンション）

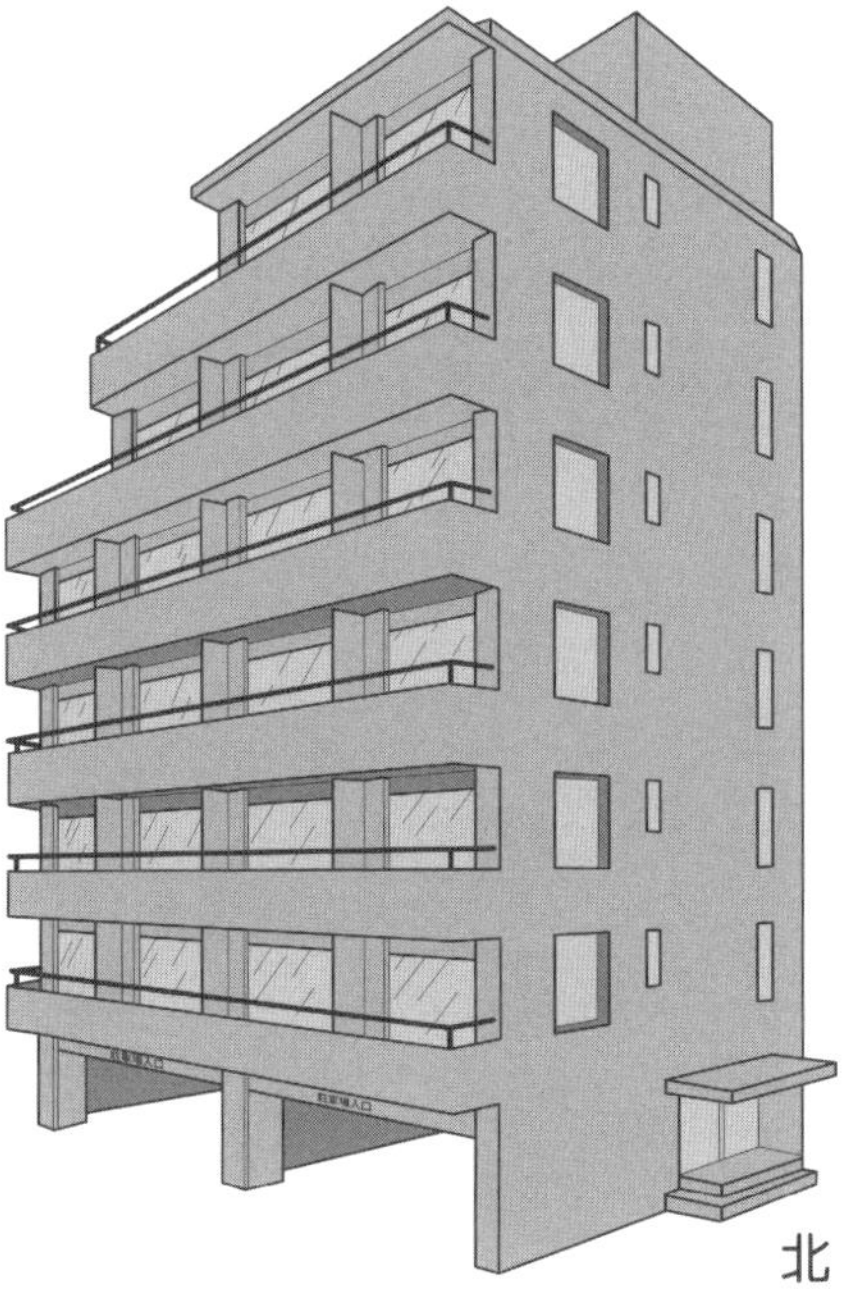

〈一階の駐車場〉
一階に大きな駐車場を設けているマンションは凶相です。地下駐車場と同様に、土地そのものに欠けをつくることになり、住人全体の運気が衰退してしまいます。

参照
P.142

〈北のエントランス〉
一戸建ての玄関と同様に、北のエントランスは凶相とされます。しかし、マンションの場合は、それぞれの部屋の玄関が吉方位であれば、それほど大きな影響はありません。

参照
P.144

〈北のエレベーター〉
マンションのエレベーターはビル全体の欠けとなり、陰陽の気の通り道になります。暗くて寂しい雰囲気のエレベーターでは陰の気がこもり、住んでいる人にも悪い影響が及びます。

参照
P.146

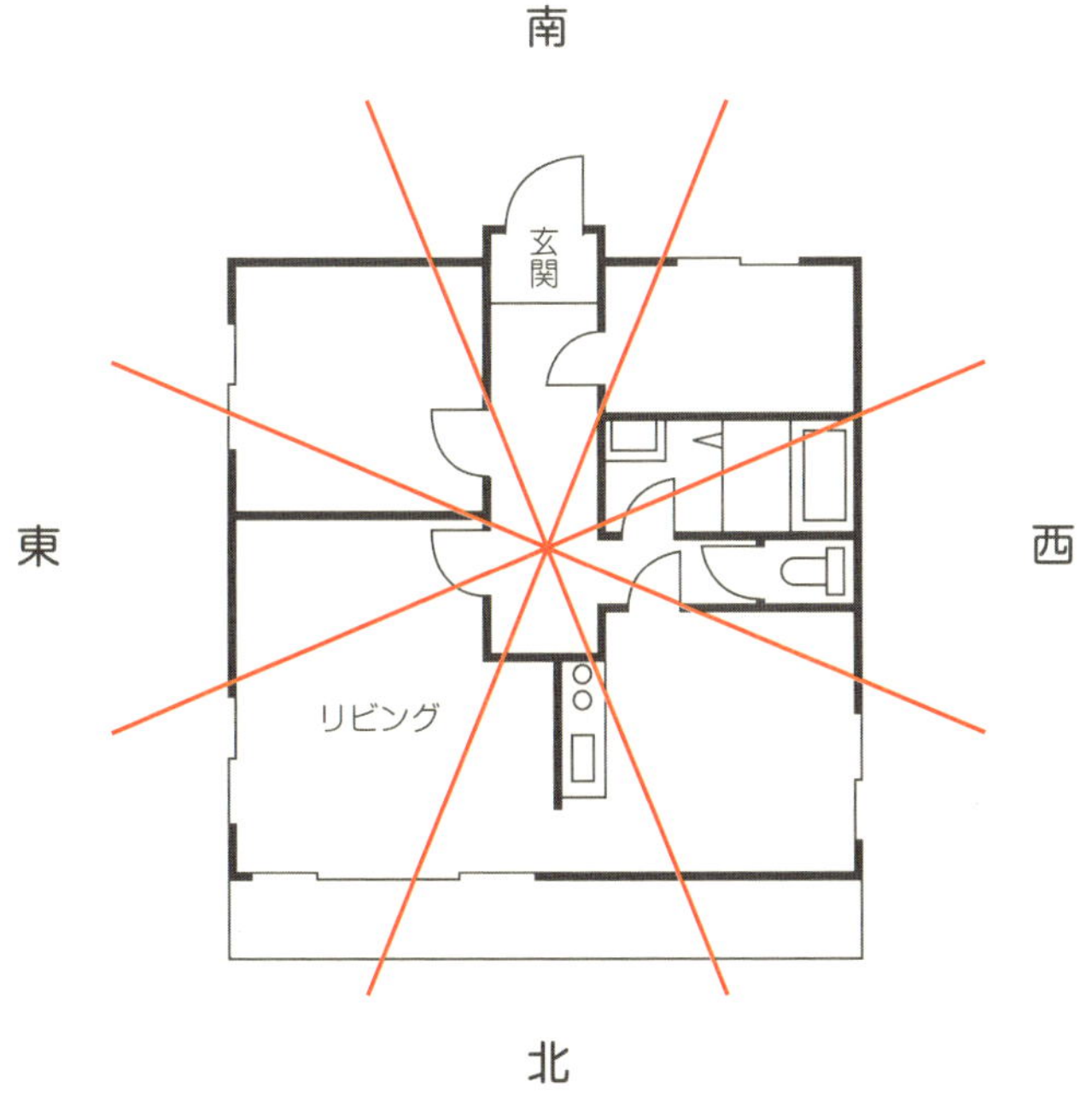

〈北向きの部屋〉

北向きで日当りの悪いリビングは、家族の運気を低下させます。東北の方位は吉凶半々ですが、子供が家に寄りつかず、父親の威厳が保てないでしょう。

また、寒くて暗い北向きの部屋は、お年寄りの居室には向きません。健康を損ないやすく、精神的にも陰の作用を受け、心身ともに老け込んでしまいます。

〈部屋の中心が廊下〉

マンションの場合、自宅となる部屋の中心が廊下にある間取りがよくありますが、これは「中心欠け」の凶相です。家族の間でさまざまなトラブルや対立が起こりやすくなり、一家の主人の運気を衰退させます。

ほかの間取りがよくても、中心が凶相であれば、全体に影響を受け、よい運気は長つづきしません。

〈最上階の部屋〉

最上階は半吉ですが、太陽や雨風の影響を直接受けるのは、陽の気を受けすぎる原因になり、心身に大きな影響を及ぼします。

参照
P.140

まずは見てみよう！

あなたの家は何点？

吉相の家と凶相の家それぞれの例を紹介しましたが、住まいを吉相に変えるには、まず現在の家相を正しく知る必要があります。あなたの家は家相学上から見てどうか、左の「かんたん家相採点シート」で採点してみましょう。

質問は家相のポイントとなる土地や家の形、玄関・リビング・キッチン・トイレの配置についてです。質問ごとに当てはまる答の点数を記入し、その合計点でおおまかな吉凶がわかります。家相診断の結果は合計点によって、とてもいい家相の「大吉」、良い家相の「吉」、あまり良くない家相の「凶」、とても良くない家相の「大凶」の四段階に分かれます。

吉凶の理由などについては第二章以降で説明しています。吉相凶相どちらの場合も家相の基本を知り、幸運を招く家相学を活用しましょう。

かんたん家相採点シート

全体の形は？

- 東南から西北に長い土地や家……20点
- 西北から東南に長い土地や家……20点
- その他……0点

→ 点

＋

玄関はどこにある？

- 東南・西北……20点
- 東・南・西……10点
- その他……0点

→ 点

＋

リビングはどこにある？

- 東・東南……20点
- 南……10点
- その他……0点

→ 点

＋

キッチンはどこにある？

- 東・東南……20点
- その他……0点

→ 点

＋

トイレはどこにある？

- 甲・乙・巳・申・庚・辛・亥・壬・癸……20点
- その他……0点

→ 点

＝

合計　点

トイレ方位参照図

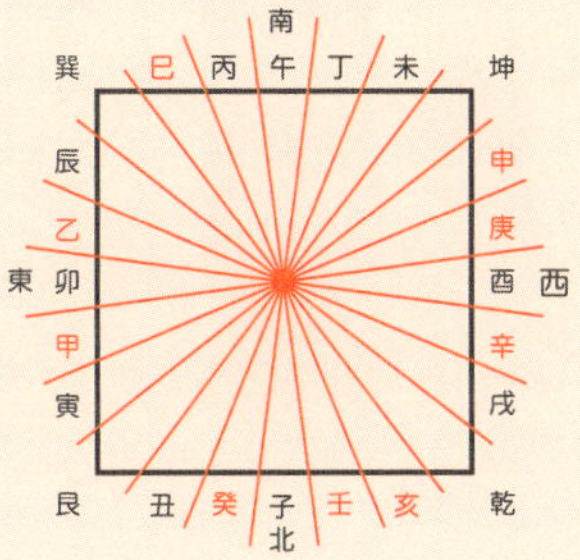

かんたん家相診断シート

合計	判定	
100〜80点	大吉	とてもいい家相です。細かい点も注意して、吉相効果を吸収しましょう！
79〜50点	吉	良い家相と言えるでしょう。住む人に合わせた家作りを意識すれば、吉相効果がより高まり、さらにいい家相になります。
49〜20点	凶	あまりよくない家相です。凶相を意識して改装したり、吉作用のある置物などで、凶作用を和らげるように心がけましょう。
19〜0点	大凶	とてもよくない家相です。改装が望ましいでしょう。本書をよく読んで、凶相から抜け出しましょう！

第二章

家相の基本

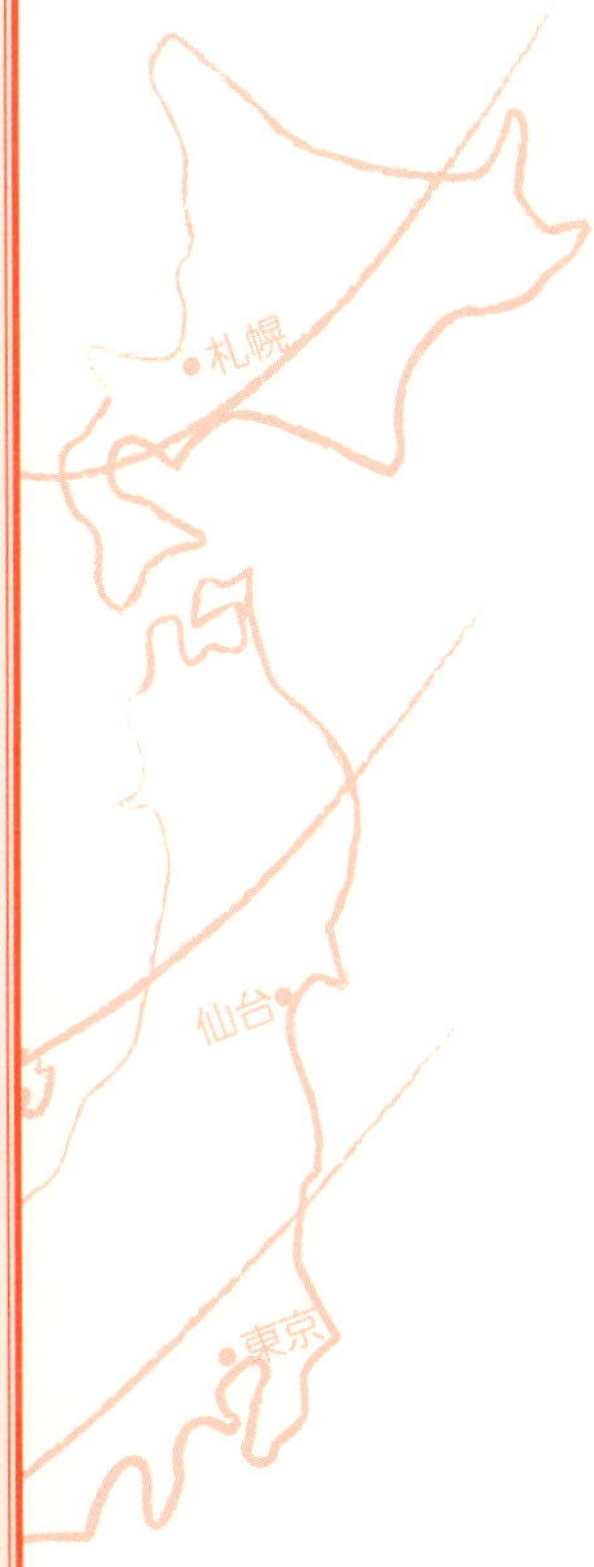

簡単家相の見方！

POINT

家相を判断する決め手は方位。家の中心に、方位を二十四分割した家相方位盤を置いて見ると基本的な吉凶が簡単にわかる。

家相を見るには、まず家や建物の図面を準備して正確に家の中心を取り、この中心を基点に方位を見て吉凶を判断します。

方位とは東・西・南・北と東南・西南・西北・東北の八つの方位で、これに十干・十二支・易の八卦・九星をあてはめて二十四方位に分割したものが左図の家相方位盤です。

この方位盤を家の中心に置き、方位と図面とを照らし合わせて家相を見ます。各方位それぞれに運気と作用を持っており、たとえば「東」に玄関があれば吉、高い建物が隣接していれば凶、「鬼門」に階段があると相続人に苦労するなど、基本的な吉凶が簡単にわかります。

図面を準備して正確に見てみよう！

①図面を手に入れる

手元にない場合は、不動産会社や建築会社に問い合わせてみましょう。古い土地等でない場合は、実寸してから、方眼紙に正確に書くとよいでしょう。

②中心を取る

家相を見るにあたり家の中心を取ることは一番重要です。複雑な土地の場合は、中心の取り方も様々です。本書の24ページ以降を参考にして、正確に中心を取りましょう。

③方位を見る

家の各部分の方位を見てみましょう。方位を見る際には、真北に注意しましょう。（真北については25ページを参照してください。）左図に照らし合わせて簡単に見ることができます。詳しい説明や本書の第三章を参考にしてください。

④吉凶を判断する

吉相が望ましいですが、凶相だった場合でも、凶作用を抑える方法を活用して幸運が舞い込む家作りをしましょう。

家相八方位吉凶一覧

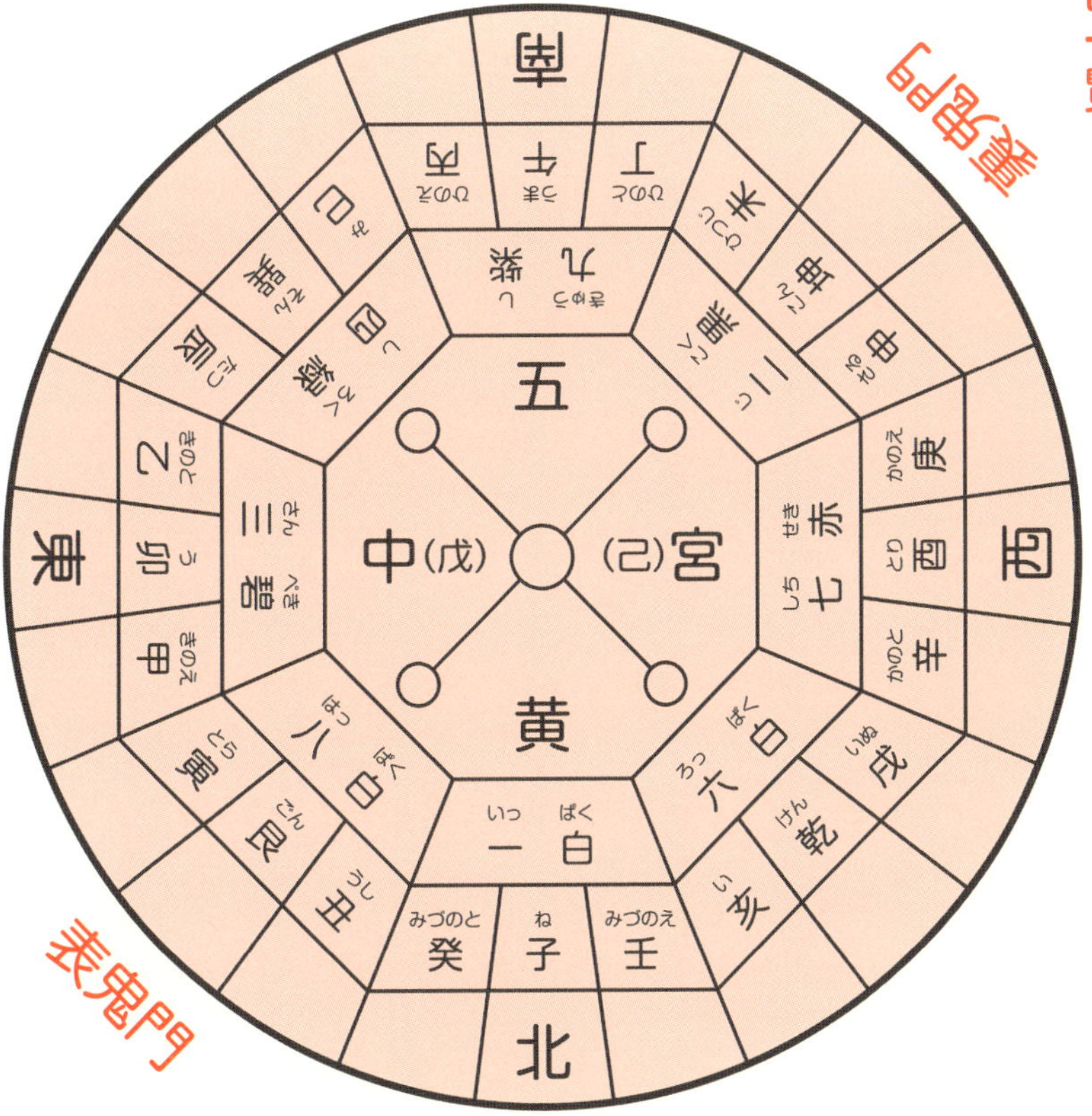

※旅行や転居に使用する十二山（十二支方位）とは
異なりますので、ご注意ください。

家の中心の取り方

POINT

家相では、家の「中心」が重要。この中心を基点に方位を見るので、正確な中心を求めないと吉凶の判断に狂いが生じる。

家相を調べるときに一番大切なのは、中心の取り方です。本書における中心の取り方は、主構造（母屋）を中心とし、凹凸配分比例法をもって中心を出すことが原則となります。

この際に重要なのは、『張り』と『欠け』の部分の扱いです。基本的には、張りの部分は取り除き、欠けの部分は補って中心を求めます。例外的にこの二つの部分の大きさによって、中心の求め方が異なる場合があるので注意が必要です。

また、ベランダやテラスなどは母屋からはずし、駐車場が建物の内部にある場合は、母屋の一部として中心を出します。根本的に中心が求めにくい家は凶相となるので避けたほうがよいでしょう。

家の中心の取り方例

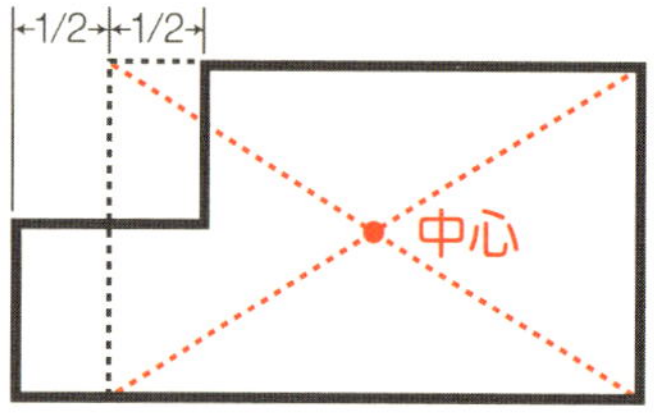

張りや欠けの幅が同じ程度の場合は、張りを二等分して、欠けを補い、中心を求めます。

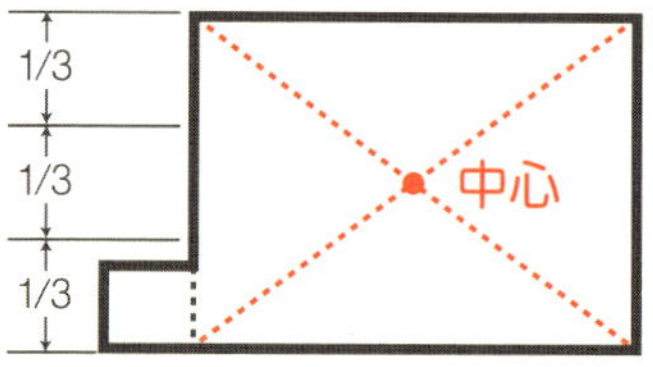

張りがある場合は、張りの部分を取り除いて中心を求めます。

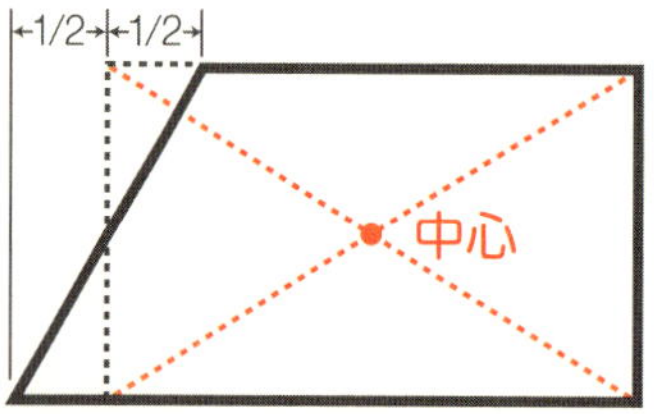

壁が斜めになっている場合は、張りを二等分して中心を求めます。

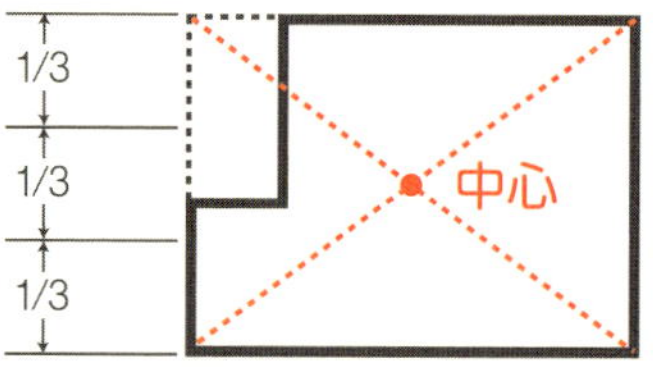

欠けがある場合は、欠けの部分を補って中心を求めます。

偏角と家相の北

家の中心に磁石を置いて磁北を求め、磁北と真北の偏角を修正し真北を求めます。
十二支の子と午の線は「経線」といいますが、別名「子午線」ともいいます。

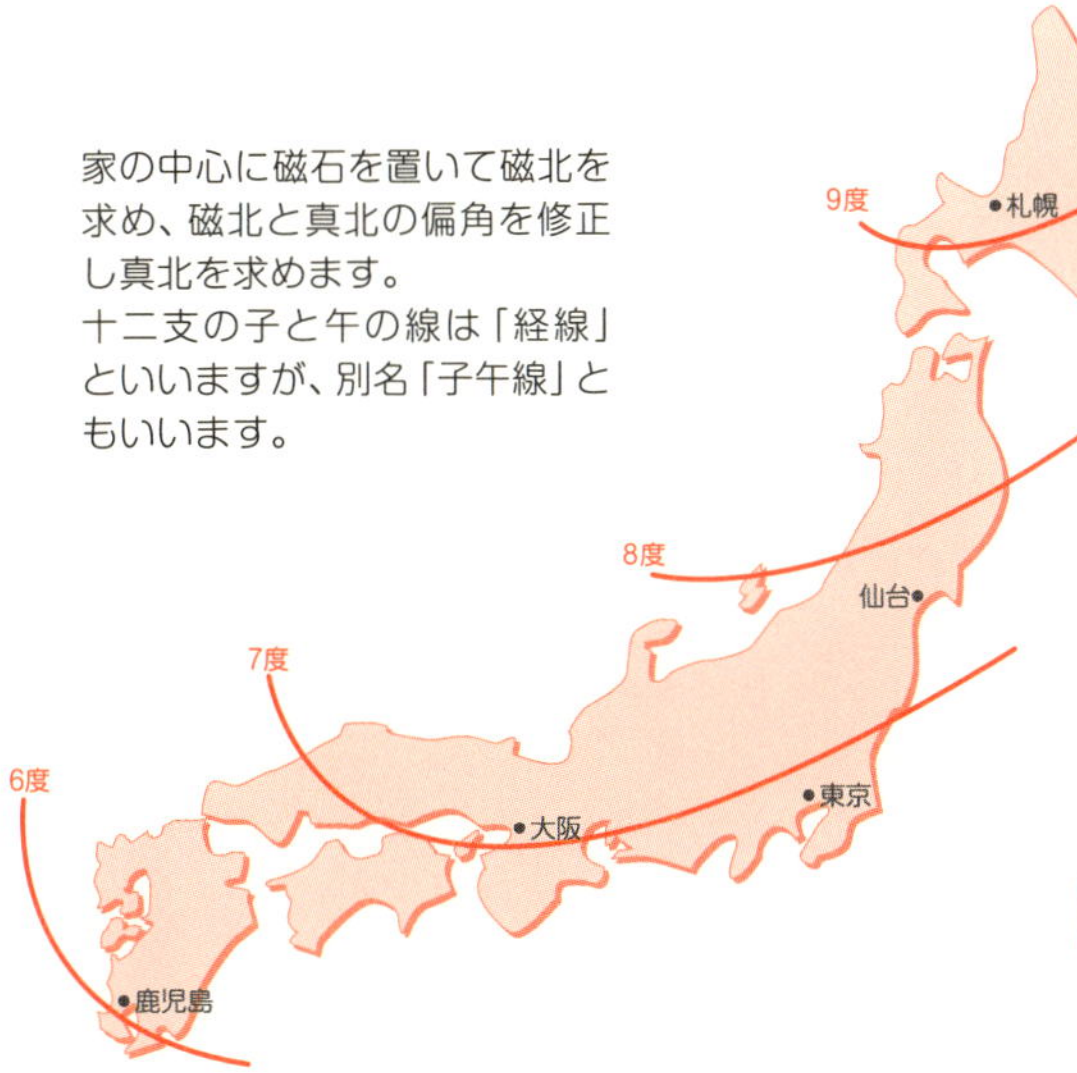

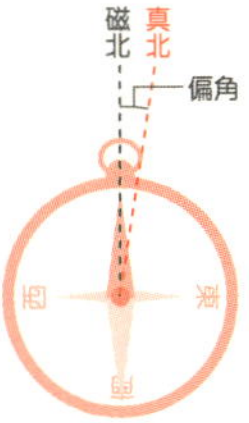

真北について

家の中心の次に「方位」を正しく求めます。中心に磁石盤を置き、北を求めますが、北には磁石が示す「磁北」と地図上の「真北」があります。「磁北」は磁波の影響を受けるため、家相で用いる正確な北ではありません。このずれを「偏角」といい、家相を見る場合には、磁石で計った北から東へ偏角分をずらして、「真北」を求めて「北」の方位とします。つまり子午線（経線）を出します。

また、この「偏角」は毎年少しずつ変化しており、南北に長い日本は、その場所によっても「偏角」のずれが違うので注意しましょう。現在の偏角は上図の通りです。

真北が定まれば、東・南・西・東北・東南・西南・西北も定まります。この八方位は家相を見るときの基本になります。

張りと欠け

POINT

家の形は運気を大きく左右する！

基本的に「張り」は運気をより多く取り込める吉相、逆に「欠け」は凶相といわれるが、その大小も吉凶に影響する。

「張り」とは、家を上から見たときに突き出た部分で、一辺の三分の一以内を構成しているものを指します。また「欠け」とは、その突き出た部分が三分の一を超えている場合に、欠けた部分のことを指します。

張りは吉相に構えることが多いのですが、側面の三分の一以上ある「張りすぎ」は凶相となります。張りが大きいと、その隣に位置する方位に欠けを生む原因ともなるのです。張りの上に張りがある「二重張り」も張りすぎと同じで、必ずしも吉相とはいえません。

欠けは凶相で、欠けが重なっている場合は「二重欠け」、欠けと欠けが向かい合っている場合は大凶相です。また、東北の欠けや家の中央の欠けも家相上最も悪い大凶相となりますから、絶対に避けましょう。

欠けの場合、その欠けている方位の象意とされる作用が悪い影響を及ぼすことがあり、財産を失う、人から損害を受ける、家族が欠けるなど、決していい現象としてはあらわれてきません。とくに大きな欠けのある家相は吉相の確保が難しく、健康・金運・仕事・社会性・信用・学問など、その欠けている方位の象意が何かのきっかけであらわれ、財産も家運も失ってしまうことになりかねないのです。

このように家の張りと欠け、その大小によっても吉凶が大きく左右されます。

では、方位ごとに張り・欠けのある家相例とその特徴を説明しましょう。

東に張りのある家相例

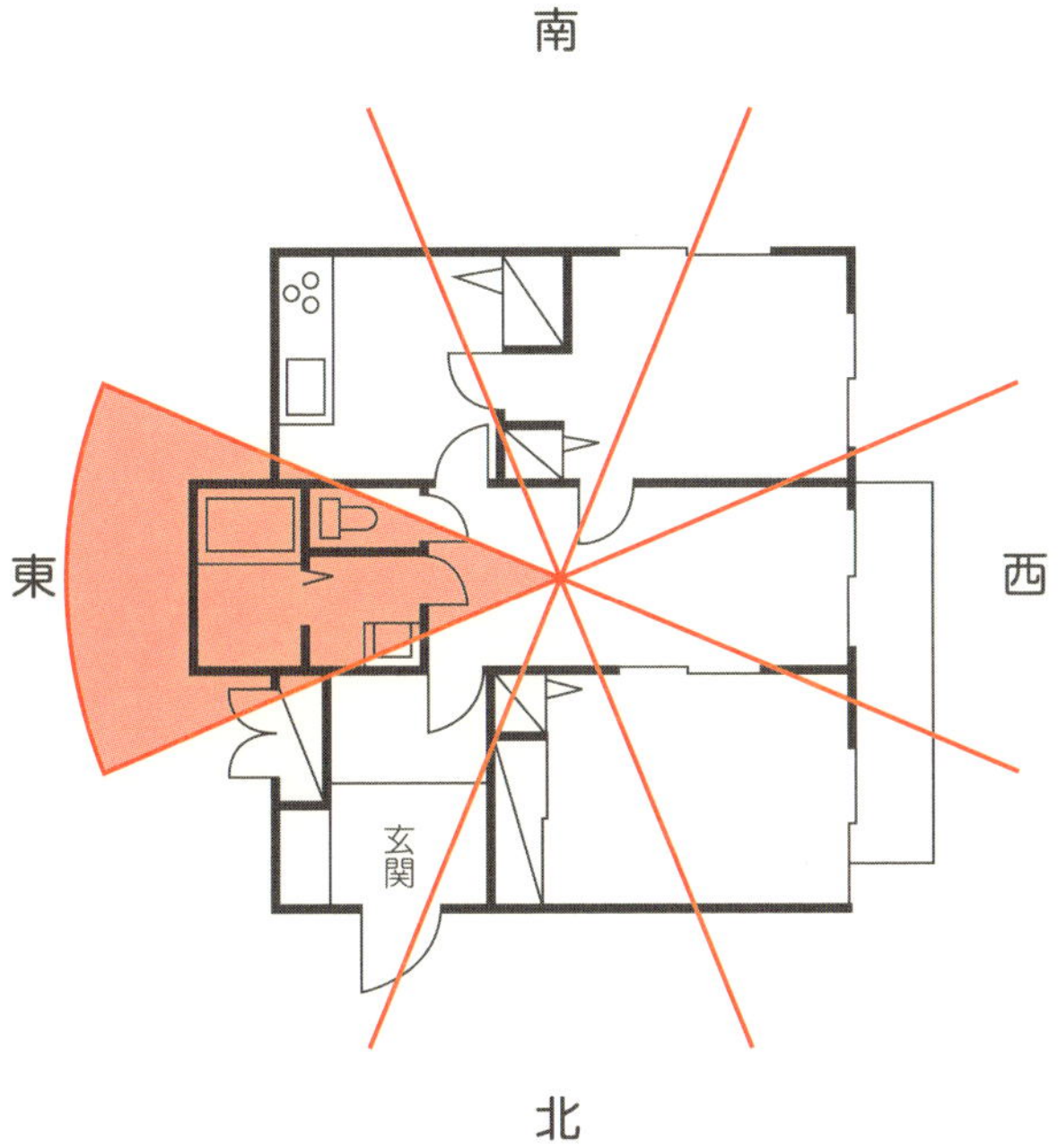

極めて積極的で、勇敢・活発な力を備えることができます。

- 才能があって決断力に富んだ人物になるが、多少短気な面もみられます。
- 長男は一家の計や権力を握り、発展成功することができるでしょう。
- 男子に恵まれない家は、よい婿が来て吉慶を得ることが多いでしょう。
- 活発で実行力に富むが、性急な面が長所とも短所ともいえます。
- 中年から晩年にかけ運気良好となり、男子（長男）の努力により家運が発展するでしょう。

東に欠けのある家相例

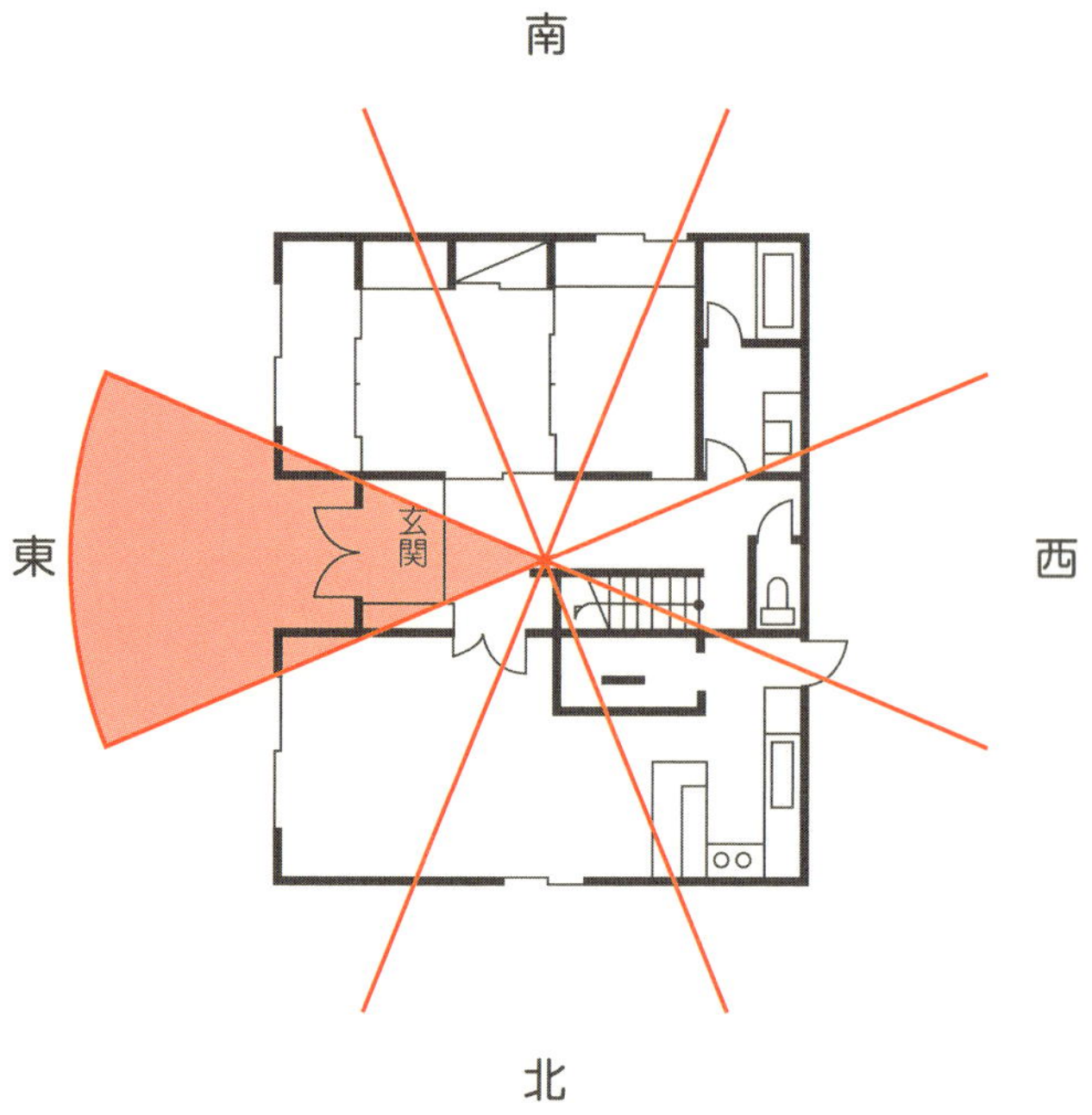

決断力に欠け、無気力、物事のスタートが悪く、常に不満が絶えません。

●長男は家を出ることが多く、他郷に出て学んだり就職したりするでしょう。また、学業に不足が生じ非行に走ったりすることもありそうです。

●男子に恵まれないでしょう。授かっても活気がなく病気がちか、頼りなく苦労させられるかもしれません。

●家族に肝臓病・ノイローゼ・脚部疾患・神経痛・胸部疾患・ぜんそくの病人が出るかもしれません。

東南に張りのある家相例

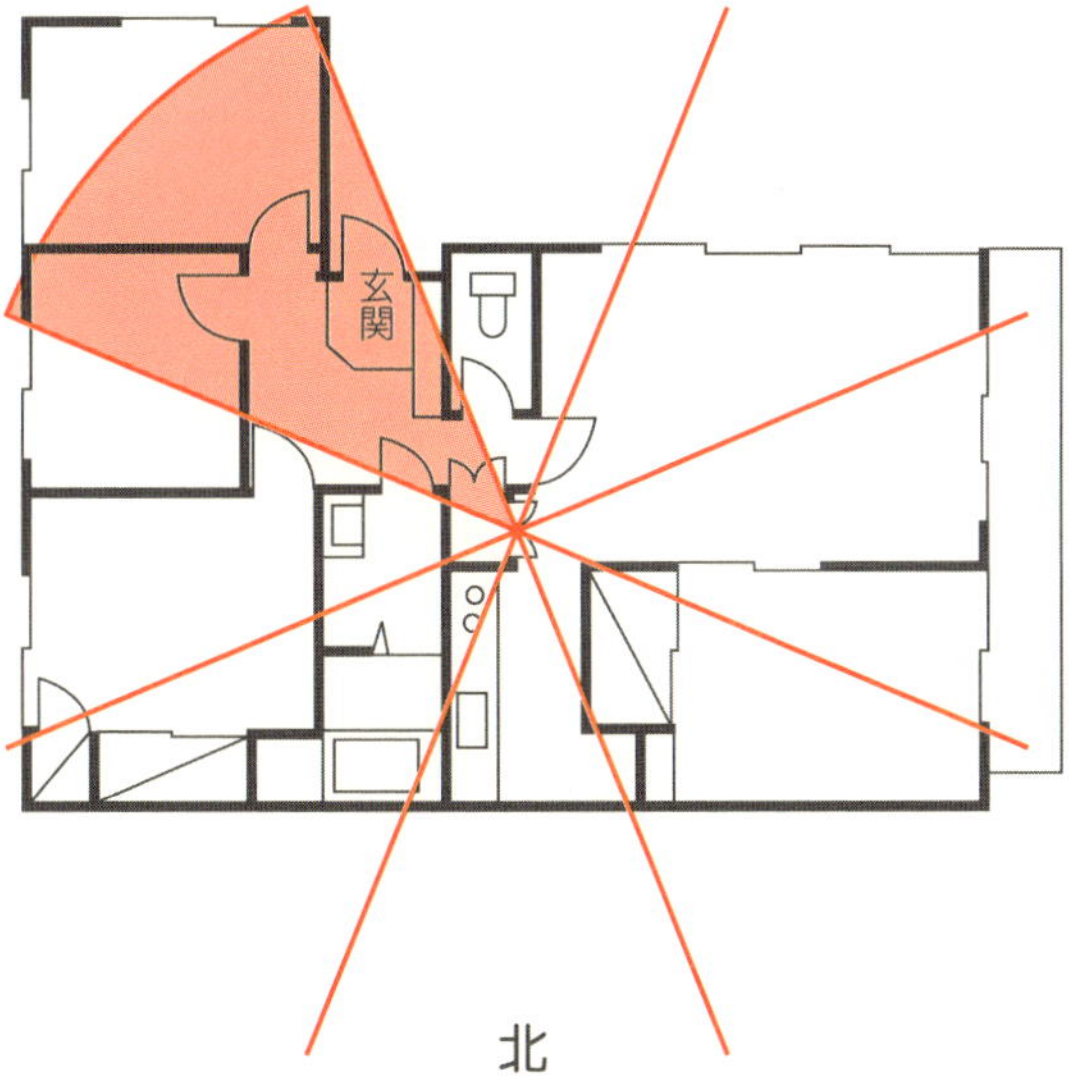

すべては信用が基本となって調い、繁栄し利益も順調に伸びていくでしょう。

●女子の縁は良好で、良縁に恵まれるでしょう。

●事業・商売・仕事は人脈に恵まれて発展するでしょう。特に遠方との取引交渉ごとが利潤を生みそうです。

●家族は健康に恵まれ、長寿の傾向が強くなります。

〈張りすぎの場合〉

●人より二、三倍働いても益が少なく、かえって無駄骨となったり、過労から病気になったりしやすいでしょう。

●気位が高く、意地やわがままな気性が万事に災いを招くことになるでしょう。

●社交性が過ぎて家を留守にすることが多くなるか、外出好きになるでしょう。

東南に欠けのある家相例

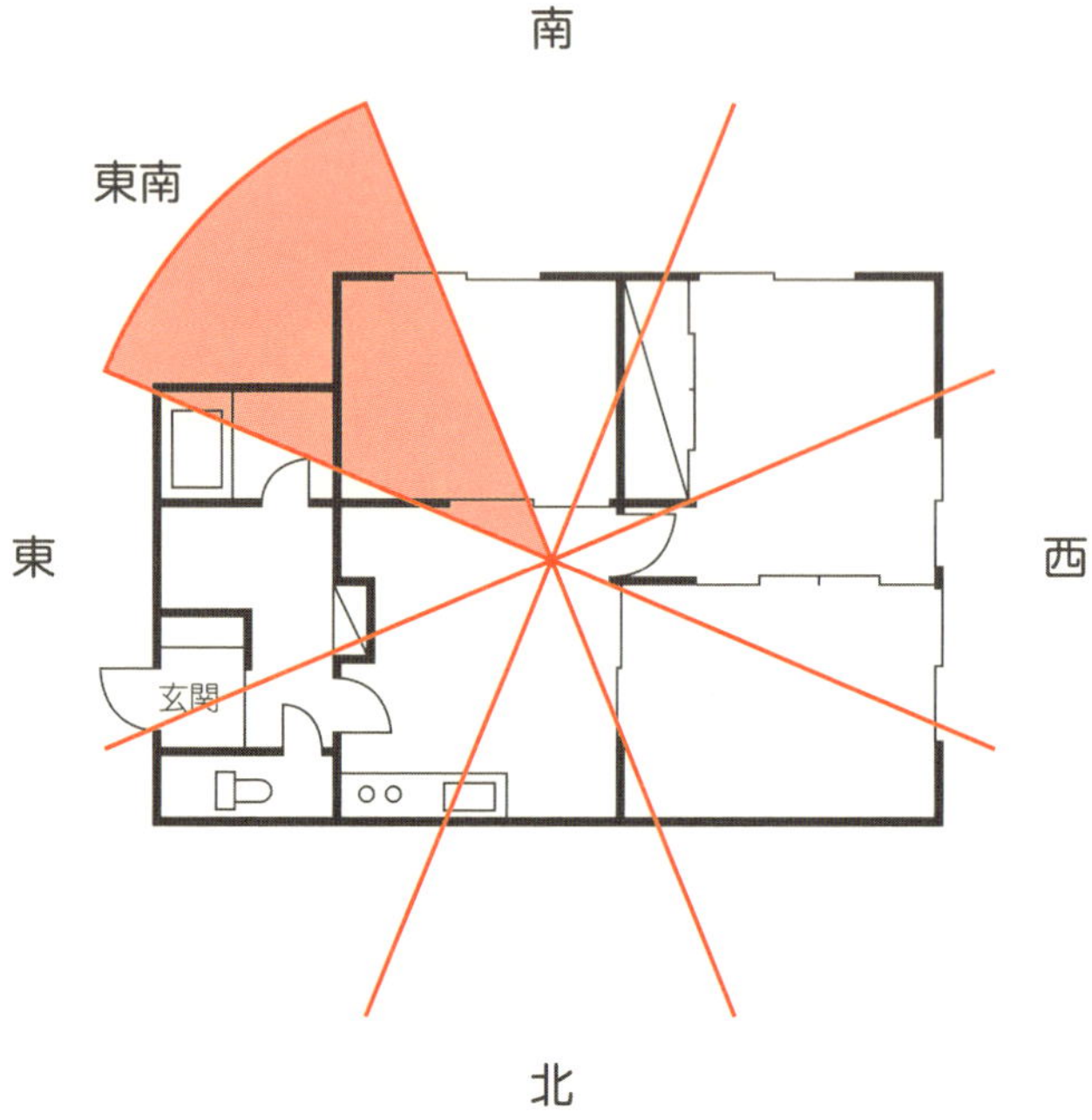

活動力や気力、人脈や福徳などが徐々に欠けていきます。

●仕事や商売はしだいに不振となり、取引先から悪い知らせがくることがありそうです。

●気力や精神力が弱まるため、業務・仕事・行動力・人間関係に悪影響が生じてくるかもしれません。

●女子の縁は不調に終わりがち。晩婚・再婚・出戻りのほか、嫁ぎ先で苦労することもありそうです。

●時期を失い、躍進や活躍のチャンスがあまりないでしょう。自分から支障を招いていることが多いのも特徴です。

南に張りのある家相例

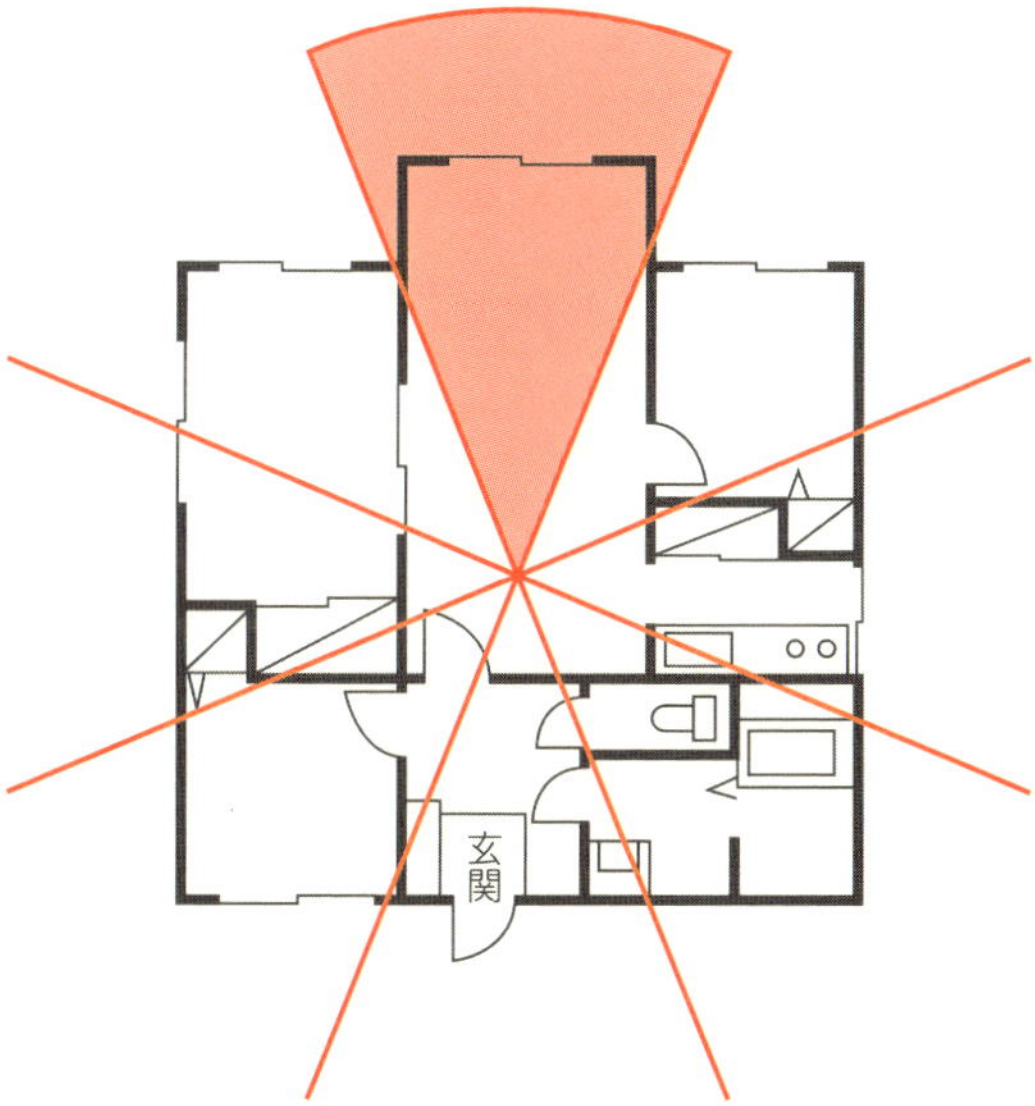

文化的な知恵と才能、燃えるような研究心を持つようになるでしょう。

- 感覚が鋭くなり、潜在意識下の影響を受けて才能や知力を発揮する場を得るでしょう。
- 文筆・芸術・絵画などに熱が入り、努力と訓練により、これを極める人物が現れるでしょう。
- 中女（中年女性・次女など）の幸運により、恩恵を受けることができるでしょう。

〈張りすぎの場合〉

- すべてがオーバー、やりすぎとなり、逆効果になるでしょう。
- 知的判断を超えて、物事を感情的に判断し、動く傾向があります。
- 理想や目的達成のためには手段を選ばない傾向があります。

南に欠けのある家相例

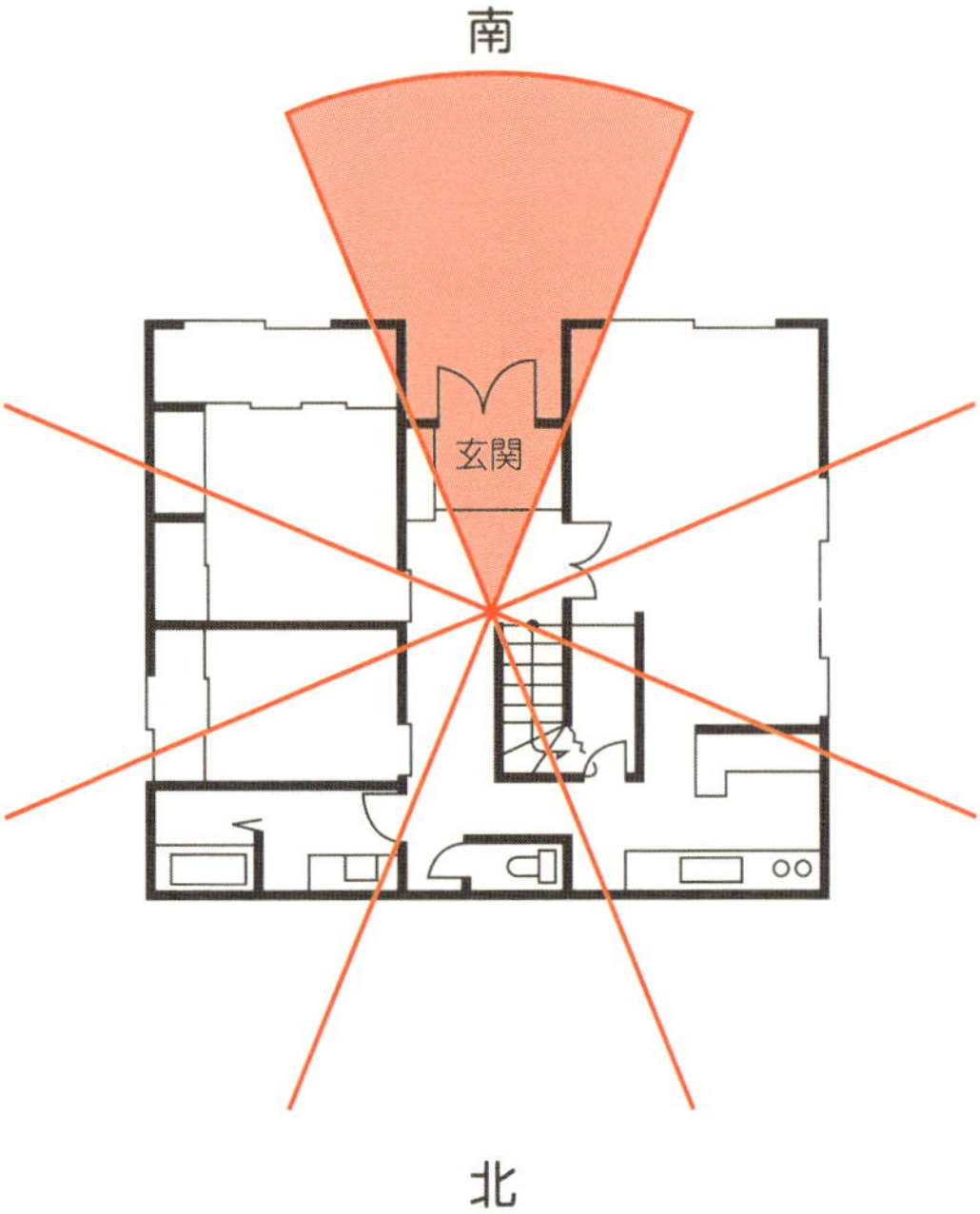

燃え盛る炎には勢いがなくなり、名誉や地位を失うことがありそうです。

●社会性や生活において障害やトラブルが多く、苦労することがあります。盗難にも注意が必要です。
●目上・上司・有識者の引き立てを得られないでしょう。
●知恵や知識の足りなさから失敗し、不名誉な事件や訴訟問題に巻き込まれやすいでしょう。
●慢性偏頭痛・脳関係・眼病・胸部疾患・心臓病・不整脈・高血圧の病人が出る可能性があります。

西南に張りのある家相例

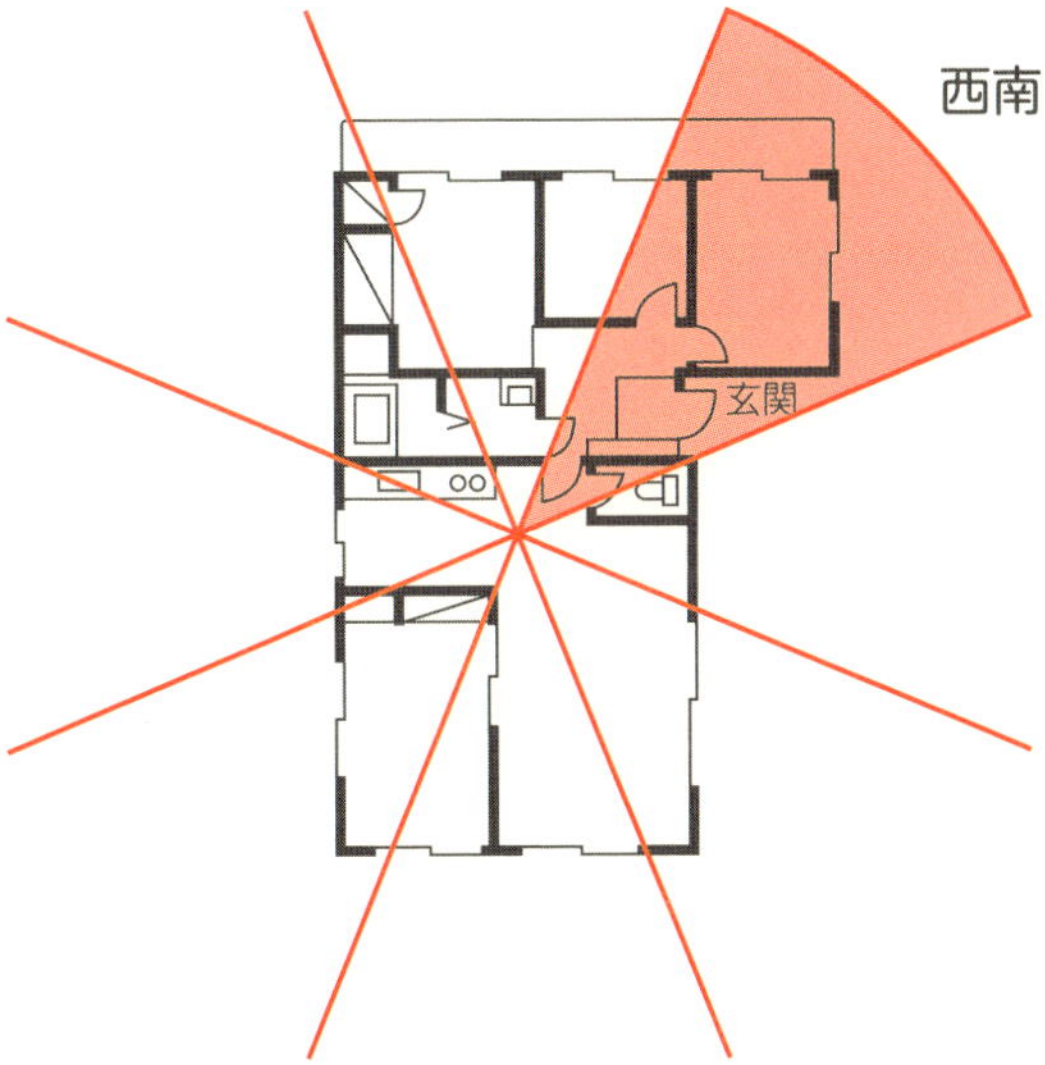

苦労と後家相の代表です。

●夫に先立たれたり、夫に遊び癖があったり、怠け者であったりして、主婦が働き者になるでしょう。
●妻は権力を握り、女主人になる傾向が強いでしょう。
●男子に恵まれず、女系家族となりやすいでしょう。
●内助の功が活かされ、仕事・営業・取引交渉ごとで信用が増して発展するでしょう。

〈張りすぎの場合〉

●仕事運や職場環境に恵まれないでしょう。
●女子に恵まれないでしょう。
●婚期が遅れたり、出戻りの傾向があります。

西南に欠けのある家相例

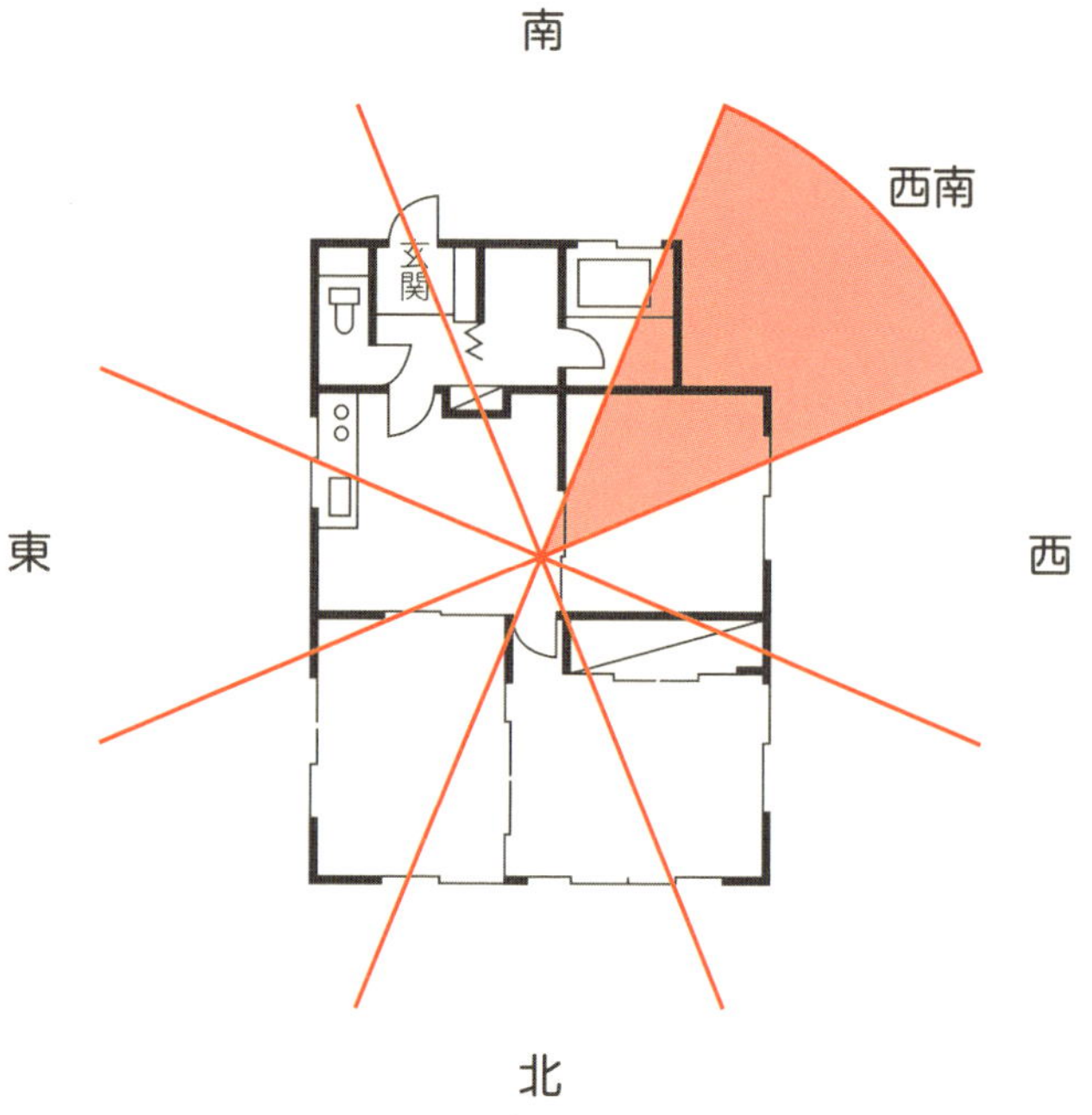

少々の欠け（一メール四方）には害はありません。

●女性は淡白で、特に子供や主人、友達関係に対してシビアな性格になりそうです。

●家族間の交流が少なくなり、陰気で温かみのない家庭となるでしょう。

●主婦の座・妻の座が欠けた状態となり、女性特有の母性愛や従順性が失われてしまいそうです。

●常に仕事への不平不満が絶えないでしょう。

西に張りのある家相例

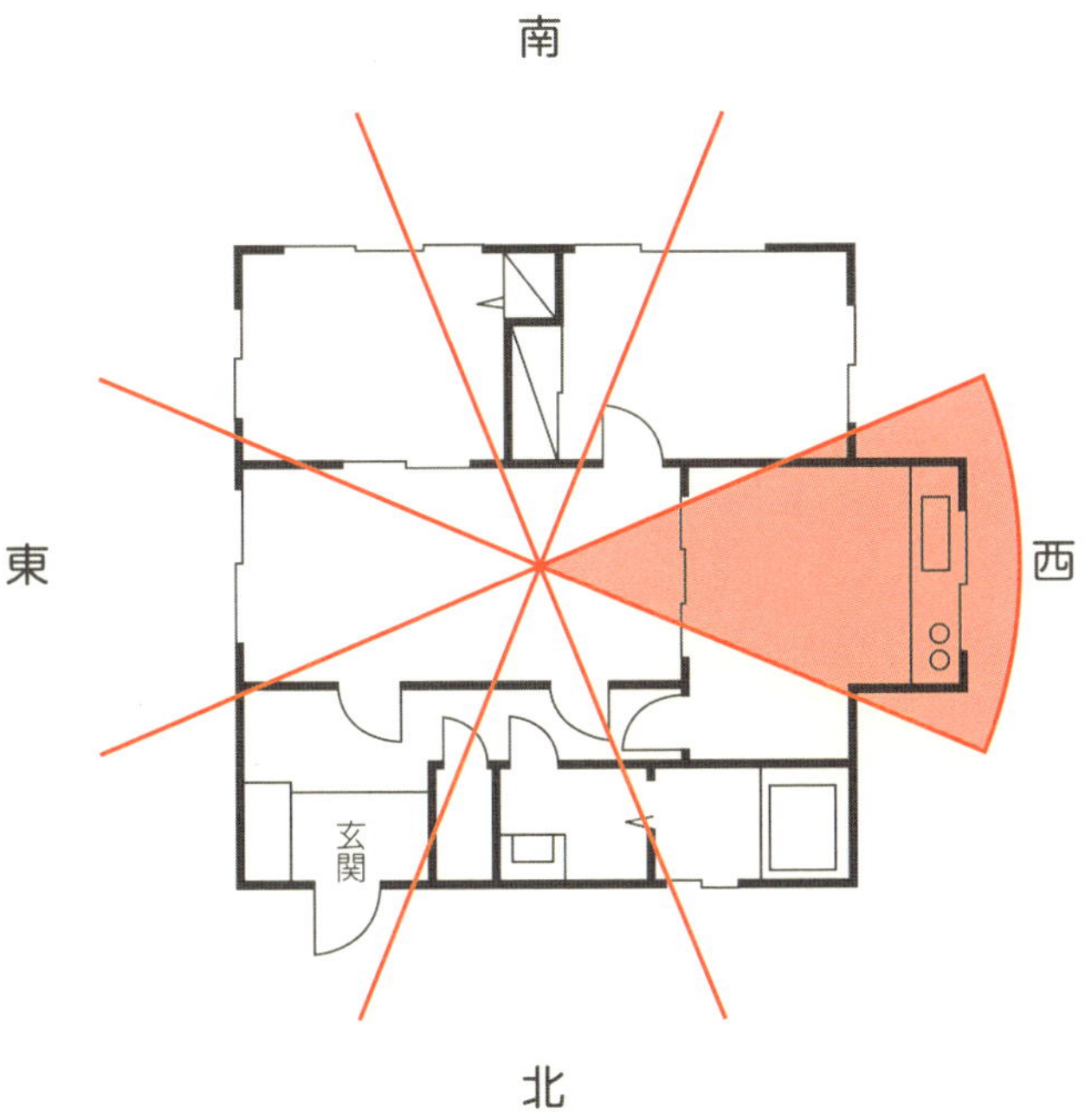

秋の実りと収穫を完全な喜びとして受け止めることができなくなりがちです。

●適当な張りは財政が豊かとなり、雄弁家となって友人も多く、豊かな愛情を持つでしょう。

●金繰りや社交が上手になりすぎる傾向があります。

●借財が重なり、困窮することが多いでしょう。特に、遊興に走るため、永住するとかえって災いが起こりやすいでしょう。

●女子は素行が乱れ、家出や非行に走ることもありそうです。病弱になるおそれもあります。姉妹なら、妹に災いが起こる暗示となります。

西に欠けのある家相例

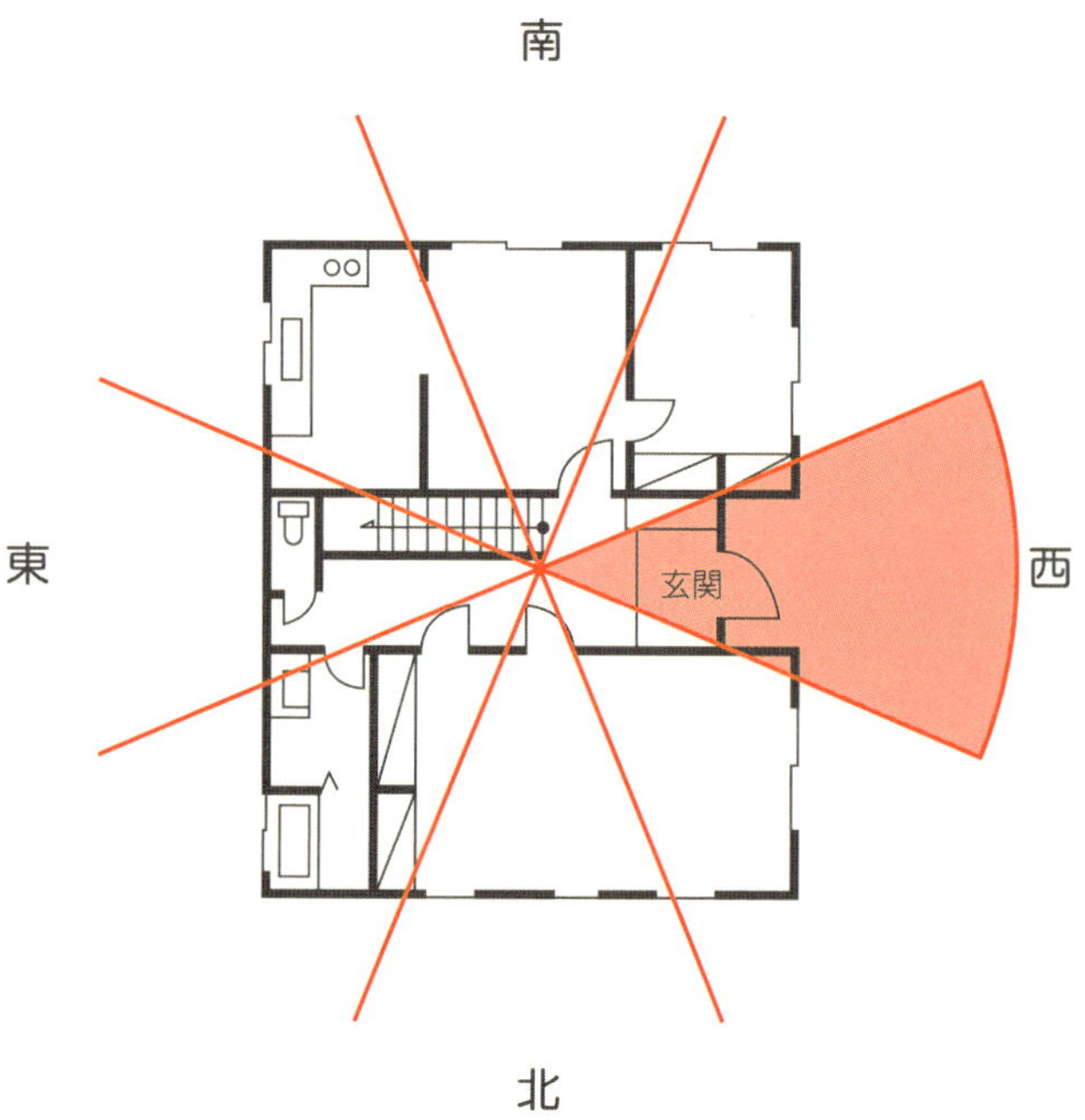

他からの妨害・非難・横やりが入り、物事が成就しにくくなることもあるでしょう。

- 金銭苦・貧困・女難か色難などの問題が発生しやすいでしょう。
- お金は貯まっても、出費することが多いでしょう。
- 女子に恵まれることが少ないでしょう。病弱・短命・不良化・勉強嫌いなど、女子に伴う心労が絶えないでしょう。
- 家族に呼吸器系・肺・口腔・耳鼻咽喉系を患うものが出る暗示があります。

西北に張りのある家相例

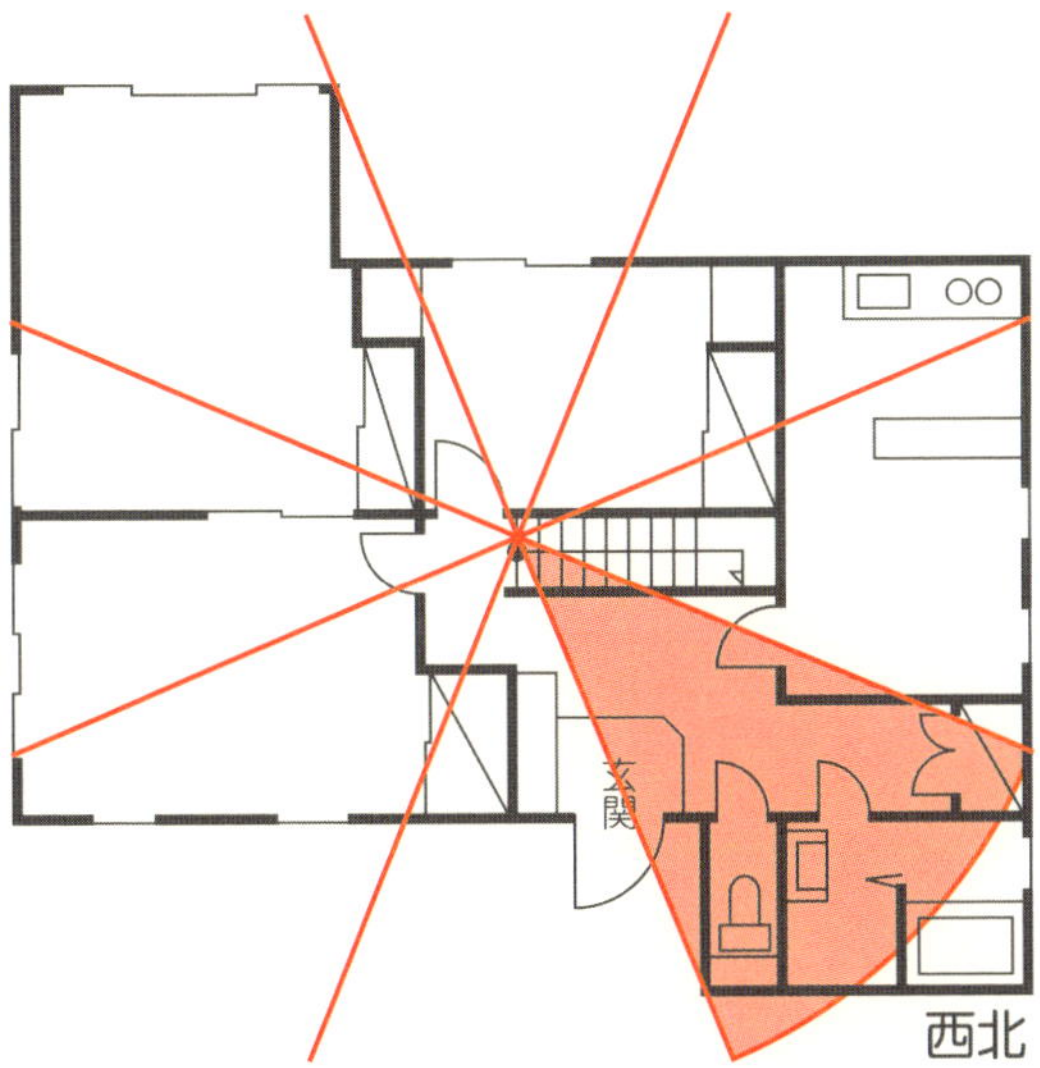

収穫した実りを蓄え、主人の尊厳や行動力がますます盛んとなってきます。東南と対称に張り出すことが大事です。

- 収穫・収蔵の位置にあるため、西よりも堅実的に財産を増やし、一家安泰でしょう。
- 物質運・金運に恵まれるでしょう。
- 一家の主人はよく働き、権威がついて剛健となり、社会的にも認められる人物となるでしょう。
- 家族にとって有益なる人物との交流が約束されるでしょう。

西北に欠けのある家相例

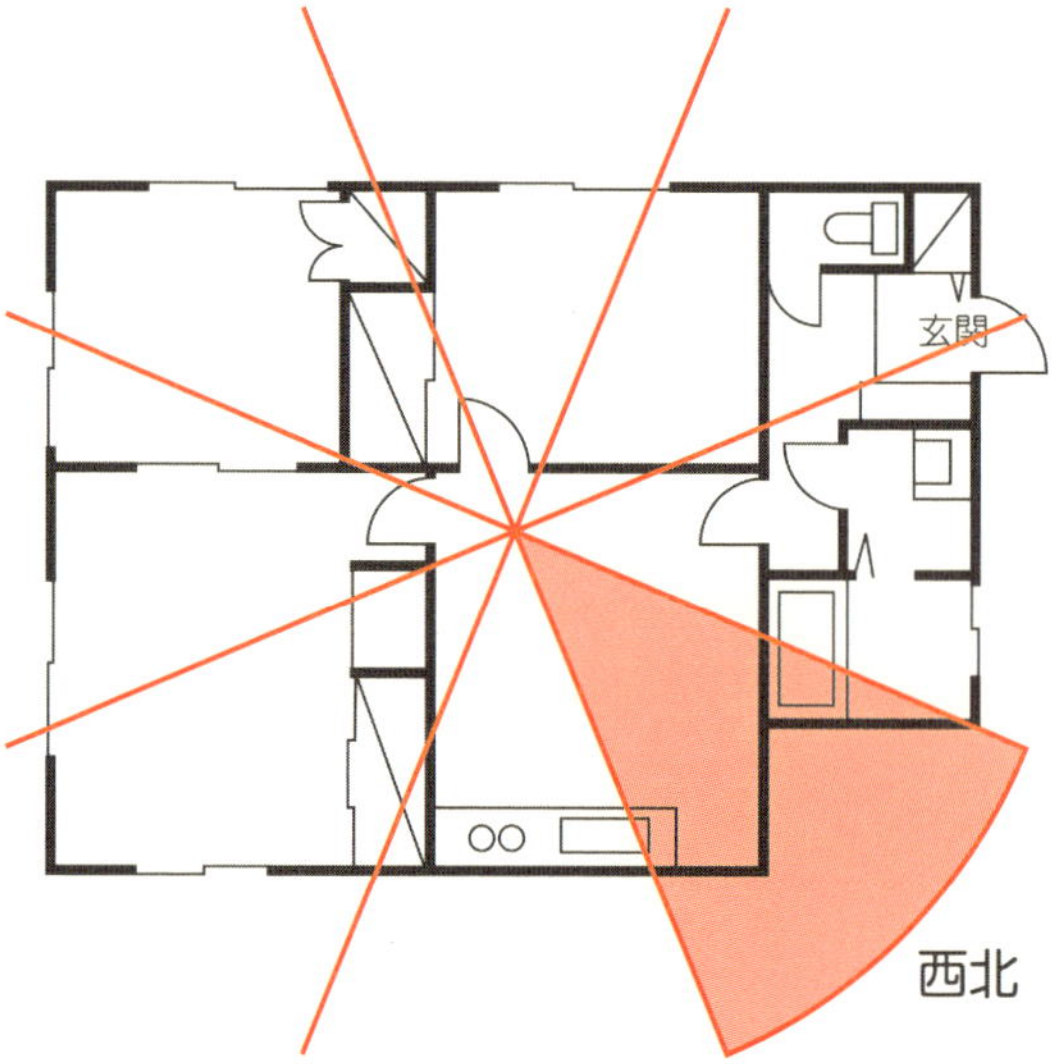

主人の尊厳は認められず、蓄財の志もなく、困難を重ね苦労が多くなります。

●主人は無責任・変わり者あるいは頑固者となり、周囲の意見を聞かないでしょう。

●家業や仕事は多忙でも行動力・機動力・回転は順調にいかないでしょう。これが自信喪失の原因となってすべての歯車が狂ってしまう可能性ありです。

●父親の権威を失う問題が続出し、家庭不和、業務衰退、運気の不調などが繰り返しつづくでしょう。

●相続人（男子）に恵まれないでしょう。怠け者・病弱・離郷・親の職を継がないなどの傾向があります。

●家族にノイローゼ・心臓病・呼吸器疾患・健忘症・肺や脚部疾患の患者の暗示があります。

北に張りのある家相例

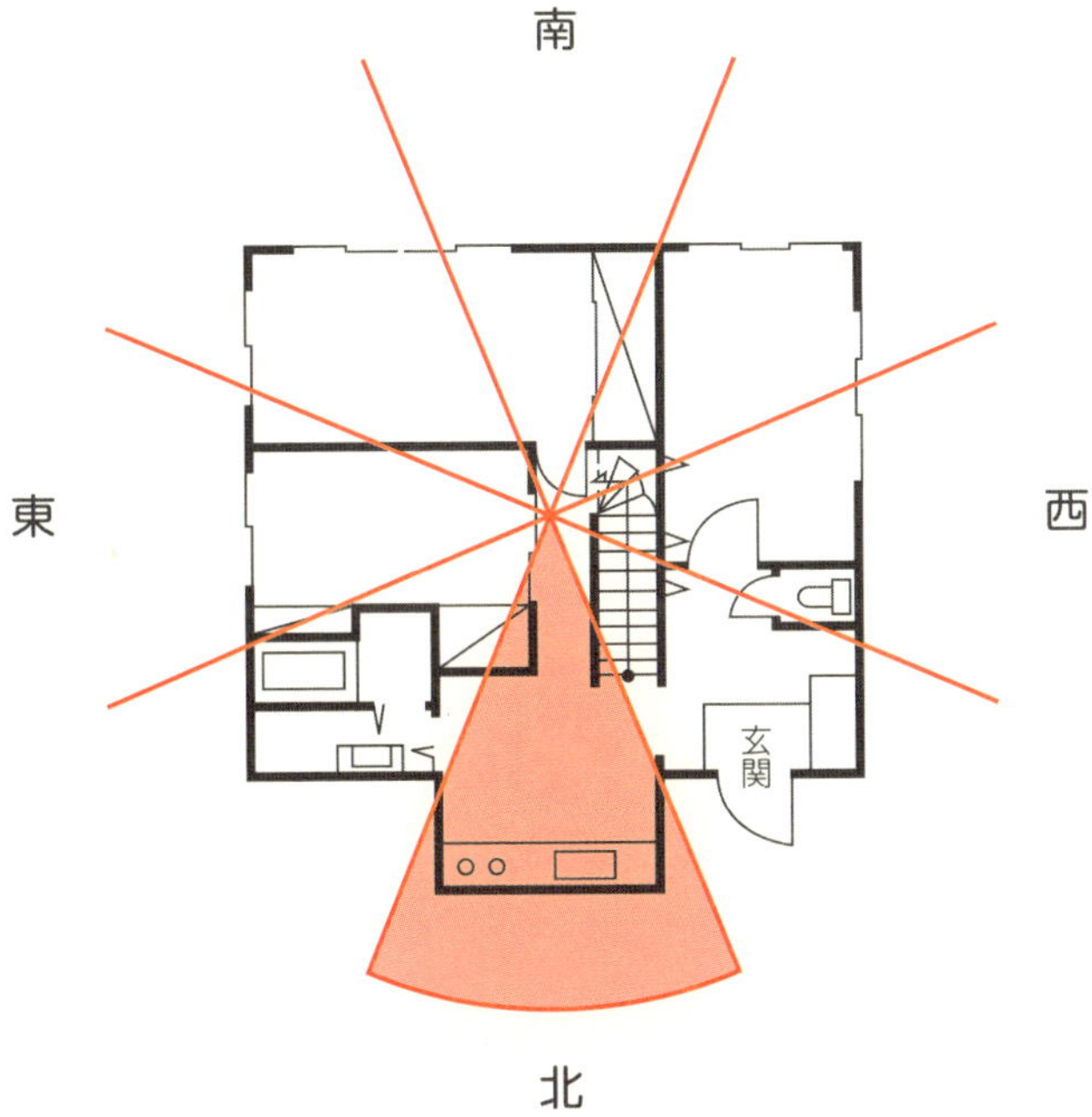

ほどよい張りは吉相となりますが、一間半以上の張り、倉庫は凶相となるので注意が必要です。

- 目下・部下・使用人に恵まれ、その働きによって家運の向上が約束されます。
- 中男（次男、中年の男性）が義理堅く、家財にも無駄を抑えて一家を再興するでしょう。
- 家庭安泰にして家族から成功者があらわれるでしょう。
- 目立たぬ所でも真面目に働き、粘り強さという長所を身につける家族が生まれるでしょう。

北に欠けのある家相例

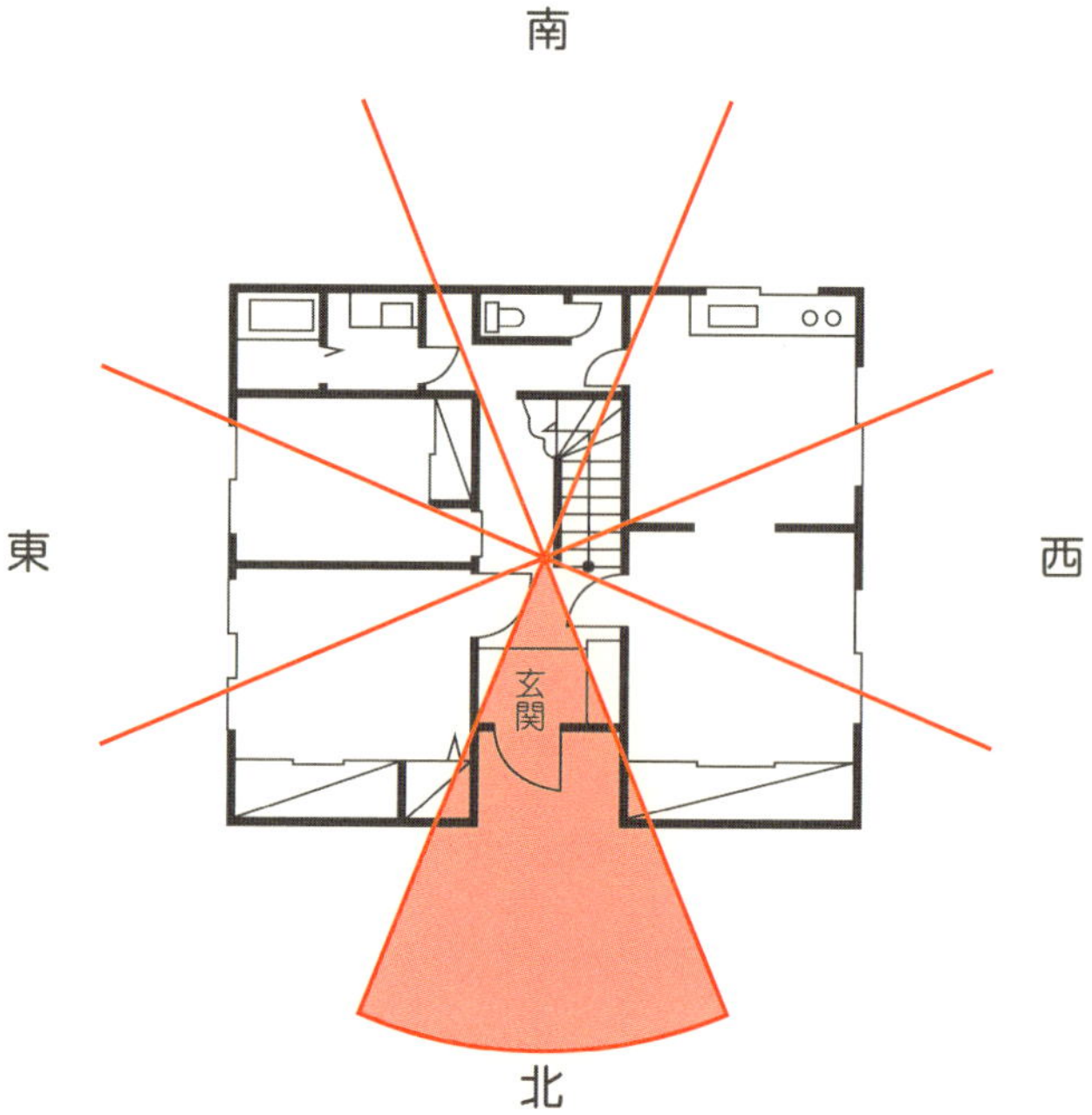

家運や部下運に恵まれません。

●勤め人は仕事上の問題を起こして格下げになるでしょう。

●営業は不振となり、家庭不和の暗示もあります。

●義理人情にからまれるか、部下・使用人の失態などで窮地に追い込まれることがありそうです。

●家財には無駄が多くなり出費が多くなるでしょう。

●内臓に関する病気に苦しむことが多く、特に女性は子宮関係の病気に注意が必要です。

東北に張りのある家相例

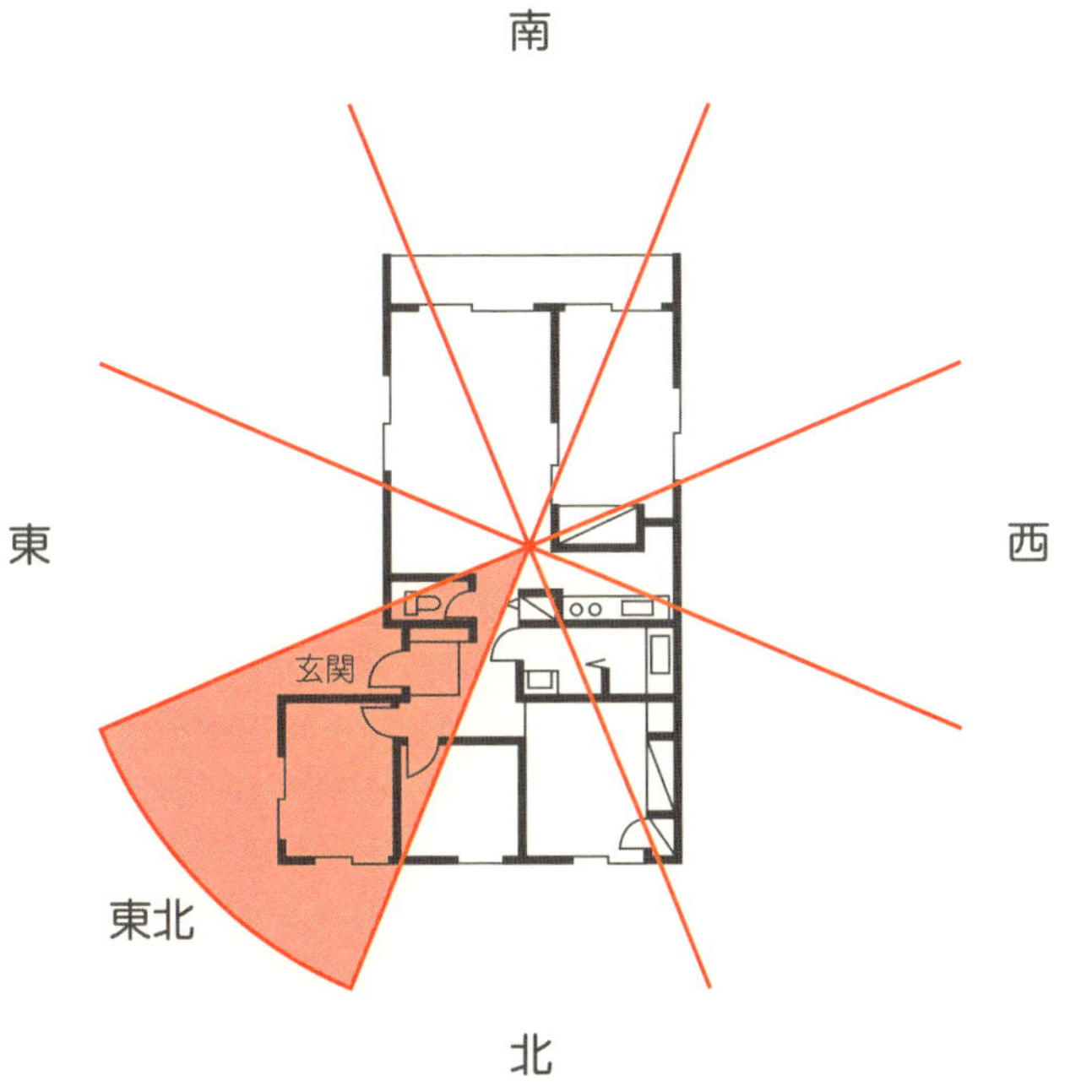

将来への希望や新しい芽の成長を順調にのばすことができないでしょう。

- 欲のかきすぎで仕事が不振になったり、財産を失うことがありそうです。
- 地味な努力や堅実さを失ってしまいそうです。何事にも現状に満足することができずに、大きな失敗の可能性もあります。
- 分不相応な背伸び、地に足がつかない出来事に翻弄されることがありそうです。
- 養子を迎えることが多いでしょう。

東北に欠けのある家相例

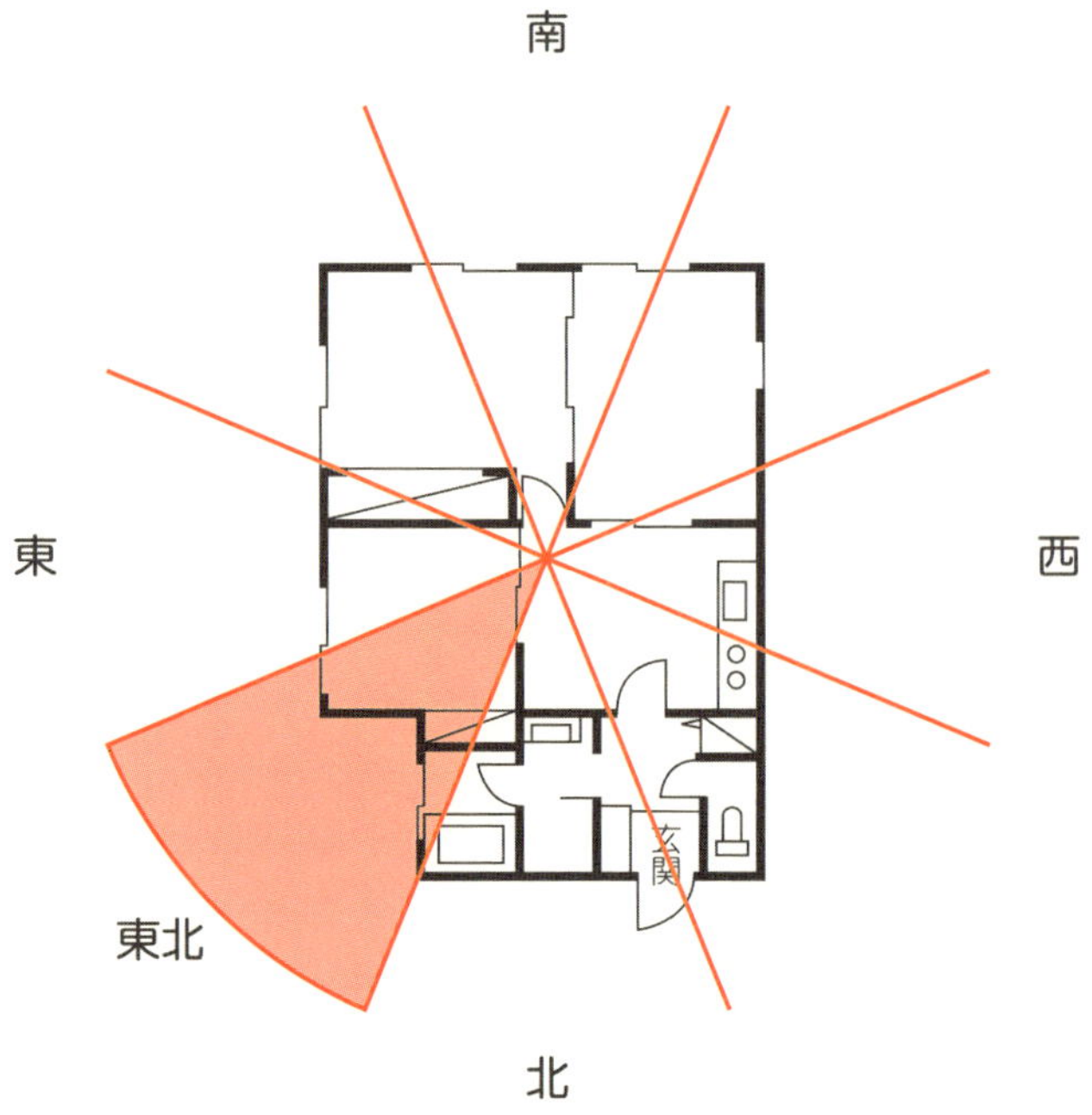

大凶相です。避けるべきです。

●物質欲に対して消極的すぎるため財産はたまらず、運気を開くこともできないでしょう。

●名誉欲や出世欲はあるもののチャンスに恵まれず、かえって悪い人間に翻弄されることが多いでしょう。

●財力があっても積極的、有効的に活かすことができないので、豊かな生活は望めないでしょう。

●男子や跡継ぎに恵まれないでしょう。養子縁組も不調の暗示です。

●家族に手足の疾患・腫れ物・癌・関節病・障害者・けが人が出ることがあります。

中央に欠けのある家相例

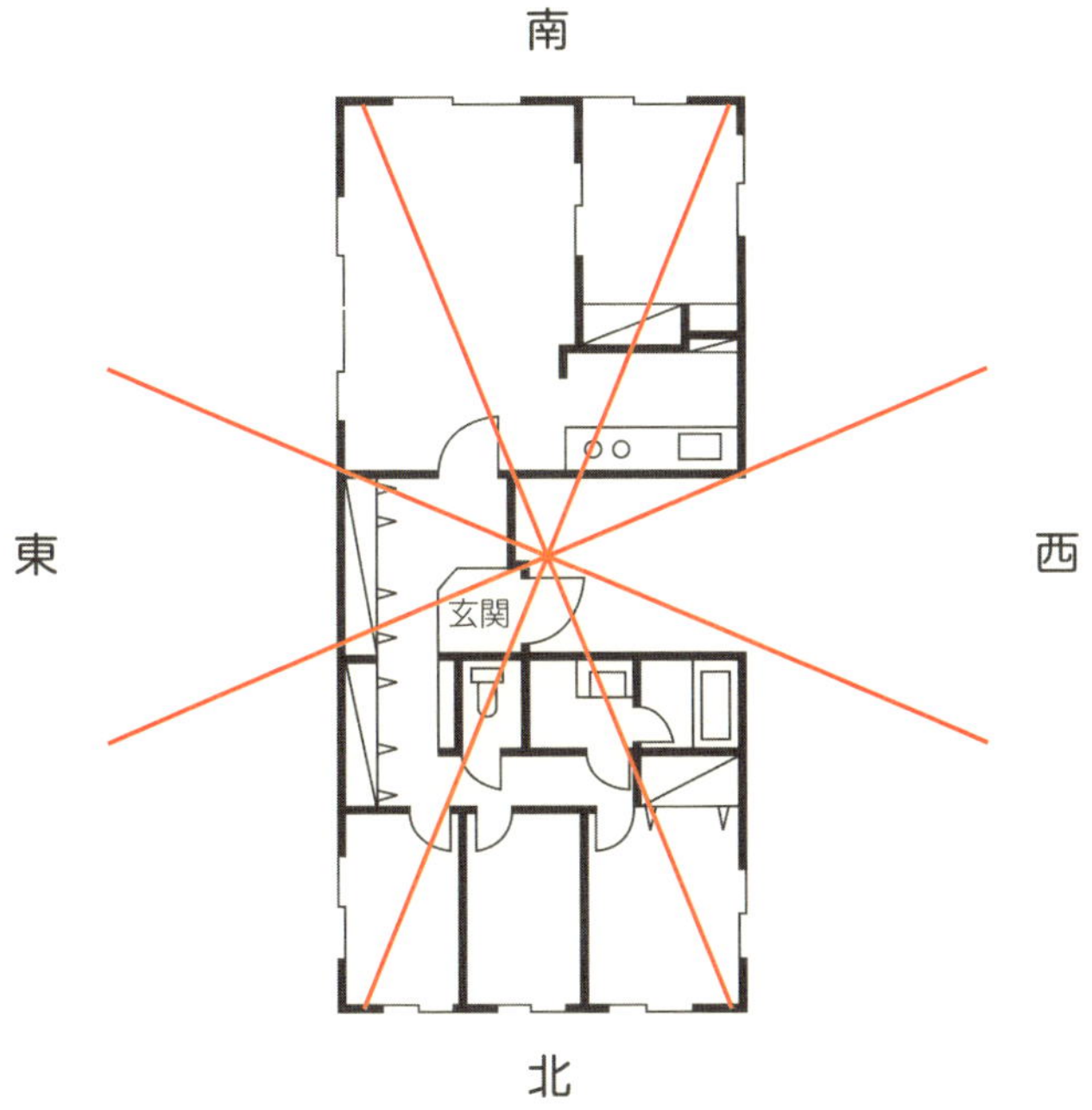

家相上最も悪い大凶相です。

●一家の主人に活気や気力がなくなり、陰気になります。または病弱になったり過労で急に倒れたりすることがあるでしょう。

●主人や後継者が家を空けて出歩き、家に戻ることが少なくなります。また他人の意見などを受け入れない、度量の狭い人になるでしょう。

●一家の柱となる人の運気が後退して家庭が乱れ、家運が衰退したり、突発的に異常な出来事が起こりやすいでしょう。

●病気による苦難や災難がつづき、腹部・脊髄・目・ノイローゼ、首から上の病で倒れることが多いでしょう。とくに急死や事故死には注意が必要です。

三合旺相の家相

相性のいい三つの方位の組み合わせ！

POINT

八方位の十二支のうち、相性のいい三つを吉相にする「三合旺相」。より強い吉意があらわれる四つの組み合せがある。

「三合旺相」とは、相性のいい関係にある三つの方位を吉相にして開運を図るものです。八方位に配置されている十二支のうち、相性のいい方位同士を同時に吉相にすることで、お互いに好影響を与えながら、それぞれの十二支が持つ運気が高まり、より強い吉意を発揮します。

十二支は四年おきの干支と相性がいいといわれ、これに基づいて「亥・卯・未の三合」（木局の三合）、「寅・午・戌の三合」（火局の三合）、「巳・酉・丑の三合」（金局の三合）、「申・子・辰の三合」（水局の三合）の四つの組み合わせがあります。

この「三合旺相」はそれぞれ作用が異なり、木局の三合は発展運が高まり名声や仕事運に恵まれ、火局の三合は発展と成功の家相で金銭的・物質的にも恵まれます。金局の三合は金運・対人運とともに社会的な信用が高まり、水局の三合は子孫繁栄の家相で仕事運・事業運の安定をもたらします。

たとえば、巳・酉・丑の方位に張りがある金局の三合の場合、丑（北北東）の張りは凶相ですが、巳（南南東）と酉（西）を少し張り出せば、かえって財運や社会的な地位に恵まれ繁栄する吉相になる、というわけです。

また、三つの方位の中に自分が生まれた年の干支が含まれる場合は、全体的な運気を高めます。

では、「三合旺相」の家相例とそれぞれの特徴を説明しましょう。

①木局の三合（亥・卯・未の三合）

- 母屋自体に亥・卯・未の三局が張り出している。
- 亥・卯・未の三局に母屋より小さな別棟がある。
- 東西に細長い母屋に亥と未の張りがある。
- 母屋が東張りで、亥と未に別棟がある。

以上の場合は、いずれも研究・計画、目標とすることが順調に発展し、その実績も上がります。また、発明・発見で名声を得ることもあり、住む人は意義ある仕事に恵まれ、開運の証となります。

〈亥《い》・卯《う》・未《ひつじ》に張り〉

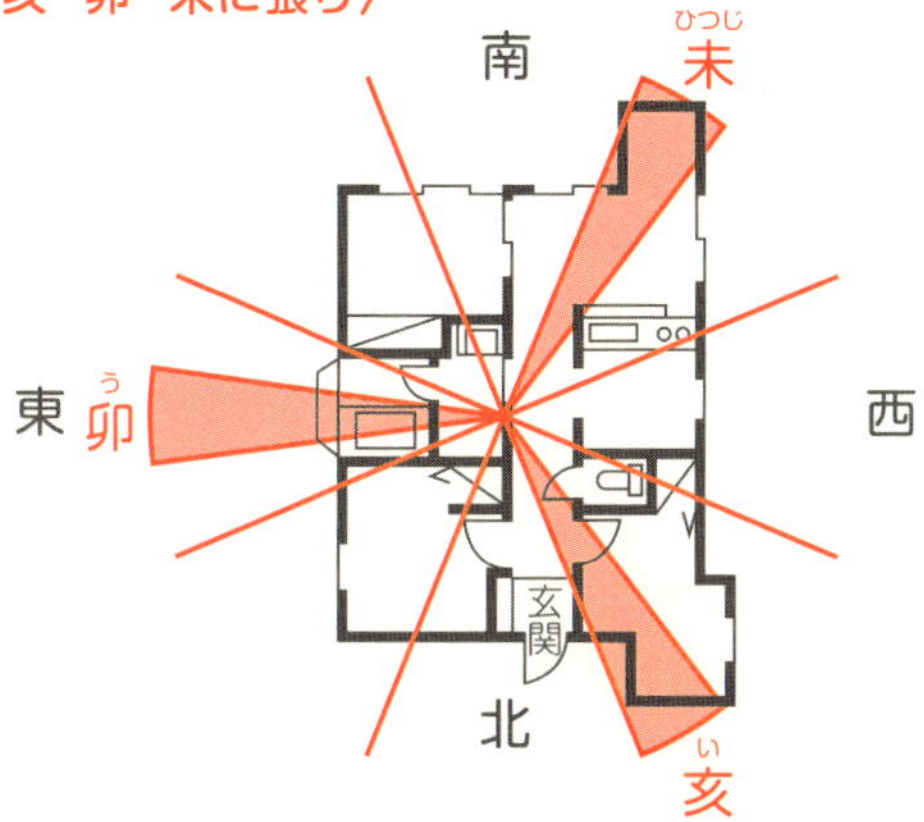

〈東西に細長く、亥と未に張り〉

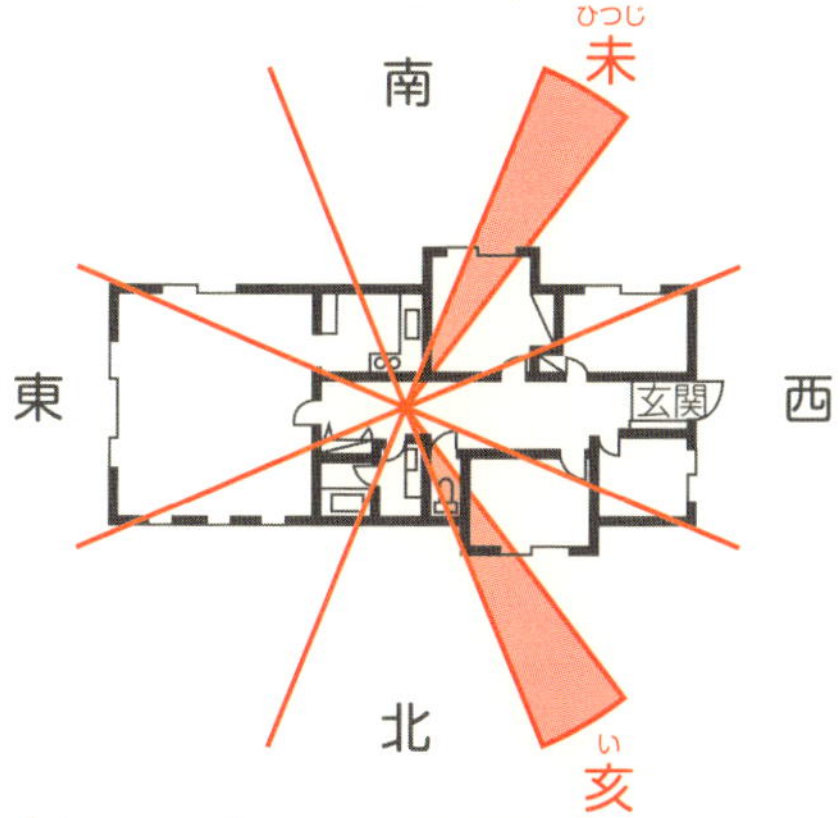

〈母屋が東張り、亥と未に別棟あり〉

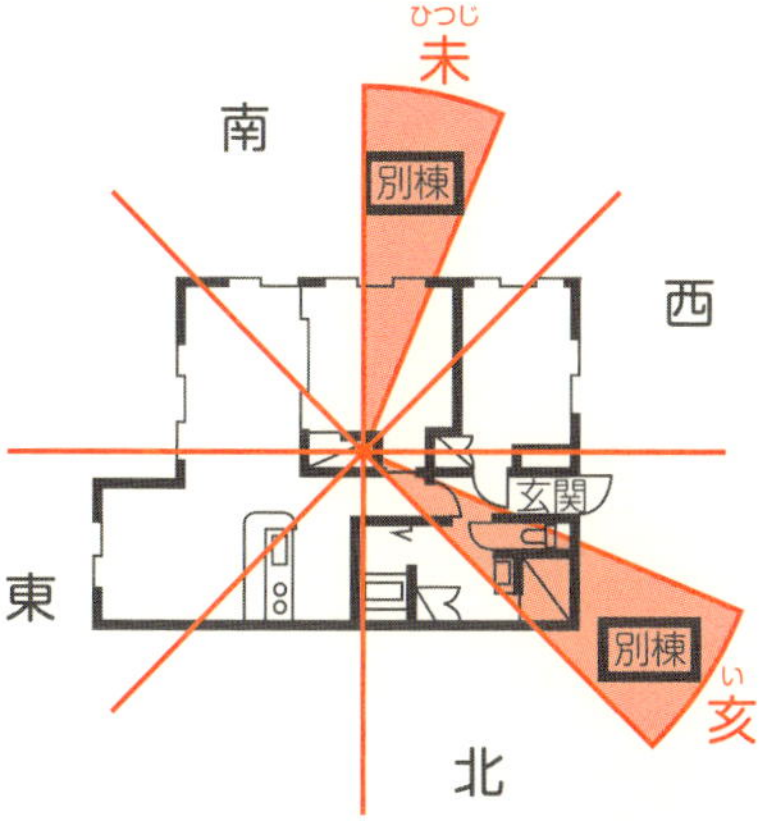

家相の基本

三合旺相

②火局の三合（寅・午・戌の三合）

●母屋自体に寅・午・戌の三局が張り出している。
●寅・午・戌の三局に母屋より小さな別棟がある。
●南北に細長い母屋に寅と戌の張りがある。
●母屋が南張りの家相で、寅と戌に別棟がある。

以上の場合は、発展と成功の家相といえます。新しい知識を社会的に展開し、その才能を賞賛されて意外な栄達を約束されるでしょう。また名誉だけでなく金銭的、物質的にも恵まれる大吉相の構えです。

〈寅《とら》・午《うま》・戌《いぬ》に張り〉

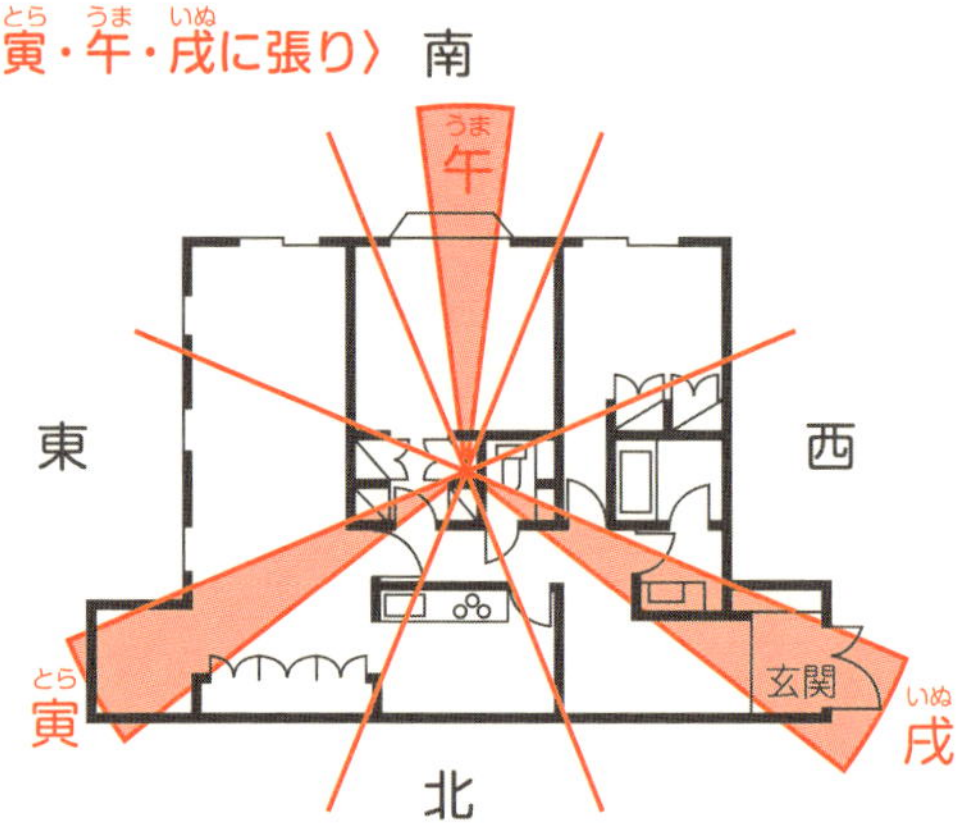

〈南北に細長い母屋、寅と戌に張り〉

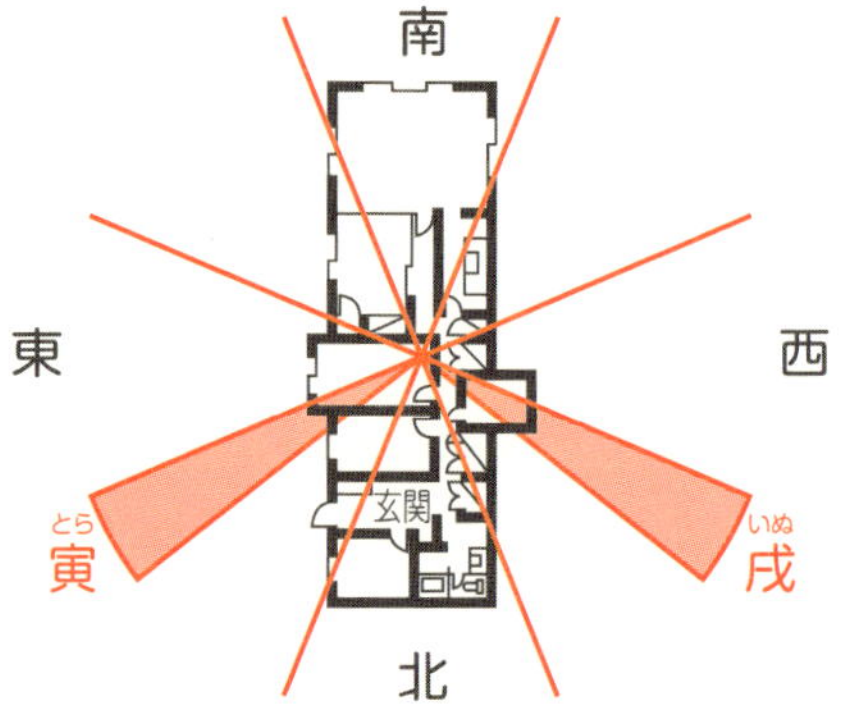

〈母屋が南張り、寅と戌に別棟あり〉

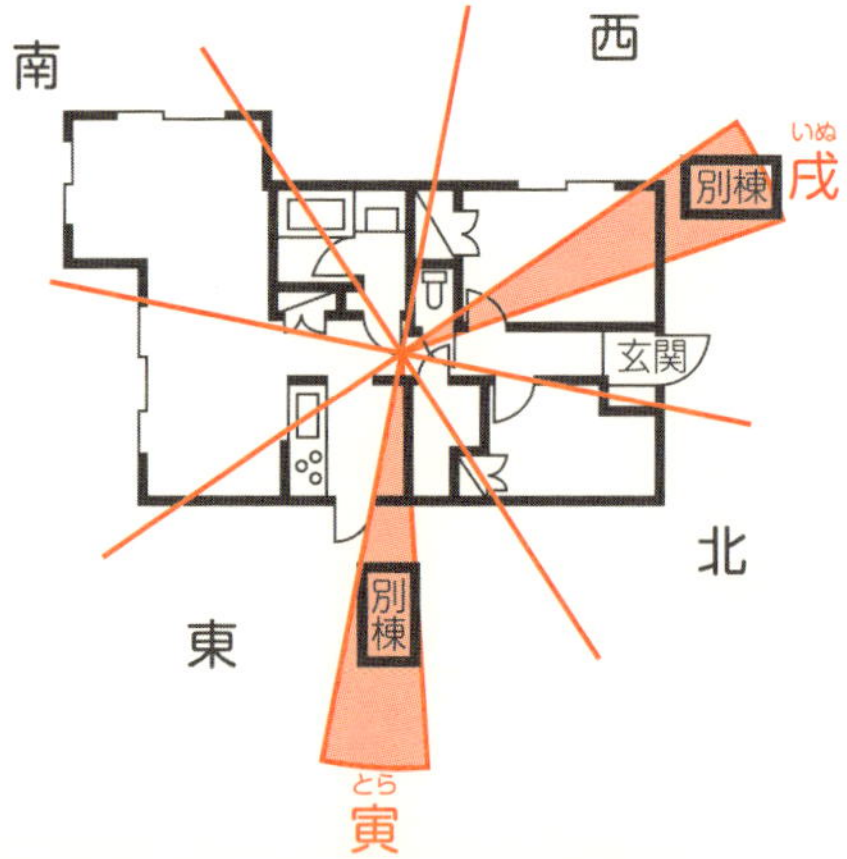

③金局の三合（巳・酉・丑の三合）

●母屋自体に巳・酉・丑の三局が張り出している。
●巳・酉・丑の三局に母屋より小さな別棟がある。
●東西に細長い母屋に巳と丑の張りがある。
●母屋が西張りの家相で、巳と丑に別棟がある。

以上の場合は、対人運の好調から物質的な幸福が約束され、信用を増し、意外な成功を収めることになります。とくに、「巳」の張りは社会的な信用の象徴で、その信用は「酉」の金銭と融通のよさを生み出し、「丑」の自己資本の蓄積につながってくる構えとなります。

〈巳《み》・酉《とり》・丑《うし》に張り〉

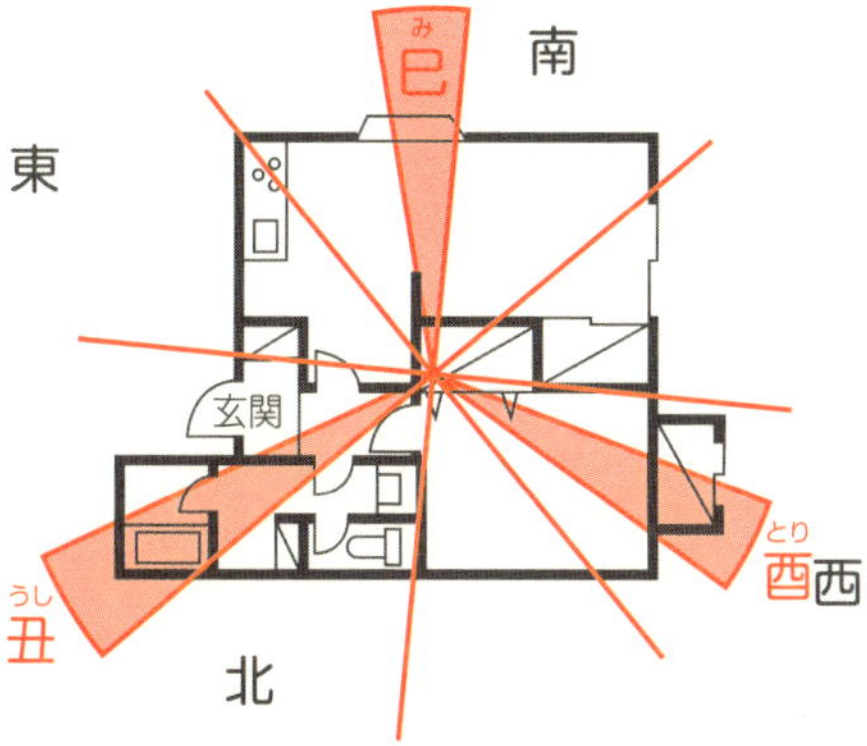

〈東西に細長い母屋、巳と丑に張り〉

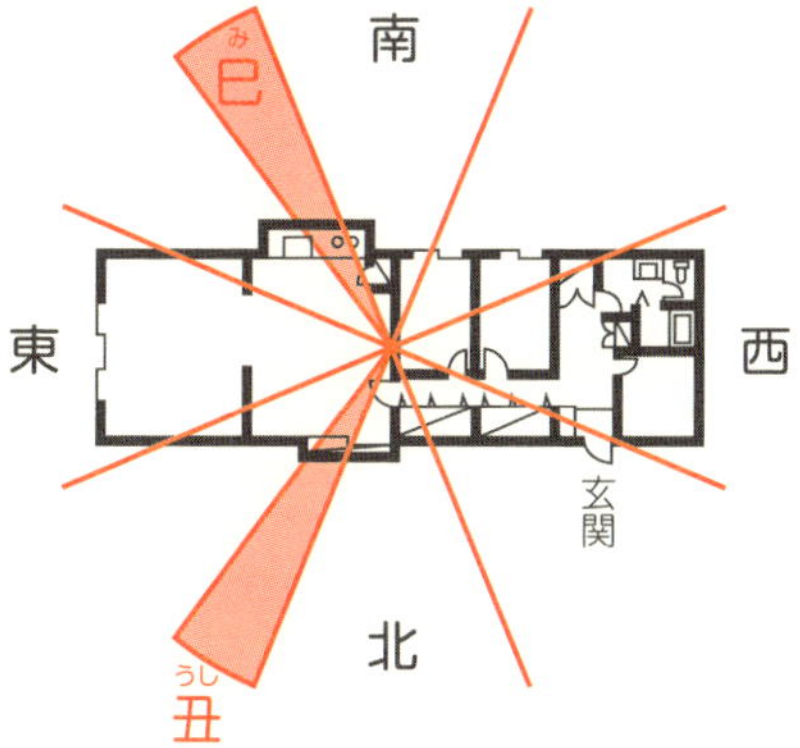

〈母屋が西張り、巳と丑に別棟あり〉

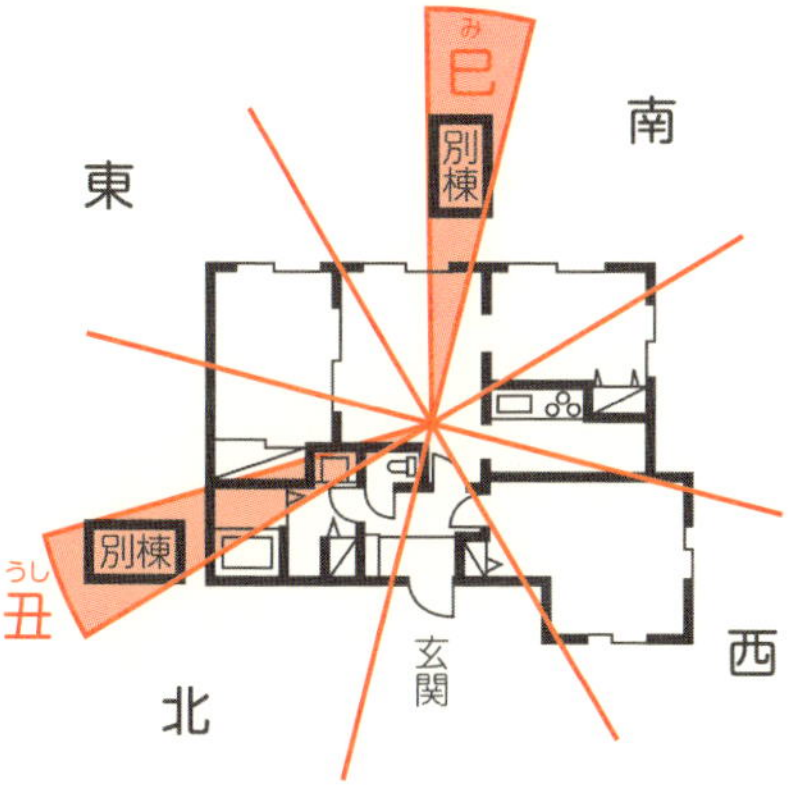

④水局の三合（申・子・辰の三合）

●母屋自体に申・子・辰の三局が張り出している。
●申・子・辰の三局に母屋より小さな別棟がある。
●南北に細長い母屋に申と辰の張りがある。
●母屋が北張りの家相で、辰と申に別棟がある。

以上の場合は、子孫が繁栄して社交性豊かな人格をつくる家相といえ、このときの西南の張りは後家相や女性上位とは判断しません。「申」は営業・仕事・事業の安定を約束し、「子」は知恵と聡明さ、部下や目下の協力、そして「辰」は生成発育と発展をあらわす構えとなります。

〈申《さる》・子《ね》・辰《たつ》に張り〉

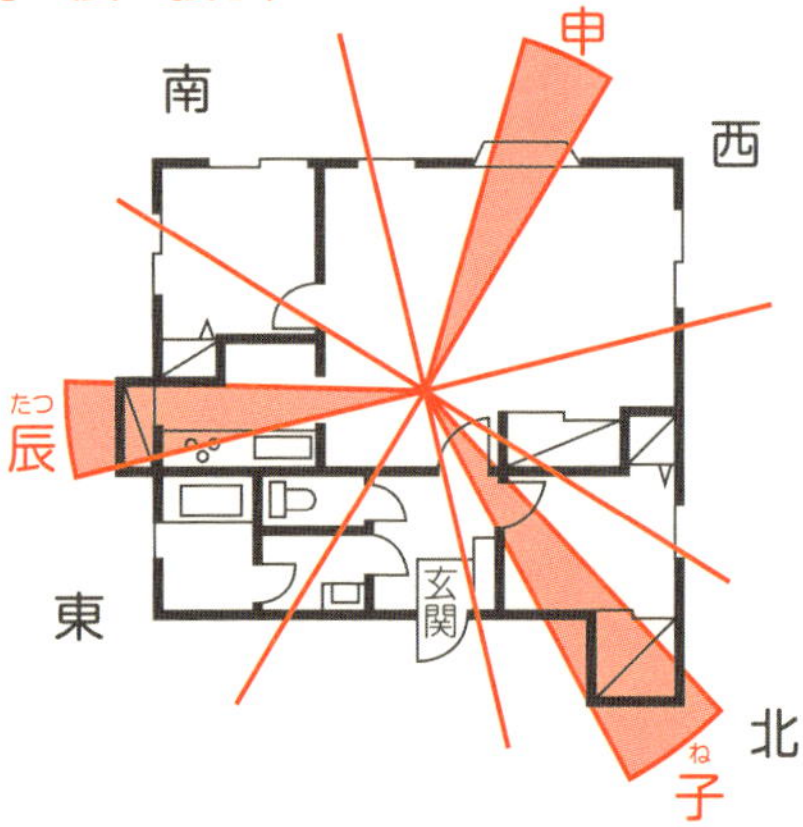

〈南北に細長い母屋、申と辰に張り〉

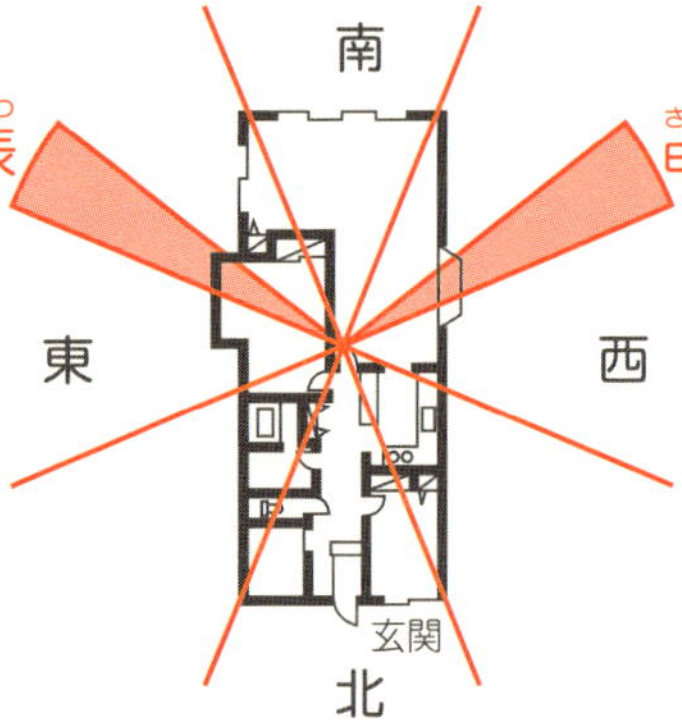

〈母屋が北張り、申と辰に別棟あり〉

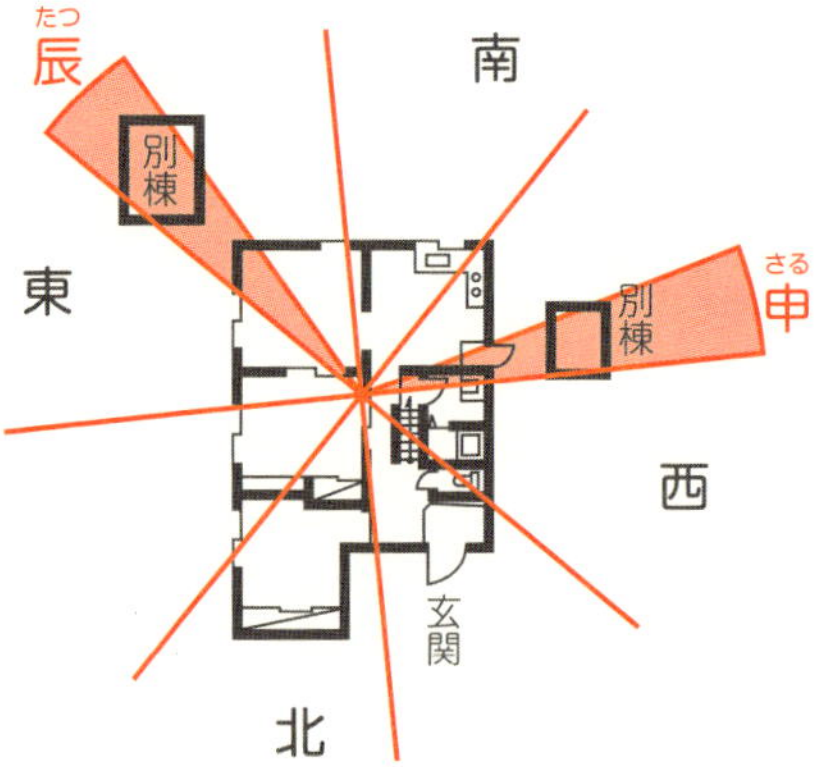

◆第三章◆

開運の間取り

玄関

玄関は辰巳（東南）が大吉相！

POINT

温かく来訪者を迎える玄関には、辰巳が理想の構え。門が東寄りにあるなら家運繁栄、諸願成就の大吉相に。

玄関は、家相学でいう三備のひとつに数えられ、門と同様に来訪者を迎える最も大切な場所とされています。また、単なる出入り口ではなく、家庭的生活と社会とを区別する象徴であり、その家の「顔」にあたります。その家に住む人々に影響を与える運気の流れも、家の玄関から入ってくるので、凶相の玄関を持っていると、悪い気を招きやすくなります。

大吉相は、「辰巳の玄関」と言われ、家の中心から見て東南の方位にあたります。来訪者が多く、家人に繁栄と祝福をもたらす最高の構えです。東や南の方位にあたる玄関、乾を除く西北の方位も吉相となります。

一方、西南や北、東北の玄関は、凶方位ですから絶対に避けましょう。さまざまな災いを招くことになってしまいます。

また、家相学では、玄関は板の間や廊下と同様に「空」とみなします。空の大きすぎる家は、適当な気流を保つことができないため、よくありません。家全体の十分の一から十二分の一程度をもって吉相とします。

吉凶方位でもうひとつ注意したいのが、家の中央に玄関をつくることです。中央といっても、家の中心とは限りません。母屋の中央に突き出した玄関などもこの例で、その両側が「欠け」となる危険があります。まして、中央に欠けている玄関は、「空」プラス「欠け」となり、悪い気流がとどまり凶相の構えとなるのです。母屋に対して、右から左の側面に張り出しを設けることが大切です。

玄関の吉凶八方位

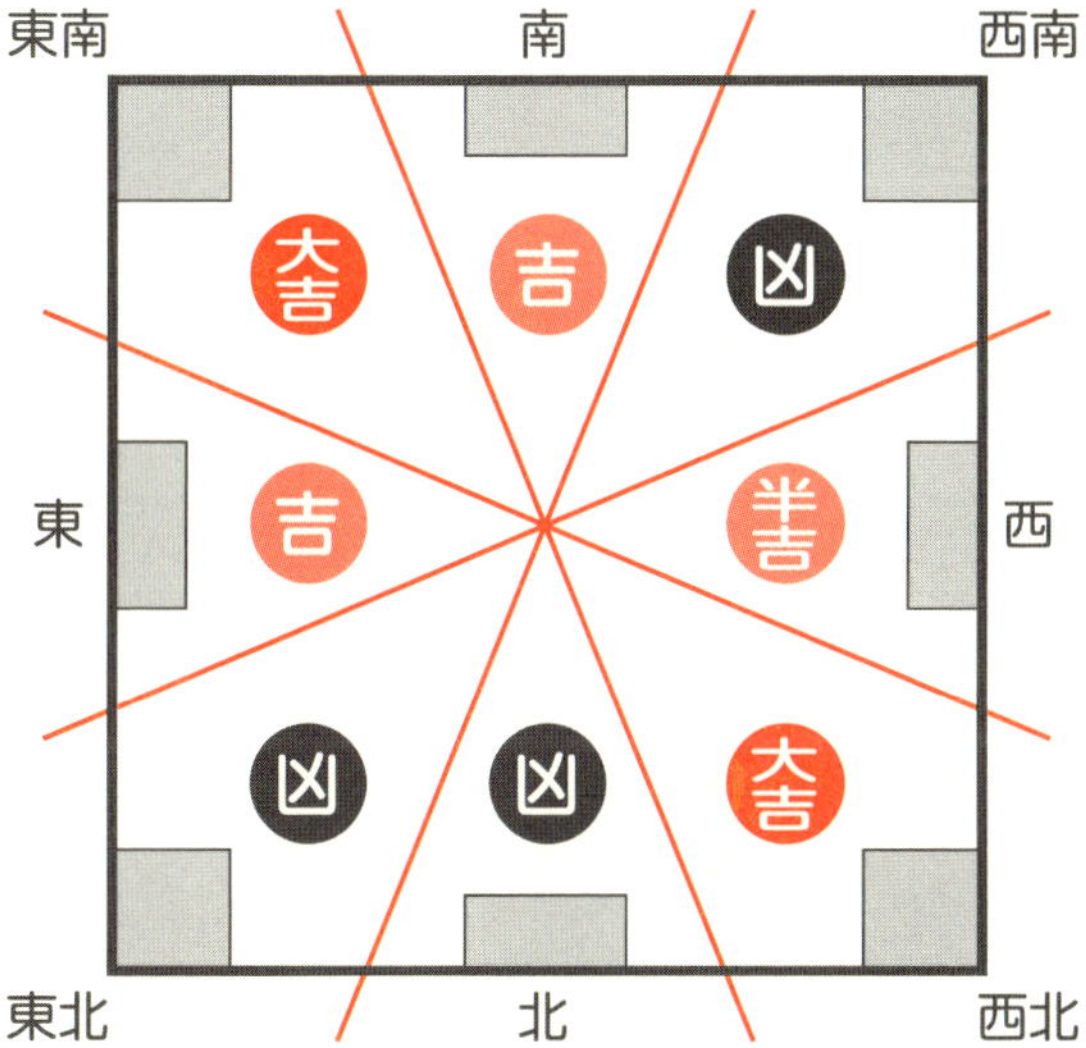

〈東の玄関〉…吉
よき長子が家督を継ぎ、世間の信用を得て、良縁に恵まれる吉徳があります。また、その長子は文芸面に才能があり、上司や目上の人から好かれ、昇進が早いでしょう。若いうちから親から独立する傾向があります。

〈南の玄関〉…吉
南の玄関は、堅実・知識・文芸の才の徳を備え、広く名声を博し身分の昇進につれて財力が備わってきます。とくに、知的職業に適しています。

〈西北の玄関〉…大吉
人の出入りは多くありませんが、社会的地位のある人の訪問が多く、財力豊かになり、家業は繁栄します。会社勤めの人は昇進が早いでしょう。ただし、乾方位だけは避けましょう。

〈東南の玄関〉…大吉
長寿繁栄の徳が備わる玄関で、部下や使用人はよく働き、事業が繁盛します。また、良縁に恵まれ、身近なところから幸運が舞い込んでくるでしょう。ただし、玄関は門から直進しない位置に設けます。

〈西の玄関〉…半吉
西はすべて金運の流れに関する徳を備え、夫婦円満の暗示があり、特に調理師や水に関する商売の仕事に従事している人に吉相です。

〈西南、北、東北の玄関〉…凶
陽徳があらわれず、長子に恵まれません。女性の権威が強いのも特徴です。また、家の中が乱れ、不和、争論、病気に苦しむことが多くなります。災いを招く凶方位は避けましょう。

凶相の場合の改築例

凶相の玄関　例.1

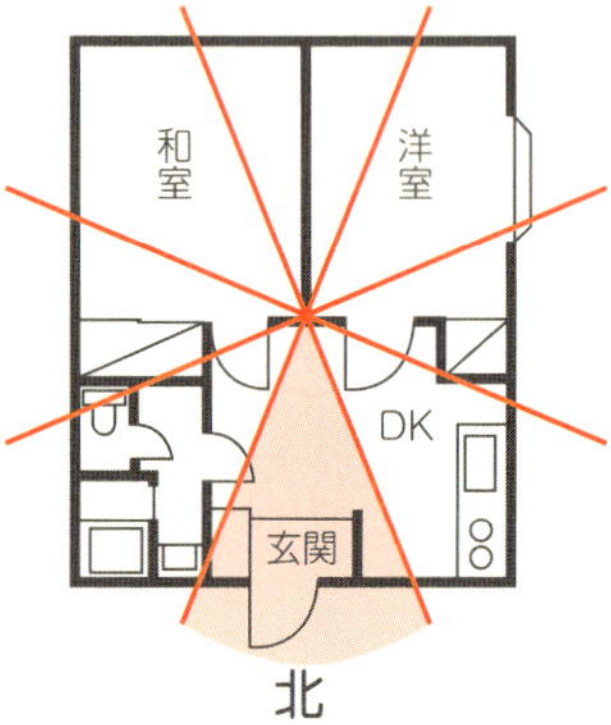

吉相の玄関　改築例.1

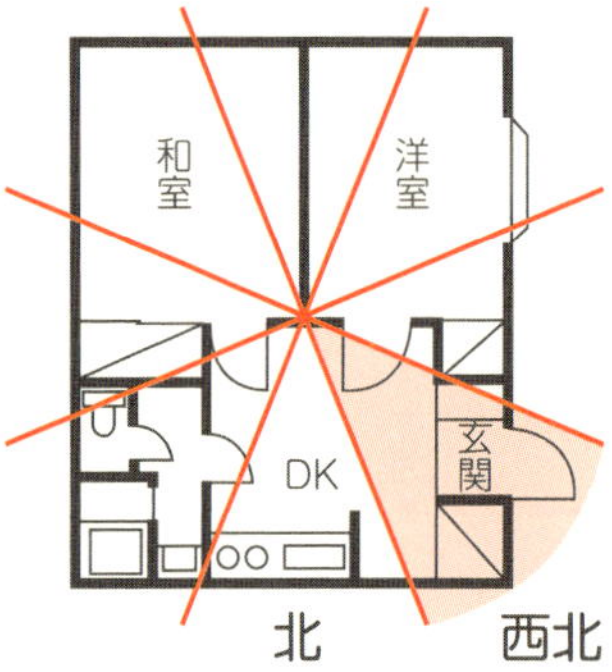

凶相の玄関　例.2

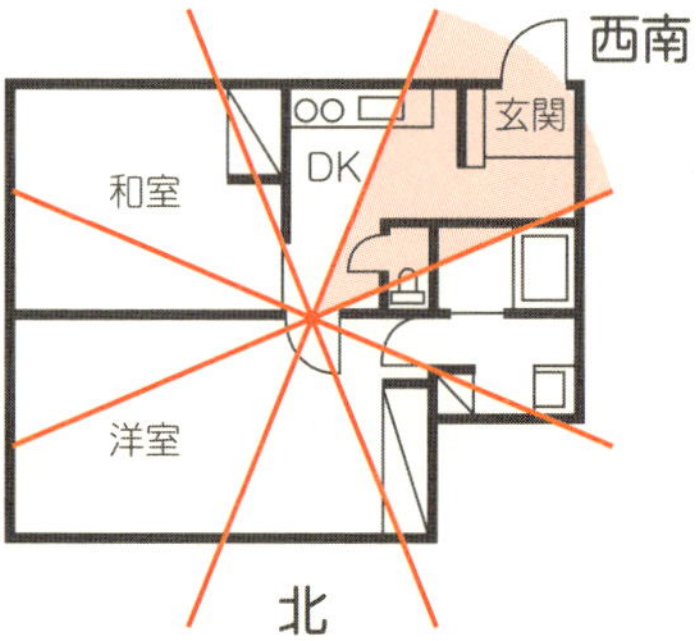

吉相の玄関　改築例.2

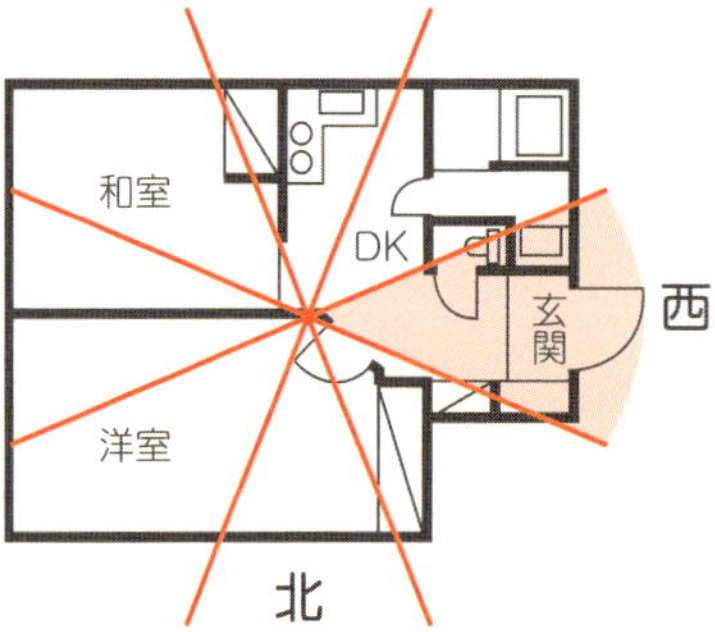

改築ができない場合のかんたん風水活用例

常に清潔に保ちましょう！

凶相の玄関の場合は、とにかく整理整頓をしっかりと心がけ、清潔を保つことで凶作用を軽減することができます。玄関マットを敷き、傘立ては外に置き、靴は下駄箱か白い箱にしまい、脱ぎっぱなしにしないようにしましょう。

追加するものとしては、鏡が重要なアイテムです。ただし、玄関を入ったら右手にあるのが理想的です。真正面に置くと、自己中心的な性格や見栄っ張りになりやすいので注意が必要です。鏡の形は丸形や楕円形がいいでしょう。その他の置物としては、季節の花や石など自然のものだけにしましょう。人物画や人形、彫刻などの人物のオブジェは、魔よけにならないためＮＧです。また、明るめの電球を使用することで金運を呼び込みますので、丸い形の間接照明を置くのもおすすめです。

窓

窓は家の目にあたる重要な要素！

POINT
目は心の窓。窓は家の目であり、外観を構成する重要な要素。その大小は家族の健康にも影響を与える。

窓も玄関同様、家の中への気の入り口の一つです。日当たりの良い家は、陽の気をたっぷりと含んだ空気が、さわやかな風とともに屋内に流れ込み、心身に平安をもたらしてくれるのです。

また、窓から差し込む太陽の光と暖かさは、人の心と身体に欠かせない恵みとされますが、多ければいいものではありません。家相学上は、太陽の光を直接採り入れるよりも、できるだけ間接的に採り入れるのが理想的とされています。

明るい部分と暗い部分のバランスがよくてはじめて吉相となります。

窓の吉凶方位

〈巳から未までの方位〉…大吉
どこに大きく開けても吉相となります。

〈寅から辰までの方位〉…吉
ほどよく開けるならば吉相となります。

〈申から戌までの方位〉…安全
ほどよく開けるならば差し支えありません。

〈亥と子の方位〉…凶
なるべく避ける方位ですが、開ける場合はできるだけ小さく開けましょう。

〈坤、艮、及び、丑の方位〉…凶
なるべく開けないほうがよいでしょう。

出窓について

現在は、小さいものから壁一面の大きな窓、デザイン性が高いもの、天窓など様々な種類がありますが、特に「出窓」は、張り出しとして家相に影響を及ぼすので注意しましょう。

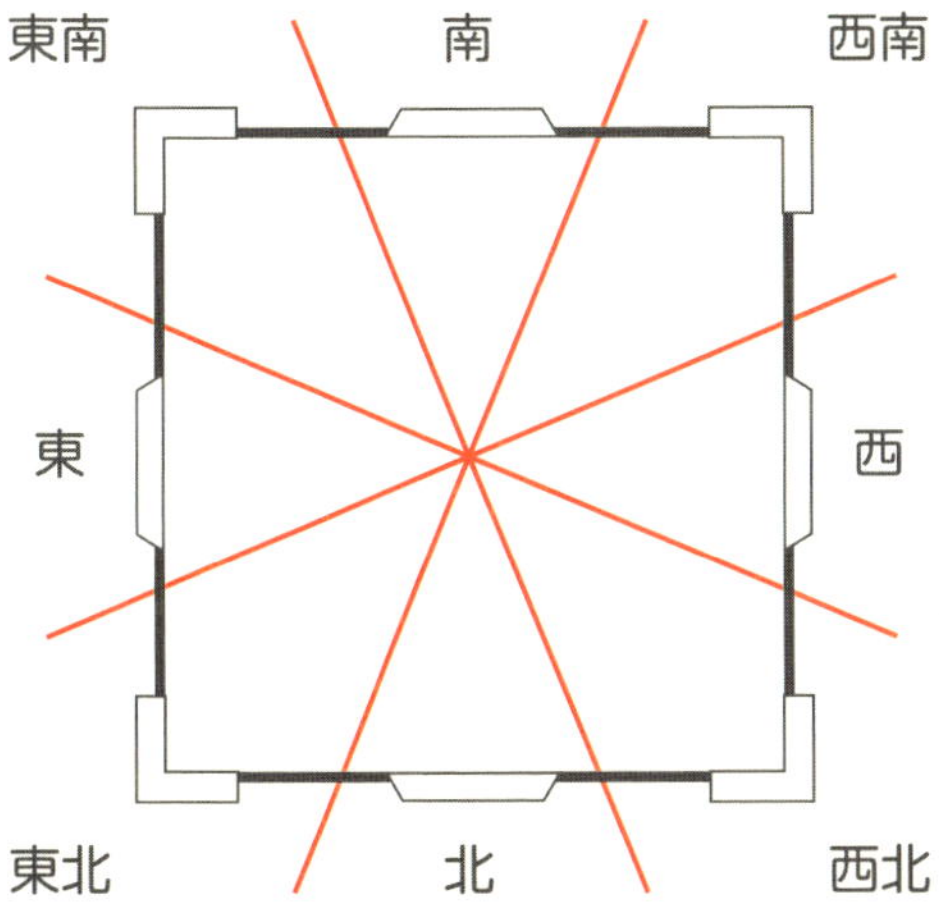

〈東向きに窓がある家の場合〉

・表鬼門の角に出窓があると病人が絶えないでしょう。

・東の正中(卯)に出窓があると、世話ごとばかりが増えて身に残るものが少ないでしょう。

・東南の角に出窓があると、主人に威厳が備わり健康になって家運は繁栄するでしょう。

〈南向きに窓がある家の場合〉

・東南の角から出窓があると、吉慶をもたらす来訪者が多く、富貴繁栄するでしょう。

・南の正中(午)に出窓があると、家族の行動力が弱まり、知恵・才能も鈍くなるでしょう。

・裏鬼門の角に出窓があると、女性が苦労する暗示があります。

〈西向きに窓がある家の場合〉

・裏鬼門の角に出窓があると、病人が絶えないでしょう。

・西の正中（酉）に出窓があると、争いごとが多くなったり、遊びに金銭が流れることになるでしょう。

・西北の角に出窓があると、万事が吉です。社会的信用を得て、主人は運気良好となるでしょう。屋根に天窓を設けて上からも光を採り入れると、より財運や事業運が高まるでしょう。

〈北向きに窓がある家の場合〉

・西北の角に出窓があると、仕事に恵まれ、財産を残し、主人はその権威を保つでしょう。

・北の正中（子）に出窓があると、腰から下の病気に苦しむ暗示があります。ただし、知識や才能を必要とする学者、文芸家、文筆家には精神の安定を促進するでしょう。

・北東の角に出窓があると、家を好まず勝負事を好み、家庭的に不和、争論が多くなるでしょう。

凶相の場合の改築例

凶相の出窓 例.1

北を

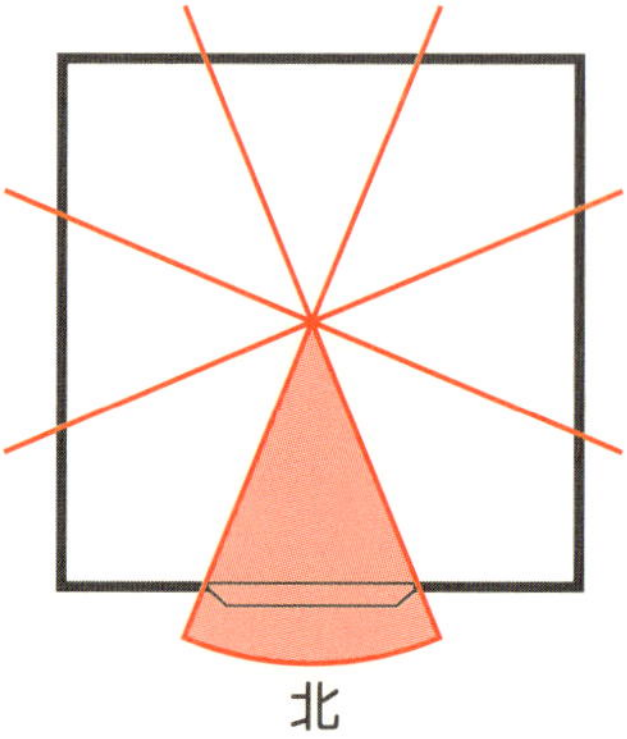

吉相の出窓 改築例.1

東南へ

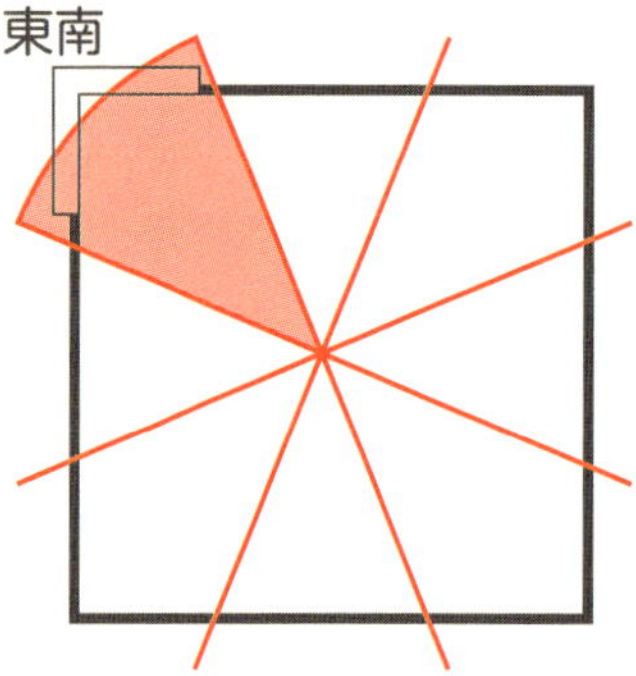

凶相の出窓 例.2

東北を

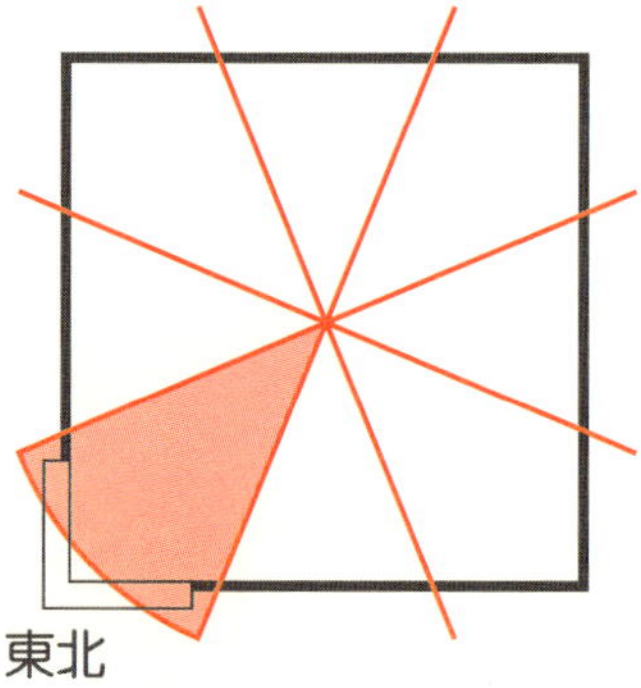

吉相の出窓 改築例.2

西北へ

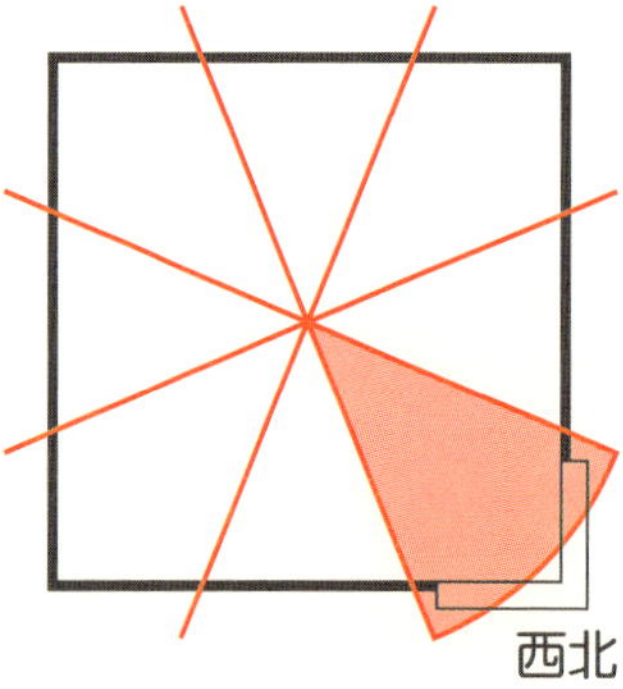

改築ができない場合のかんたん風水活用例

凶相の窓にはカーテンをつけましょう！

凶相の窓がある場合は、窓を遮光カーテンなどで覆ってしまうか、ステンドグラスなどでリカバーしてしまうのがよいでしょう。多少暗くすることで、明る過ぎる窓からの強い光や風を調整することができ、凶作用を軽減することができます。また、大き過ぎる窓の場合も、遮光の役割として雨戸を設け、明るさを調節しましょう。

現在では、雨戸も機能性に優れたものが種類豊富にあり、雨戸自体は家相に影響しないので、窓の明るさや風通しを調節することに大変便利です。雨戸が取り付けることができなかったり、簡単に済ませたい場合は、大きめの観葉植物などを窓の前に置き、明るさのバランスを整えるのもよいでしょう。

光のバランス、つまり、陰陽のバランスを保つことが大切です。

寝室

家族の定位に寝室を！

POINT

一日の疲労を取り、リフレッシュするための寝室は、衛生面を基本に家族の定位を考えて決めることが大切。

家相の中では、寝室が最も吉凶の影響が少ないところとされています。しかし、それぞれの方位の意味を考慮して構成すれば、吉相効果を高めることができるのです。

家族の定位とは、八方位にめぐる易の八卦から考えられた理論で、東が長男、東南が長女、南が中女（次女または中年の女性）、西南が主婦や老人、西が少女（末っ子または年少の女子）、西北が主人、北が中男（次男または中年の男性）や使用人、東北が少男（末っ子または年少の男子）の定位というわけです。

たとえば、西北は主人の方位で、一家の柱としての責任感と信頼性をつくり出す最高の方位です。家の中心から見てこの西北の方位に主人や夫婦の寝室を置くと、社会的な地位を高め、夫として一家の柱としての自覚と行動力を持つようになります。

また、子供部屋として最適なのは、東南か東の方位です。平家やマンションなどで部屋割りが難しい場合は、できるだけこの方位にかかる位置にベッドを置き、南や東に足を向けて寝るようにしましょう。

二階に寝室を置く場合は東と東南・南の方位にすると、明るく外交的な性格をつくり、自ら吉運を招くようになってきます。

しかし、家族全員が「定位」とされる方位に寝室を構えるのは不可能なこと。寝室は吉凶の影響が少なく、必ずしも定位に寝室がある必要はないので、その位置を参考にし、夫婦の寝室を最初に決めて順番に割り振っていきましょう。

寝室の吉凶八方位

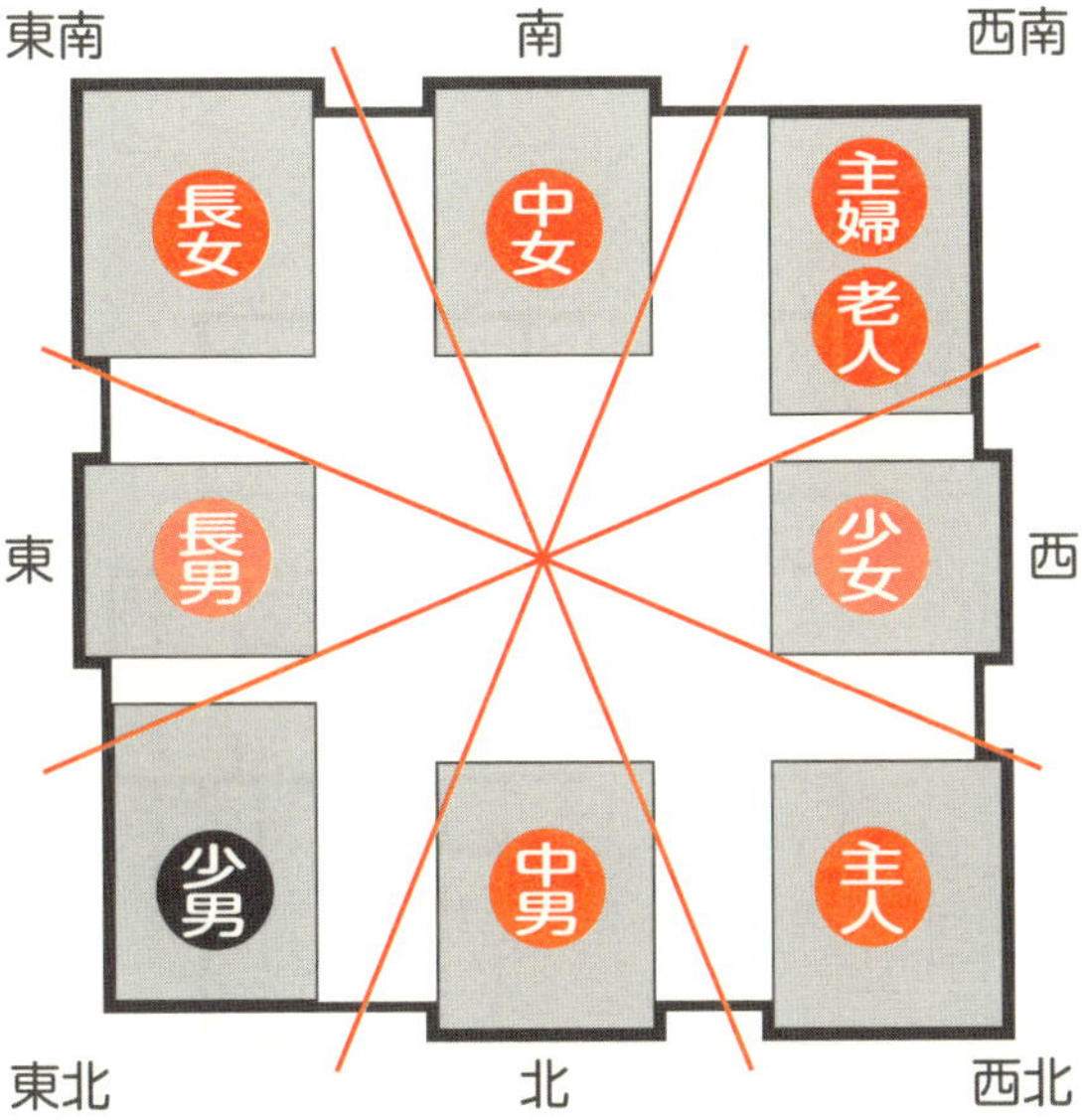

〈東の寝室〉… 長男の定位
向上心旺盛になって活動的になり、健康運や運気全般を高めます。ただし、せっかちになる傾向があります。

〈南の寝室〉… 中女の定位
思考力・知的能力が旺盛になり文芸の才能にすぐれ、目上の引き立てで早くから頭角を現します。出かけることが多いです。

〈西の寝室〉… 少女の定位
遊び心が強く、金づかいが荒くなったり、口やかましくなります。ただし、張り出せば良友ができ夫婦和合して富裕な吉相になります。

〈北の寝室〉… 中男の定位
親類縁者、夫婦和合して子孫は繁栄します。また目下や部下運に恵まれます。

〈東南の寝室〉… 長女の定位
誰にとっても大吉相です。社交性が旺盛になり、人気や人望も集めて富貴繁栄をつかみます。趣味が豊富になります。

〈西南の寝室〉… 主婦・老人の定位
献身と慈愛の精神が養われ、苦労をいとわず縁の下の力持ち的働きを発揮します。心身もリラックスします。

〈西北の寝室〉… 主人の定位
財力豊かに繁栄、主人は威厳を持って発展し、実業家なら大成功する方位です。一家の主人としての責任感と信頼性をつくり出します。

〈東北の寝室〉… 少男の定位
この方位は避けましょう。陽の気が少なく、活力を失い、やたらと欲深くなります。

凶相の場合の改築例

凶相の寝室

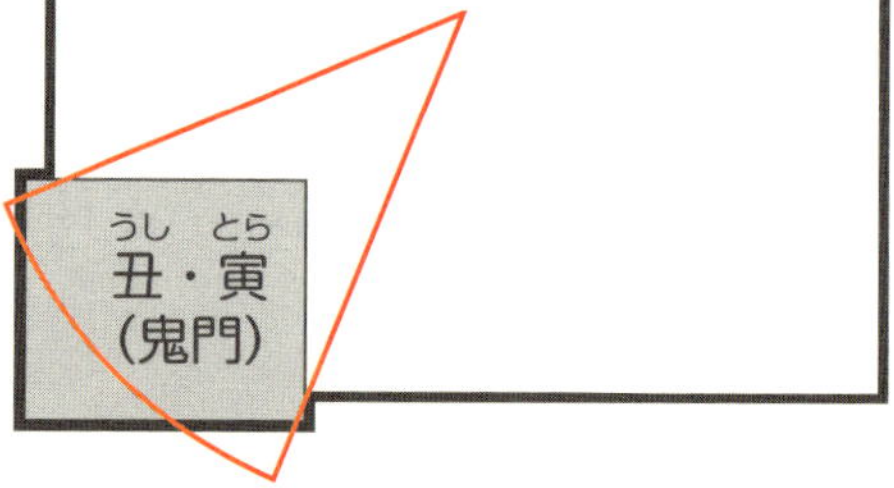

吉相の寝室

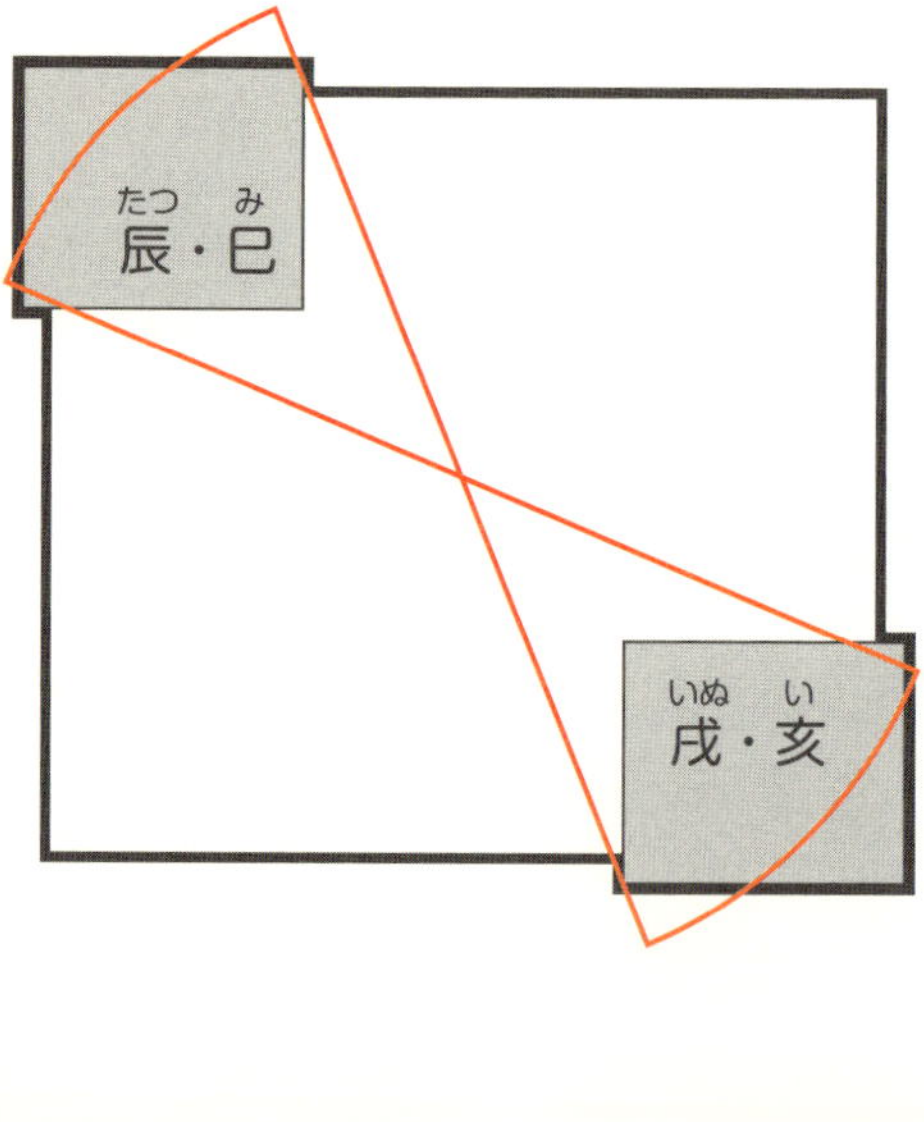

改築ができない場合のかんたん風水活用例

北枕で寝るのが吉！

例え家族の定位に寝室がなくても、改築をする必要はありませんが、より吉相効果を得るためには、佑気（ゆうき）取りが効果的です。佑気取りとは、吉方移動のことで、普段北側に寝ているなら、日を選んで東の部屋に七日、南の部屋に七日など短い間に寝床を変えてみて、様子を見てください。

また、北枕は縁起が悪いものとされていますが、古くは、皇帝や天皇のような高貴な人物が休まれる寝方で、足を南に向けることにより、南からの暖かい陽の気を吸収し、さらに朝起き上がった時に顔が南に向かうため、自然の恩恵を受けながらにして感謝できるという実にありがたい休みかたとされていていました。

この意味から北枕で寝ることが吉と考えられるので、運気や体調が悪いときは、北枕をぜひ試してみてください。

子供の部屋

気が散らないように、スッキリと！

POINT

子供部屋は、吉凶の作用を強く受けるので要注意。吉方位で明るく風通しのよい、スッキリした部屋が子供の能力を伸ばす。

成長過程で気の影響を受ける子供は、部屋の吉凶が、幼少時代だけでなく将来にわたる運勢まで左右してしまうので、大人以上に注意が必要です。子供が心身ともに健やかに育ち、特質や能力を十分に引き出せる方位に部屋を与えるようにしましょう。

子供部屋として理想的な方位は東・東南・南で、意欲や向上心を養い、生まれ持った資質を伸ばすことができます。窓があり風通しもよい部屋は、気の流れがよくなり運気も上昇。気が散らないようにスッキリとした部屋にすると集中力が高まり、落ち着いて勉強できます。

逆に凶方位の場合は、伸び悩んだり、力を発揮することができません。北は友だちが多くリーダーの資質を養えますが、学力の向上は難しくなります。西や西南は根気がなく、落ち着きのない子供になりがちです。東北や西北は親を敬う気持ちがなくなったり、負けず嫌いになって、家庭内のトラブルのもとになります。

子供に関するさまざまな問題は、心と身体のアンバランスからくるストレスが原因になっています。こうした状況を、子供部屋の位置を変えたり模様替えすることで解決できるのです。

また、部屋の中では机の位置が最も重要です。机を壁に向けて置くのはマイナスの作用を及ぼすので、必ず入り口に向けるか、机の一方が窓に向かうように置きましょう。但し、ベッドを背中合わせに置くと休み癖がついたり、集中を欠くことになるので注意しましょう。

子供の部屋の吉凶八方位

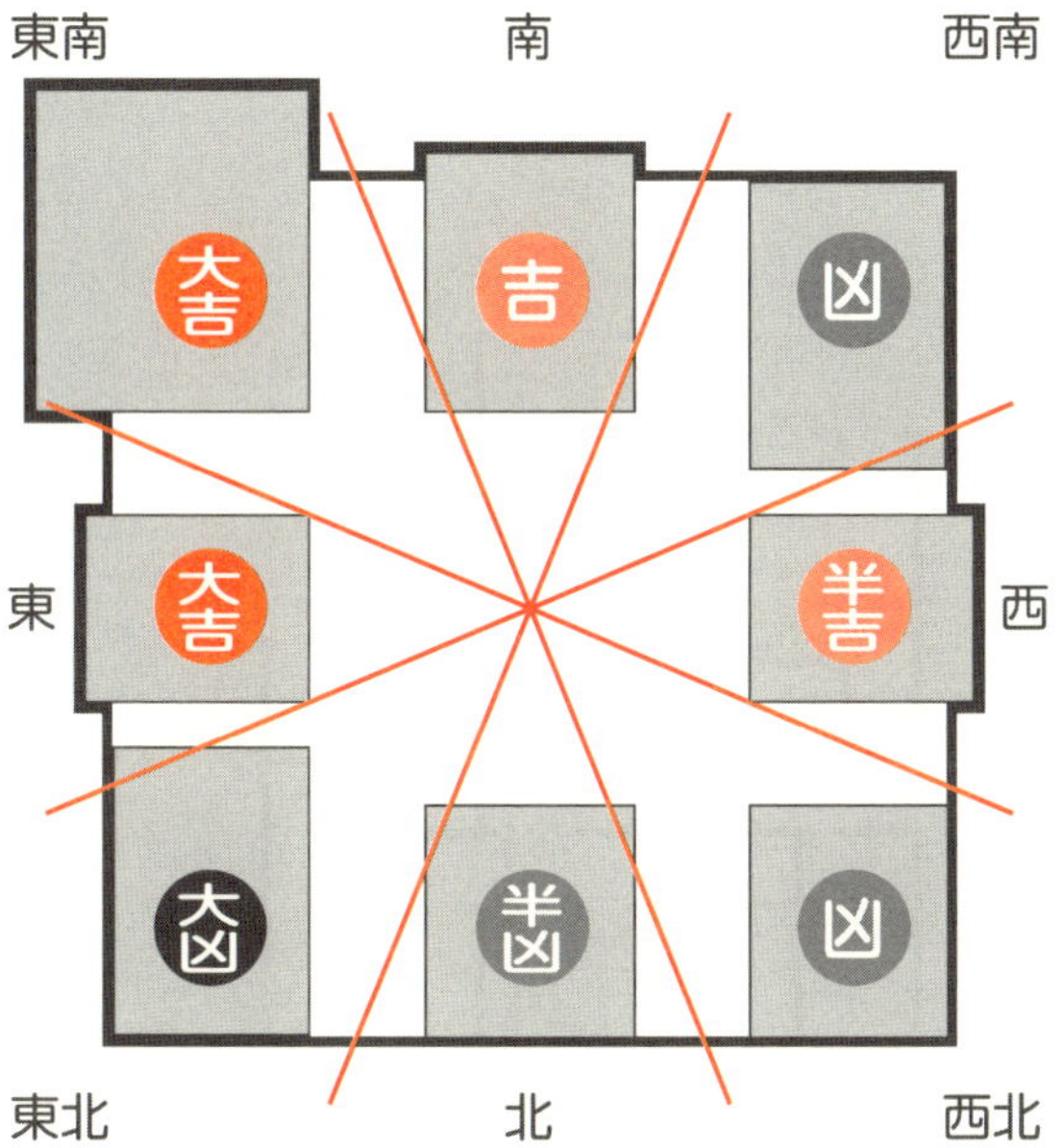

〈東へ小さい張りの部屋〉… 大吉

陽の気を受けて活動的になり、心身ともに健康でまじめな孝行者です。成長するにつれて責任感と根性が備わり、リーダー的素質をもつようになります。

〈南へ小さい張りの部屋〉… 吉

研究心旺盛で知識や才能に富み、文学や芸術にすぐれ、名を成すことが多いでしょう。ただし、暖かすぎると集中力を欠くので日差しの調節が大事です。

〈西へ小さい張りの部屋〉… 吉凶半々

やさしく子供らしいのですが、依頼心が強く、好きなことには努力します。ただし、欠けがあると勉強嫌いになり悪友も増えます。

〈北の張り・欠けなしの部屋〉… 凶

好奇心は旺盛ですが、根気や落ち着きがありません。遊びに対しては積極的で、欠けがあると病弱に。

〈東南へ大きい張りの部屋〉… 大吉

誠実で勤勉な性格になり、明るく社交的な雰囲気から誰からも好かれ、良友も多く、子女なら良縁に恵まれ、親にも恩恵があります。

〈西南の張り・欠けなしの部屋〉… 凶

肉体労働を好まず、根気がなく、全体的にだらしがなくなります。欠け・張りがあれば病気がちに。能力があっても、それを発揮できません。

〈西北の張り・欠けなしの部屋〉… 凶

向学心はありますが、理屈っぽく反抗的な性格に。親を敬う気持ちがなく、他人に対しても尊大に振る舞いがちです。

〈東北の張り・欠けなしの部屋〉… 大凶

欲深く見栄っ張りに。競争心や感情の起伏が激しく、気持ちも読み取れなくなります。

凶相の場合の改築例

凶相の部屋 例.1

西北を

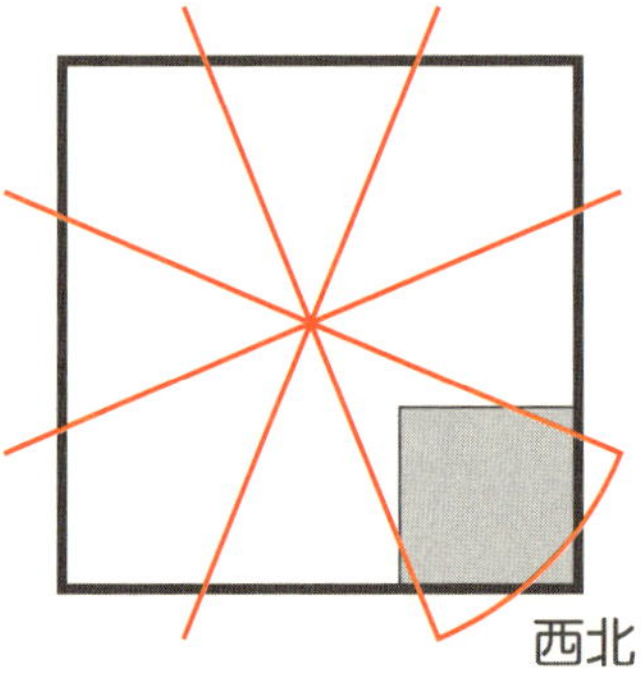

吉相の部屋 改築例.1

東へ

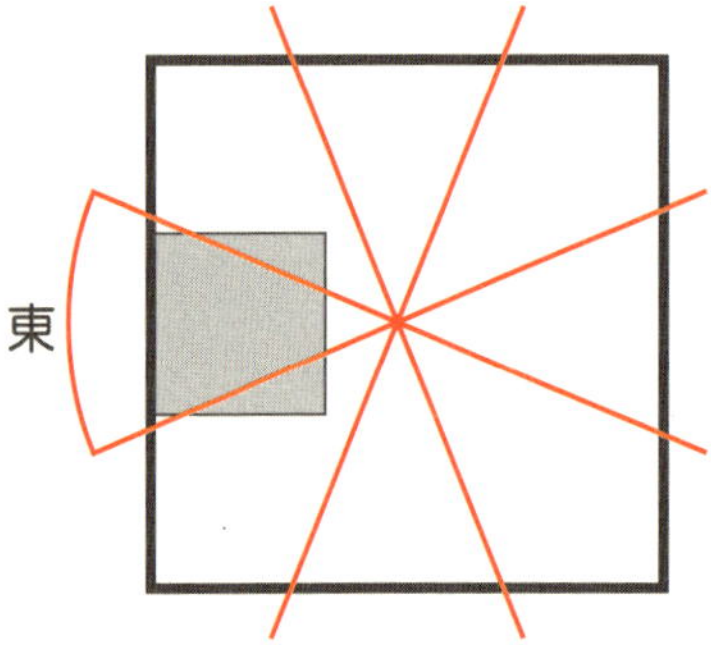

凶相の部屋 例.2

東北を

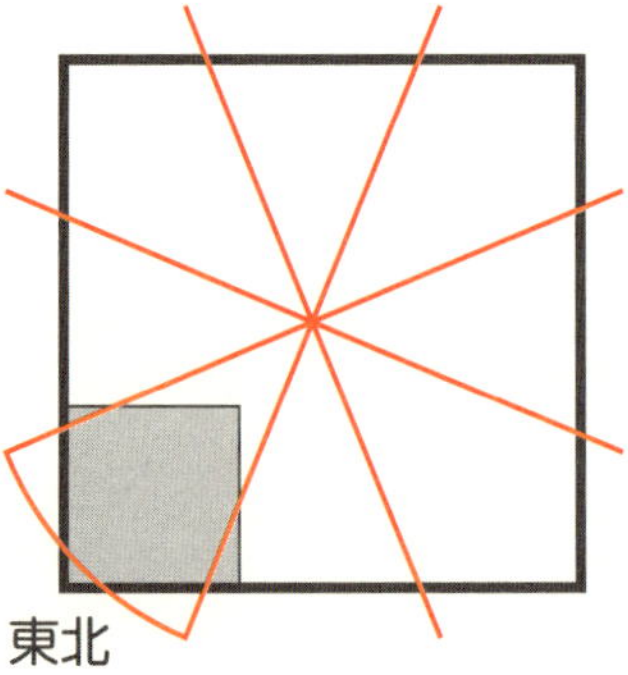

吉相の部屋 改築例.2

東南へ

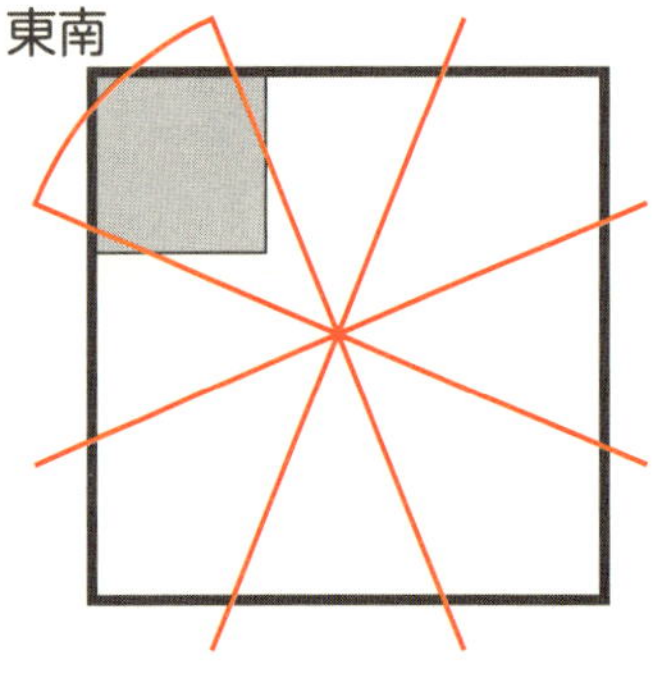

改築ができない場合のかんたん風水活用例

窓と机の配置で運気をアップ！

家の改築ができない場合、子供部屋は窓と机の位置が重要なポイントになります。入り口から入った気を上手に受けるよう、窓を背にしたり、机を入り口に向け、窓からの光を斜めに受ける位置に机を置くのが理想的な配置です。また、窓にはカーテンをつけ、子供の性格に合わせて、色や模様で運気の悪さをカバーします。

たとえば、落ち着きがない子供に対しては、机を北西や北方に向けて置きます。カーテンは幾何学模様や縦縞がよく、勉強するときはカーテンを閉めると集中力や思考力が高まります。スポーツが得意で活動的な子供には、机を窓に向けて置くと意識が外に向いて、気持ちもより前向きに。机は入り口の見える方に向けて置き、机の右側を広い空間にして、カラフルなカーテンにすると、発想が豊かになるでしょう。

お年寄りの部屋

POINT

若々しさなら一階の東へ！

元気で若々しいお年寄りは一家の宝。貴重な人生の知恵を子や孫に伝えるためにも明るい部屋づくりを考える。

貴重な人生の知恵を持っているお年寄りにはいつまでも元気でいて欲しいと願うものです。お年寄りの部屋として注目したいのは、元気で快適に過ごせるかどうかという問題です。

湿気の多い部屋や暗い部屋は健康面だけでなく、精神的にも悪い影響を与えやすいので、注意が必要です。

二世帯住宅なら一階のスペースが吉相です。二階建てなら、一階の東北、東南、西南、西にあたる場所が吉相で、東はまずまずです。凶相となるのは、南、西北、北です。そしてお年寄りの部屋は、玄関や階段、駐車場などからできるだけ離れていることが理想的です。

通風や換気を考えれば、湿気のたまりやすい場所や、一日中電気をつけていなければならない場所も避けてください。

お年寄りの部屋の吉凶八方位

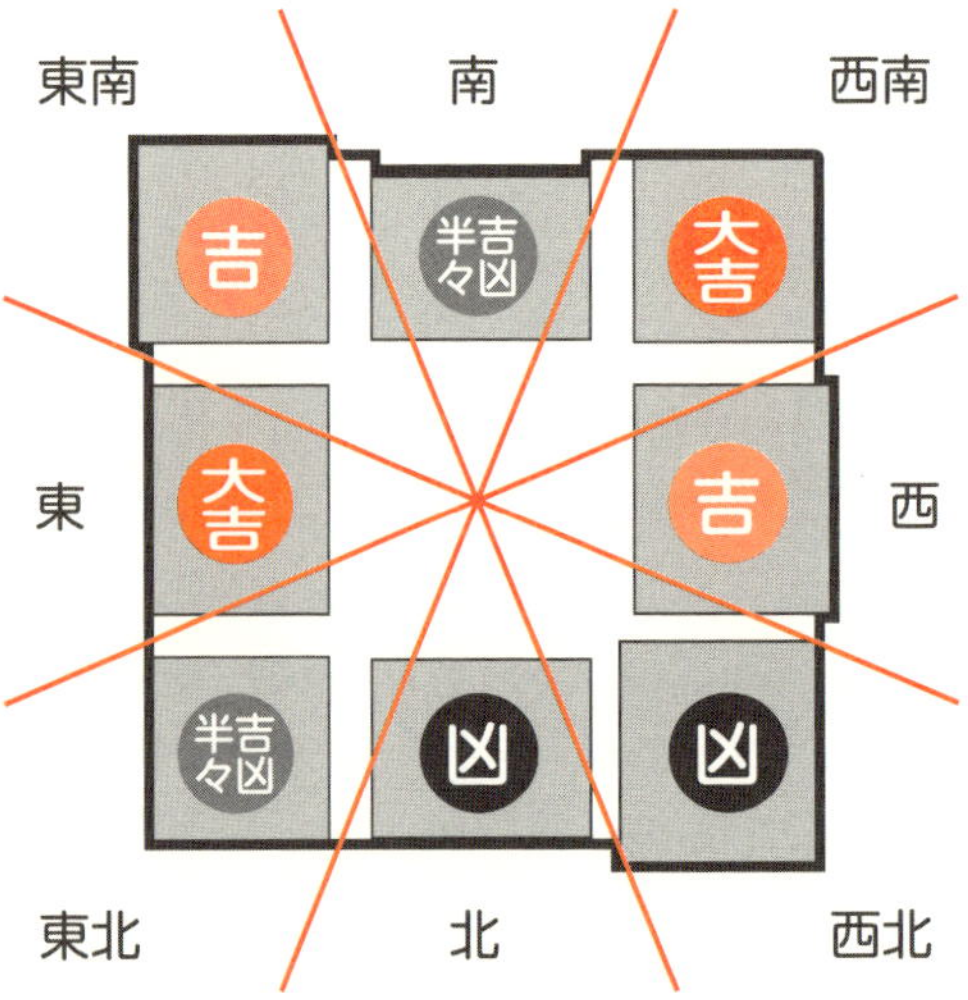

〈東の張り・欠けなしの部屋〉…大吉

希望と発展の方位なので行動力が出ます。また、心臓や足腰が丈夫になって、自分の趣味をみつけ、外出もするので、楽しみも増えるでしょう。

〈南のほどよい欠けの部屋〉…吉凶半々

知力と積極性の方位なので、少々性格がきつい傾向になります。負けず嫌いで、身体の自由が利かないと口が悪く孤立しやすくなります。少し欠けると知識に富み、頼りがいが出ます。

〈西のほどよい張りの部屋〉…吉

収穫の喜びと社交の方位なので、趣味や会合などに追われ外出が多くなります。体力や健康管理に注意すれば活発に過ごせるでしょう。認知症ぎみの人が住むと症状が進むことがあり、不向きです。

〈北の張り・欠けなしの部屋〉…凶

休息と陰陽交換の方位なので、お年寄りには体力的に不適当です。日中は暗く湿気も多いため健康面で障害が出やすく、家庭も乱れがちになります。暗さや冷えは精神面でもマイナスに作用するため、心身ともに衰え老け込んでしまいます。

〈東南のほどよい張りの部屋〉…吉

社交と信用の方位なので、人間関係が活発になります。また、ボランティアや老人クラブでは頼られる存在となり、認知症などとは遠い縁になります。

〈西南の張り・欠けなしの部屋〉…大吉

やさしさと労働の方位なので、家族愛豊かな働き者になります。夫婦が揃っているなら、夫婦仲も良いでしょう。未亡人なら健康で趣味も多く、長寿の吉相です。

〈西北の北側に張りのある部屋〉…凶

権威と財力の方位なので、家族の将来からすると不適当です。常に現役で主人としての位置を男子に継ぐこともできず、頑固で家族間の問題となる可能性があります。

〈東北の張り・欠けなしの部屋〉…吉凶半々

鬼門方位ですが人の信望を集め、財運を豊かにします。健康面を注意すれば、長く家族から大事にされます。ただし、この場合は欠け・張りをつくらず、この方位内にトイレがないことが条件。これがあると大凶相になり、認知症や寝たきりの病気に侵されることもあります。

凶相の場合の改築例

凶相の部屋　例.1

西北を

吉相の部屋　改築例.1

西南へ

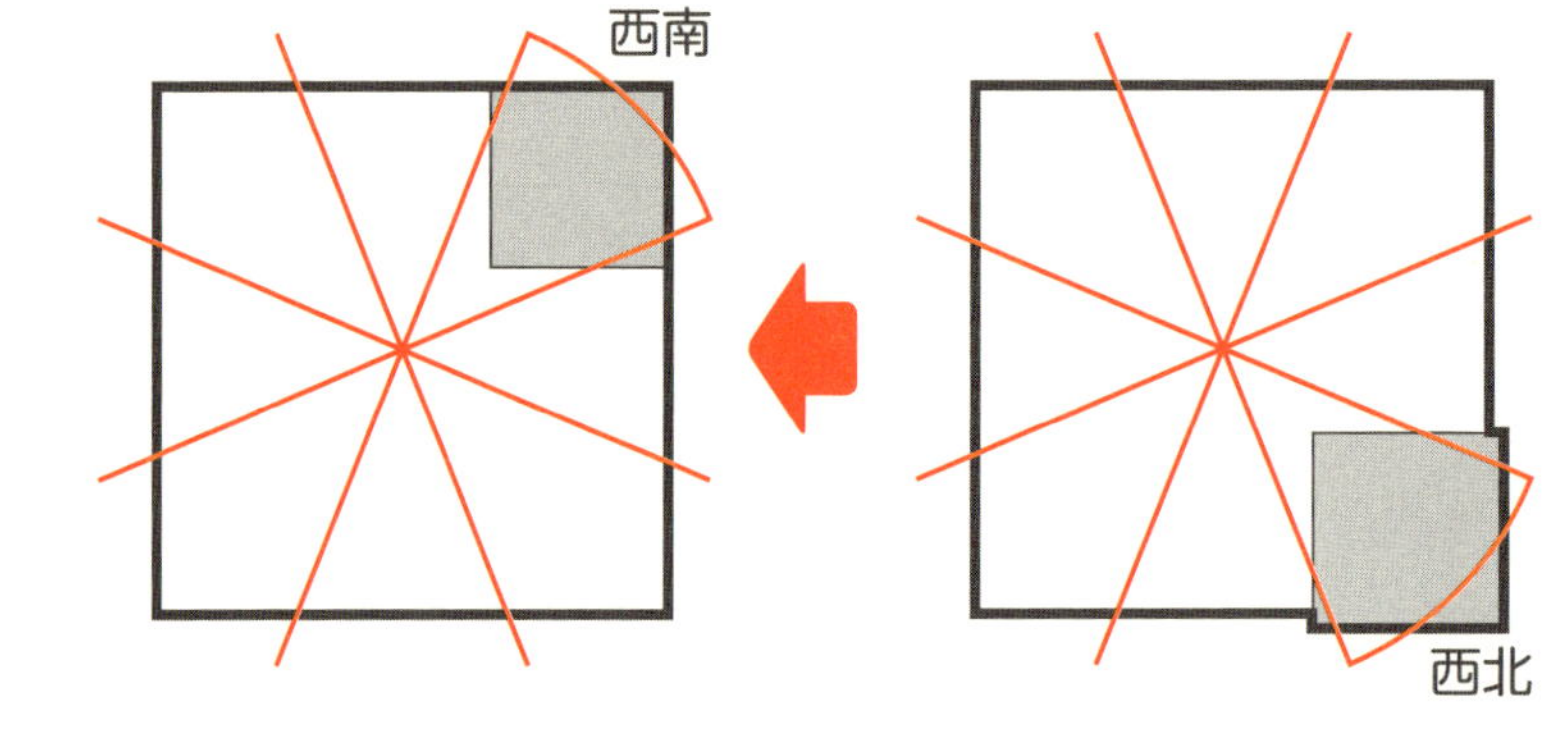

凶相の部屋　例.2

北を

吉相の部屋　改築例.2

東へ

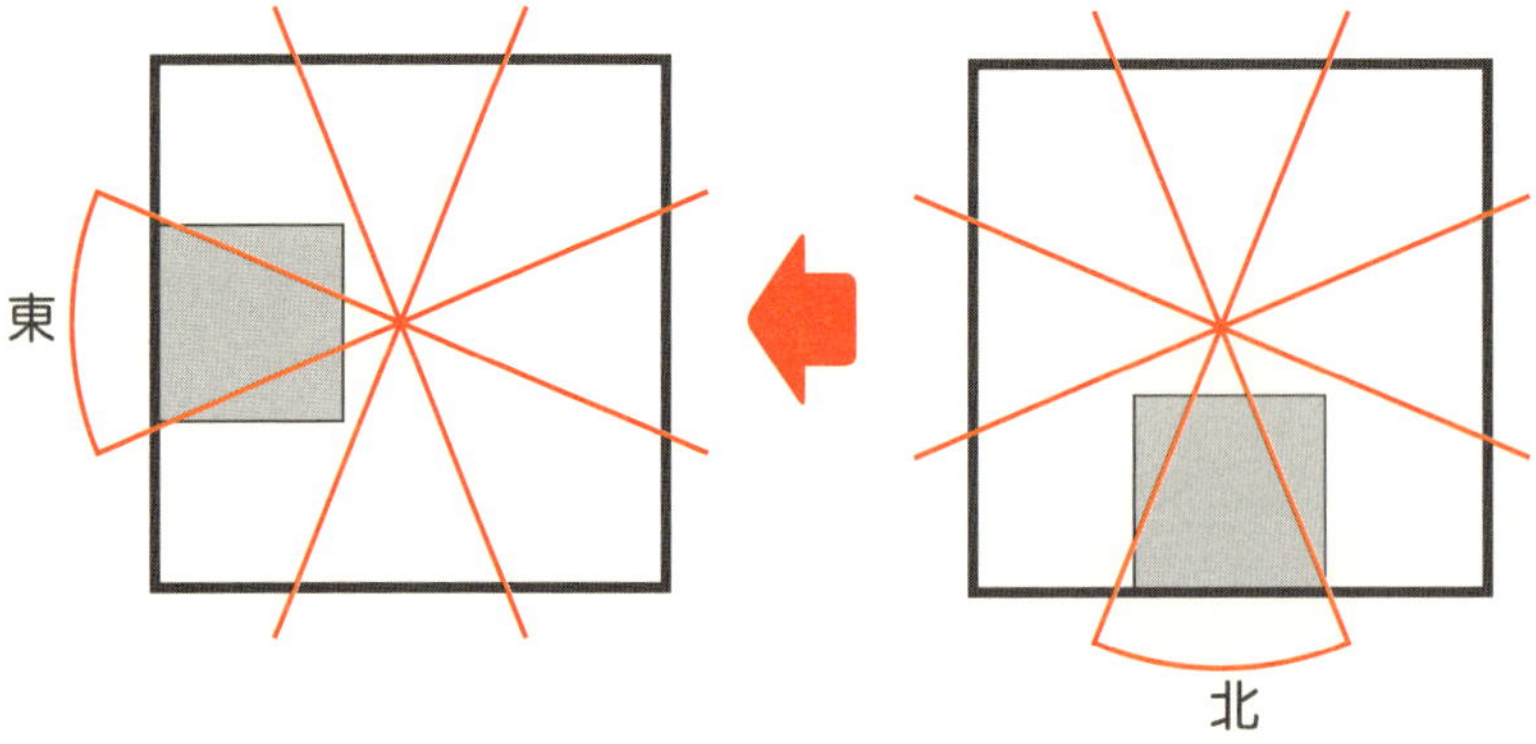

改築ができない場合のかんたん風水活用例

適度な明るさと落ち着きを！

お年寄りの部屋は、やはり日当たりがよく明るい気のある場所が理想ですが、太陽が直接多く入り込むなど、明るすぎないようにしましょう。

ポイントは、適度な明るさで落ち着きのある空間づくりです。家具などを落ち着いた色にして、カーテンなどで日差しがほどよく入るように調整します。ただし、窓からの光を調整するために植物を置くと陰になるので、たくさん置かないようにしましょう。

庭があれば、植物は庭に植え、お年寄りが外に出て手入れをすると、陽の気を取り込むことができ、健康を保つのに効果的です。

また、お年寄りの健康には睡眠も大切で、横になる向きにも注意が必要です。西に枕を置いて寝ると落ち着きのある方位のため、ゆっくり休めるでしょう。

リビング

リビングは明るい東や東南に！

POINT
家族の交流の場となるリビングに太陽光線をやたら入れるのはタブー。落ち着きをもたせる演出が大切。

リビングは日当たりや風通しのいい場所がよいでしょう。適度に明るく広いスペースを設け、観葉植物を置けば、心理的にもいい効果があり、家族の心をのんびりくつろがせてくれます。

家の心臓部で、家族の交流の場であり、憩いの場となるのが理想的です。東から西南にあるリビングは、明るく笑い声の絶えない家を想像させ、見晴らしがよく視界が広がるリビングは、家族が健康でそれぞれが人生に目標を持ち、たくましく生きていることを思わせます。

反対に、四方が部屋で囲まれ、家の中央にリビングをつくってしまうと、嘘や隠しごとが増える凶相となるので注意が必要です。

また、本来リビングの機能は家族間の心の交流や精神的なつながりを円滑にさせるもので、運気の向上や仕事の発展、福徳を授かるためのものではありません。家族の交流場としての役割をメインに考え、それぞれの方位にあった家具や窓で快適なリビングをつくりましょう。

リビングの吉凶八方位

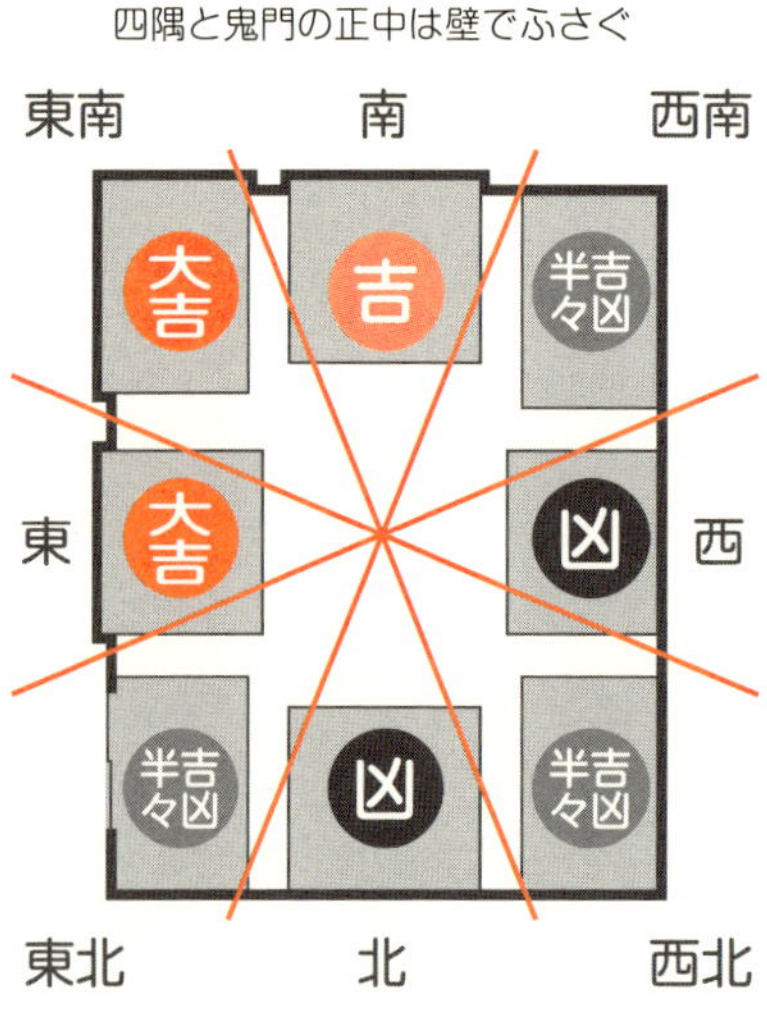

〈東のリビング〉…大吉
理想的で活気があり、家族それぞれが目的を持って繁栄する吉相です。窓は大きくして、朝の光をたくさん入れましょう。

〈南のリビング〉…吉
発展的でつねに話題に欠くことなく、家の雰囲気自体が開放的になります。ただし、欠けがあると喧嘩が絶えないので、注意が必要です。芸術などの才能に恵まれる方位で、張りがより運気を高めます。

〈西のリビング〉…凶
凶相の方位です。家族に病人が出たり、すれ違いや誤解から口論になることもありそうです。また、西日が凶の作用をもたらすので、西日を抑え、カーテンやブラインドを取り付けましょう。

〈北のリビング〉…凶
凶相の方位です。家庭全体が暗いムードになり、活気がなくなります。主婦も病気がちに。また、子供は親の意見を聞かなくなります。

〈東南のリビング〉…大吉
大吉相です。家族との交流は活発となり、リビングに集まる機会が増えます。張り出しがあれば、なお繁栄します。

〈西南のリビング〉…吉凶半々
吉凶半々の方位で、女性の運気へ影響のある方位です。主婦が働き者か怠け者のどちらかに。また、窓の位置が坤（西南）の中心の方位にあると、裏鬼門の正中に当たるため、健康にも注意が必要です。

〈西北のリビング〉…吉凶半々
主人に影響の出る方位です。働き者の主人になりますが、家にいることが少なかったり、ストレス性の病気になりやすくなります。豪華な雰囲気にすると、主人の成功運がさらに高まるでしょう。

〈東北のリビング〉…吉凶半々
吉凶半々の方位で、子供が家に寄り付かず、父親の威厳が保てないでしょう。ただ、窓を東に大きく取ることで発展性のある健康家族になります。

凶相のリビング

東北を

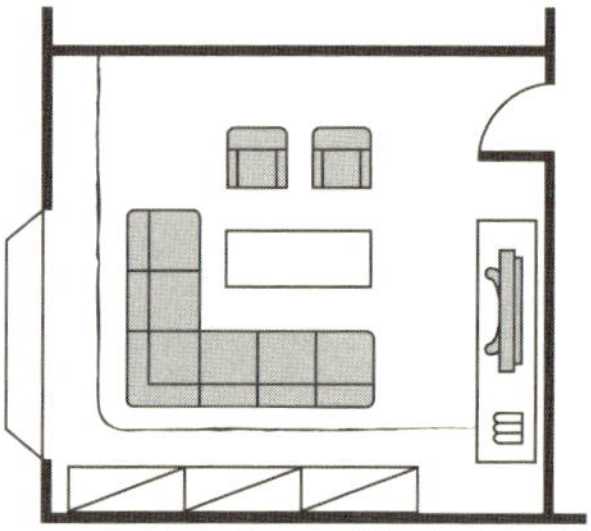

鬼門にあり、植物がない
リビング

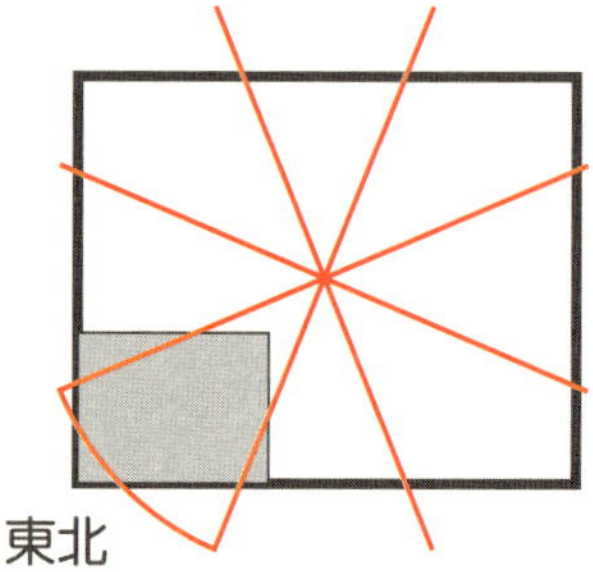

吉相のリビング

東へ

鬼門のリビングは四季の花や観葉植
物を置きましょう。

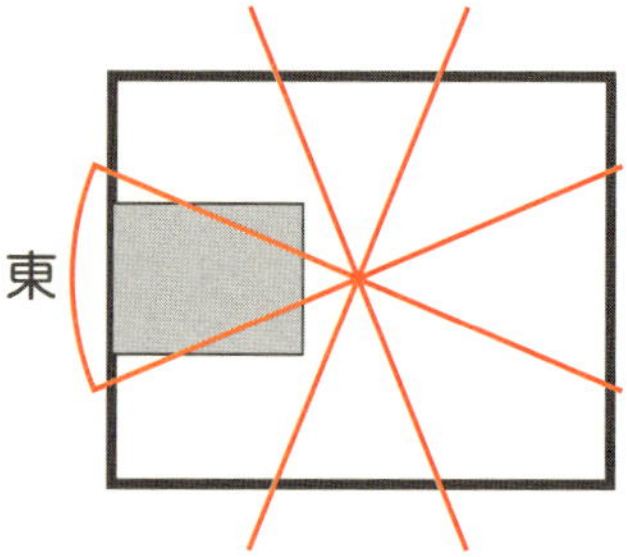

改築ができない場合の
かんたん風水活用例

明るく開放感のあるリビングに！

リビングで重要なのは、明るい雰囲気をもたらす日当たりです。日当たりが悪い場合は、インテリアを明るいものにしたり、照明などで工夫しましょう。ただし、家具やインテリアを多く置いて、スペースが狭く感じてしまうのはよくありません。整理された開放感のある空間にしましょう。

家の中央にあるなどで窓のないリビングでは、自然の風景を描いた絵や写真などを壁に飾ることで吉効果が得られます。午前中の太陽が差し込むリビングはとてもパワフルですが、日当たりでも西日が強く差し込む場合は、家具やカーテンで光の量を調整したり、観葉植物を置くのがよいでしょう。さらに観葉植物は、電化製品のそばに置くと、電化製品が持っている凶作用の気の乱れの原因を和らげることができます。

開運の間取り

和室と床の間

床の間は向きに注意！

POINT

貴い人ほど、床の間の上座に座るもの。床の間の位置や方位、畳の敷き方など、古くから忌み嫌う数や向きは凶相になる。

最近では、畳の和室が少なくなりましたが、この床の間というのは、中国から伝わった部屋の隅に床を一段高くした板の間のことです。

本来は僧侶や老僧の書かれた経文や筆書を軸として床壁にかけ、その下の床には季節の花を飾り、香を焚く場所でした。最近では茶の湯や華道などの芸道でしか目にしなくなりましたが、その目的は掛け軸に書かれたありがたい言葉を自らの戒めとして自己を省みるところにありました。

畳の敷き方、床柱の向き、天井の棹の向きなど、古くから忌み嫌う数や向きがあるので注意しましょう。このページは床の間を基本としているので、床の間がない家は心配ありません。

床の間は貴人畳とか貴人床といわれている場所なので、この方角に向かって畳のへりを直角に向けることは、家庭不和、口論を招く凶相となります。

天井の棹も同様で、床差しとなるのは、「天に矢を射る姿」として忌み嫌われる形です。ただしこの場合、少しでも床の間からそれていれば心配はありません。

また、六畳の部屋に床の間をつくる場合は一間床とはせず、半間床とし、茶室の小間の場合も、天井の棹の位置を中央より少し茶通口寄りにすれば問題ありません。

家の要といえる柱の中でも床柱はとくに大切で、上が太くて下が細い柱や、節目が逆に流れている「逆木」を用いるのは禁物です。家運が栄えず、一家の主人の権威が薄れ、家庭内の秩序が乱れてしまいます。

床の間の吉凶例

凶相の床の間

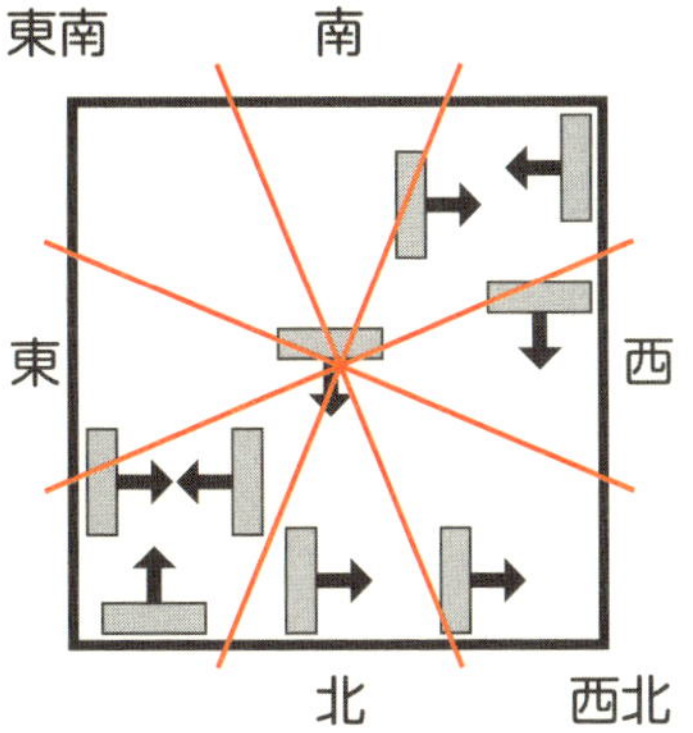

東や南向きでも鬼門の部屋は凶相です。中央や西北、北でも西や北向きはよくありません。

吉相の床の間

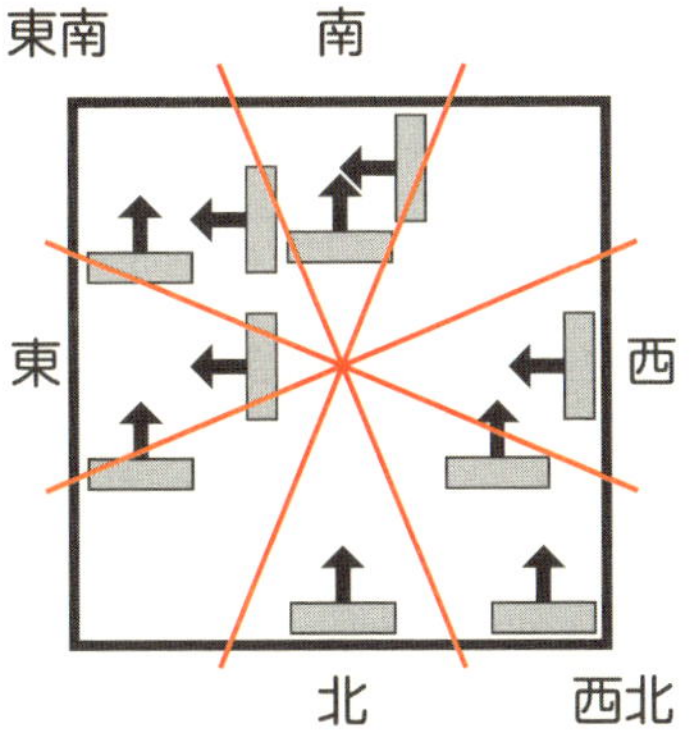

東・東南・南・西・西北・北の部屋はどの位置にあっても正面は東か南向きならば吉です。

凶相の床の間　例.1

上が太くて下が細い柱。

床の間を荷物置き場としたり、ほこりだらけにすることは人情のありがたさや信仰心をなくすことになります。

凶相の床の間　例.2

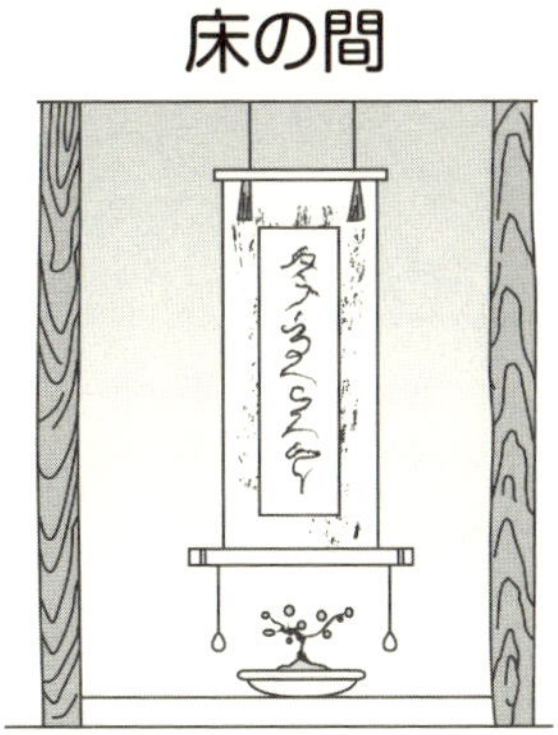

節目が逆に流れている柱。

親子の断絶や温かみのない家庭を暗示しています。

畳の敷き方

吉相の畳の敷き方　例.1

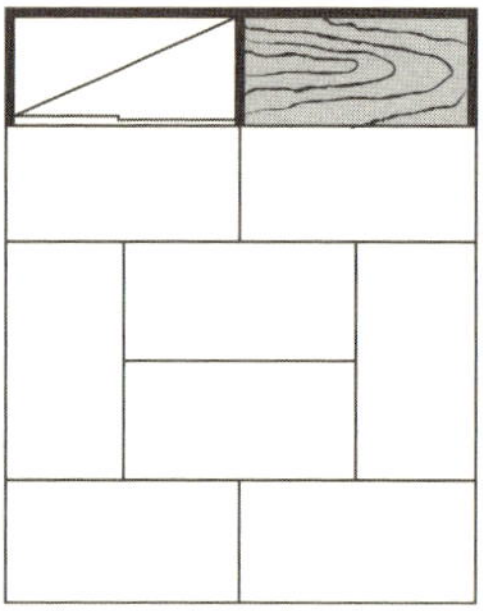

凶相の畳の敷き方　例.1

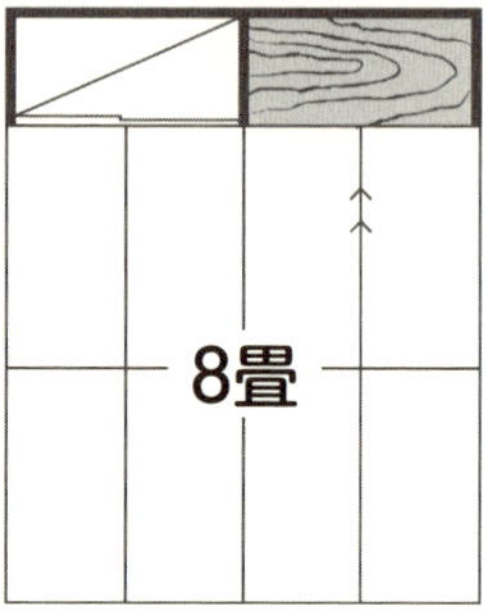

畳のへりがすべて床の間に向いている場合

吉相の畳の敷き方　例.2

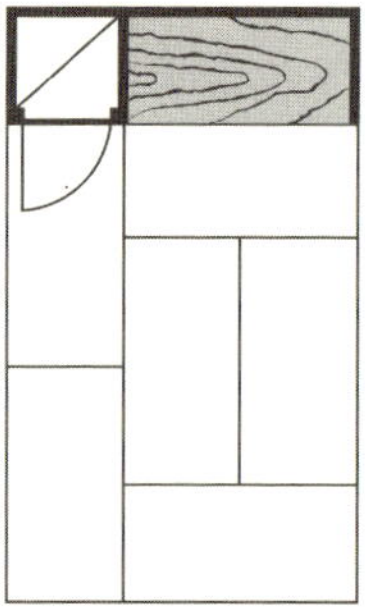

凶相の畳の敷き方　例.2

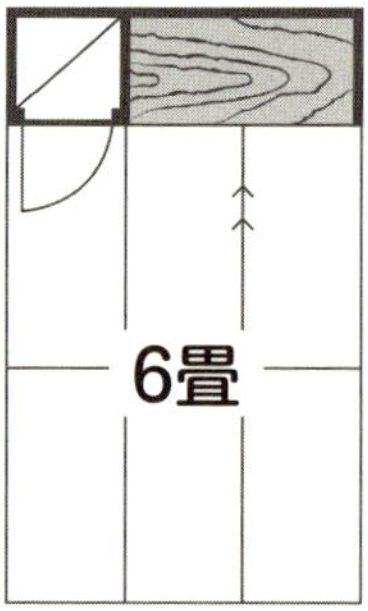

畳のへりがすべて床の間に向いている場合

吉相の棹の位置

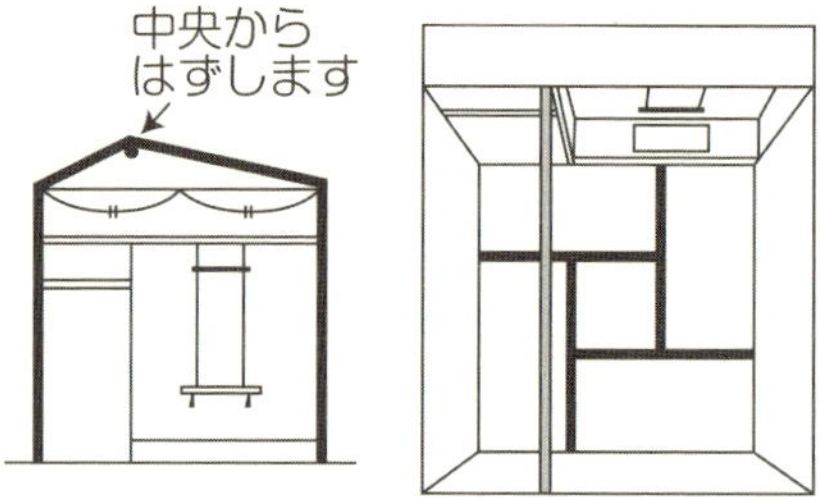

凶相の棹の位置

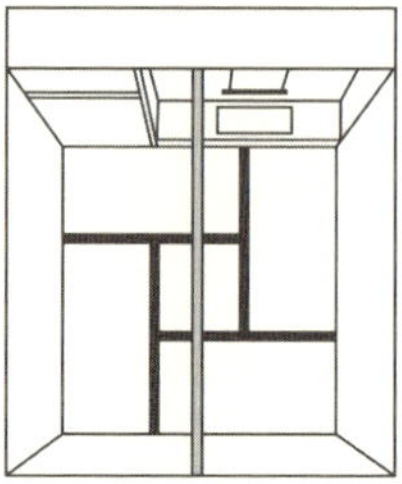

天井の棹が床差しになっているケース。

祝儀敷き

祝儀敷きは吉の敷き方とされていて、本来は、婚礼などのお祝いの際に用いられました。現在の一般的な敷き方となっています。

不祝儀敷き

葬式などの際の敷き方で、畳の隅が四つ合わさって十字になるように敷かれ、凶とされています。寺院などの大広間ではこの敷き方になっています。

祝儀敷き

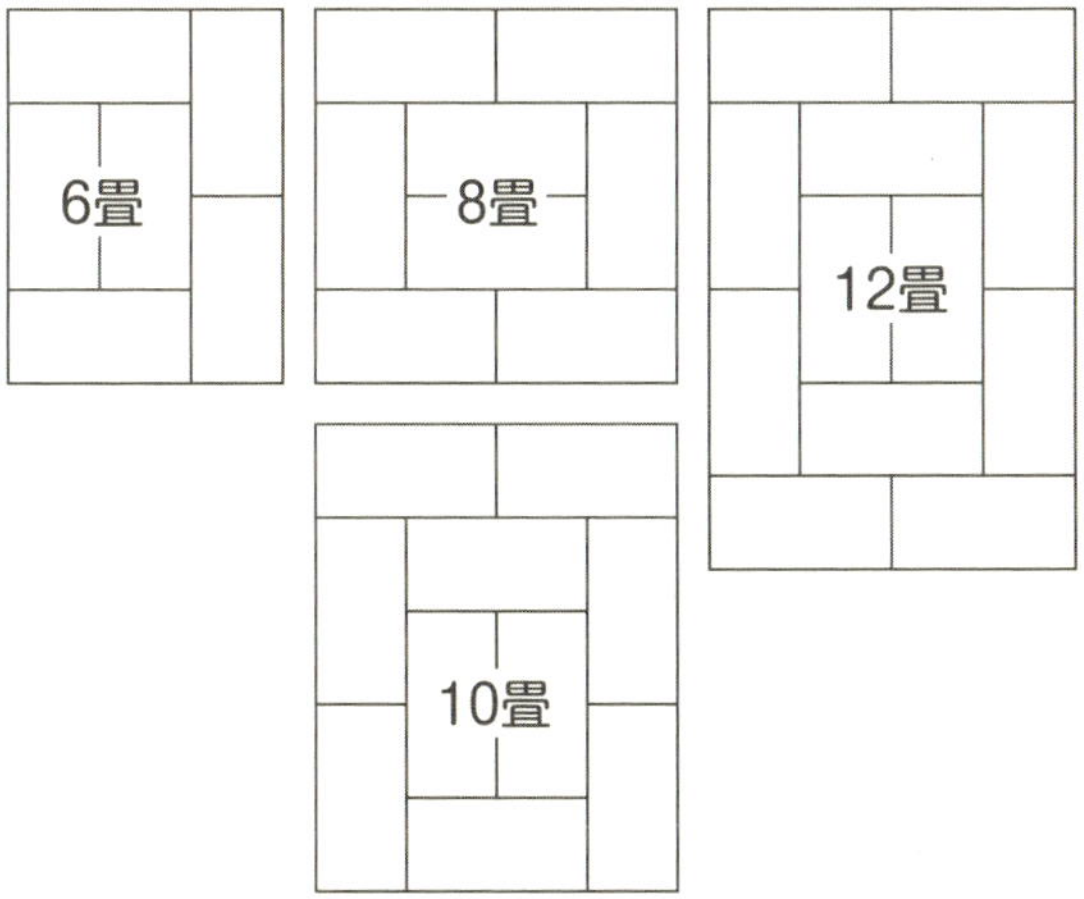

不祝儀敷き

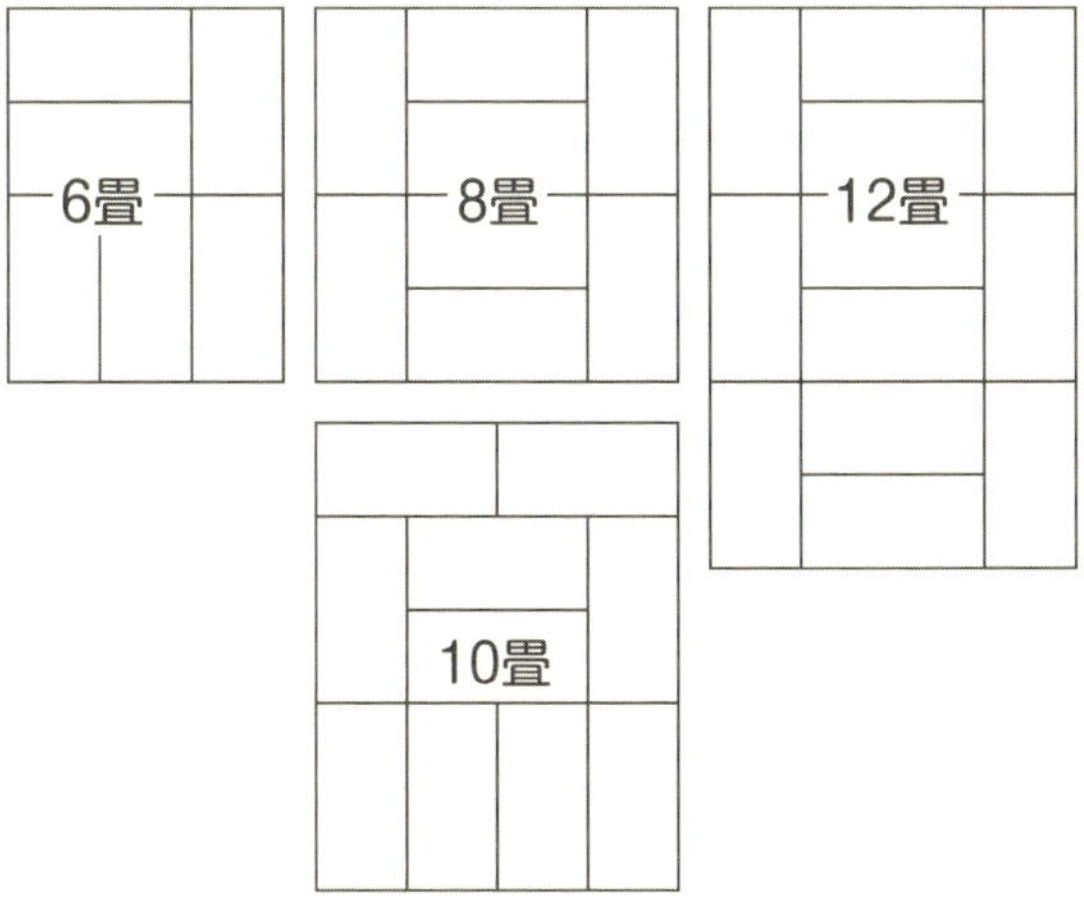

書斎

POINT

書斎は机の向きに注意！

思索や瞑想の場としての書斎は、通風や採光に注意し、寒暖の差を少なく保てる方位がよい。

書斎の吉相効果はその姿や形ではなく、書斎のある位置、机の向く方向、どの位置に主人が座って仕事しているかが重要となります。

個室を構えたからと吉徳を受け、頭が冴えたり、仕事が進んだりするわけではありません。寝室やリビングの片隅の机が書斎でも、方位や机の向きがよければ吉相効果を受けることができます。

書斎は研究や勉学の場所となるので、湿気と採光に注意が必要です。

北の書斎は心が落ち着き、集中力も増すので非常にいい方位ですが、換気や掃除を心がけないと陰鬱な空気が漂い、精神衛生上もよくありません。また、南や東南も大吉相ですが、屋内に太陽光線が直射するのはよくありません。陽の気が満ちすぎて心が落ち着かず、遊びの計画ばかりに夢中になる暗示があります。

書斎の吉例

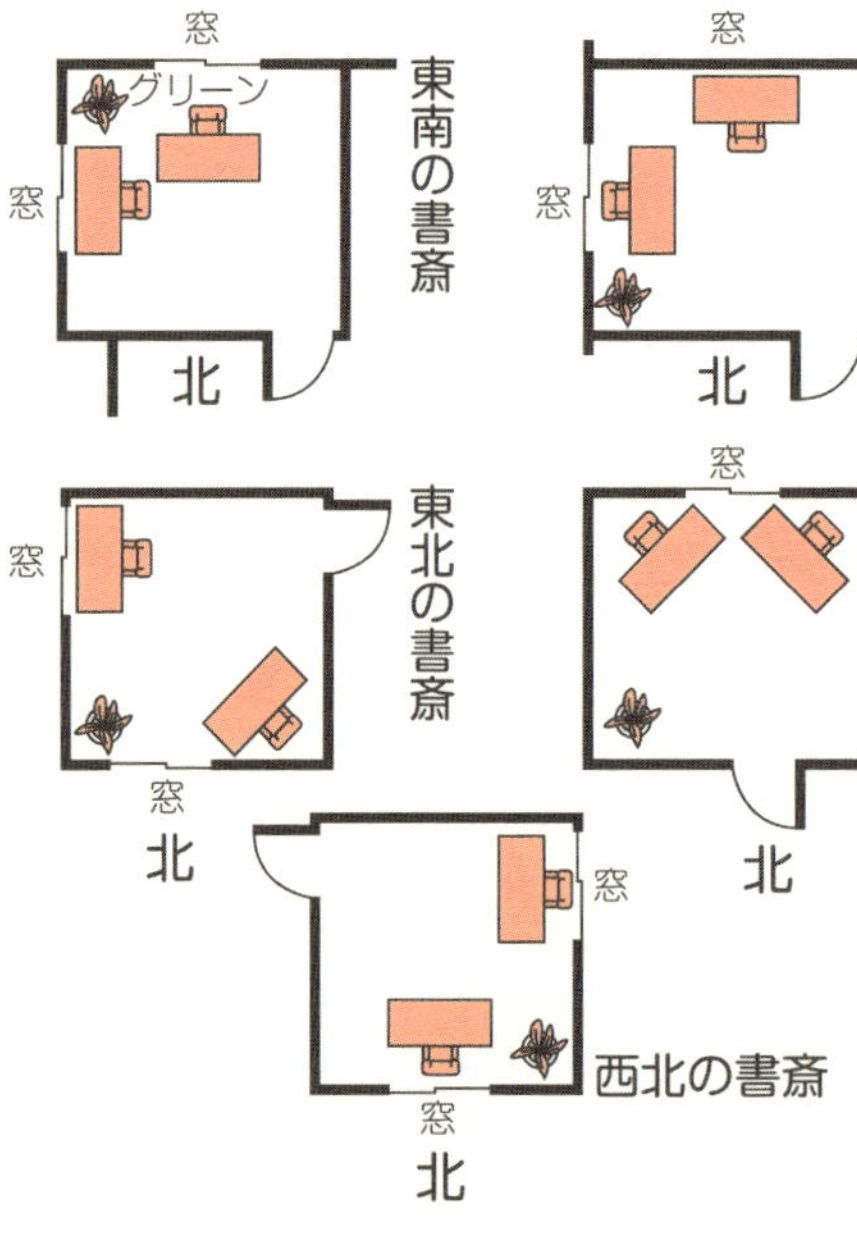

書斎の吉凶八方位

〈東の書斎〉

最も吉相で才能を引き出し、学芸発達の暗示があります。とくに研究家や発明家はすぐれた発見、開発をし、その成果は世に評価されます。文筆家は大衆の評価を受け、人気を集めることが多いでしょう。


〈南の書斎〉

どんな学者、研究家にも適した方位です。とくに政治家、官公庁に勤務する人、芸能関係、医者など一日に大勢の人たちと接しなければならない職業の人に大吉相です。頭の働きが冴え、集中力、指導力も備わってきます。


〈西の書斎〉

注意したい方位です。机が西にあり、西や北に向かって座る場合は、遊び場、娯楽室となる傾向が大です。金銭トラブルも生じるので机の位置に注意しましょう。机の向きが西や北の凶相の場合は、東向きに変えると吉相になります。


〈北の書斎〉

推察力や好奇心が旺盛になってくるので、研究家、哲学者、文学者には特に吉相です。一般的には社交上手となるので金づかいが荒くなるかもしれません。ビジネスマンなら、よい部下に恵まれるでしょう。


〈東南の書斎〉

豊かな創造力と詩情によって人格に味わいが出てきます。文章力や表現力も豊かになるため、商取引では欠くことのできない人物に。また、その調和と調整力で人望、信用を得られます。


〈西南の書斎〉

最も平凡な方位。作家なら大衆文学、一般なら事務整理程度の仕事に適しています。地味な努力は必ず評価されますが、あまりパッとしません。机は東や東南、北に向けるとよいでしょう。


〈西北の書斎〉

精神が安定し思索にふけるには最もいい方位です。理想主義に心を魅了され、その世界に興味を持つため、どんな仕事に従事していても着実な人生を歩んでいきます。その誠実な言動から目上や後継者に恵まれ、いい父親になるでしょう。


〈東北の書斎〉

宗教、哲学、科学的な方面への興味が強くなり、理論家肌の人物となりがちです。また、常に変化や改善を試みてチャレンジ精神も旺盛。家族にとってはタフな父親とうつります。

凶相の書斎

西の書斎

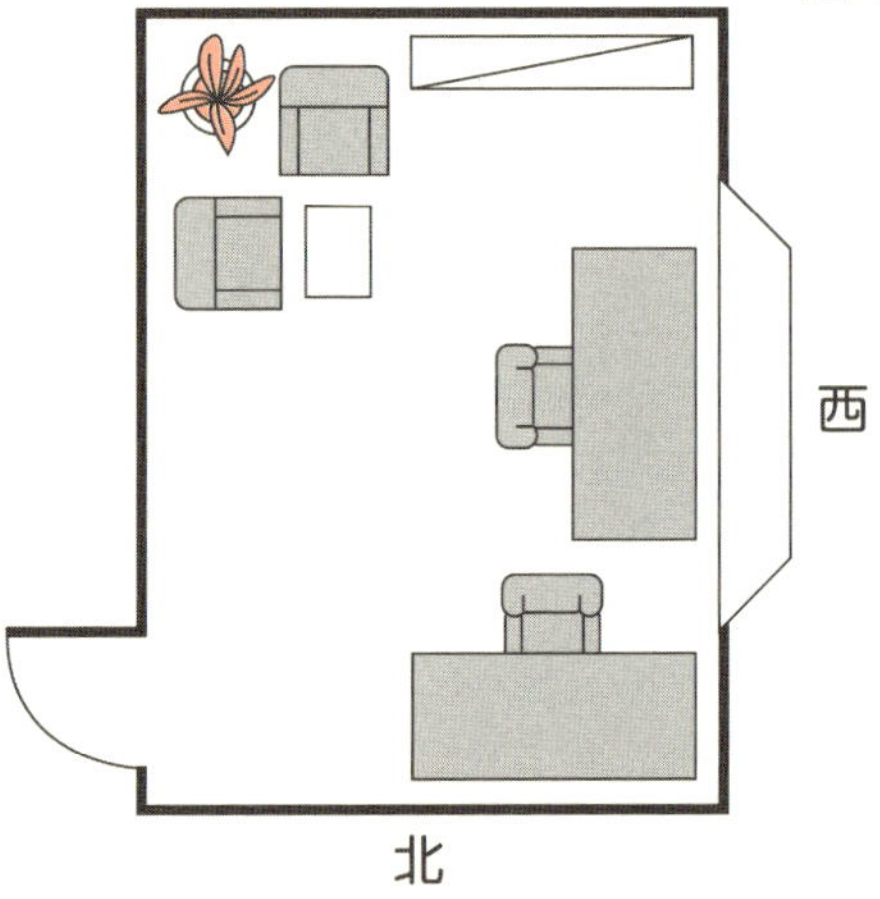

吉相の書斎

机を東向きに

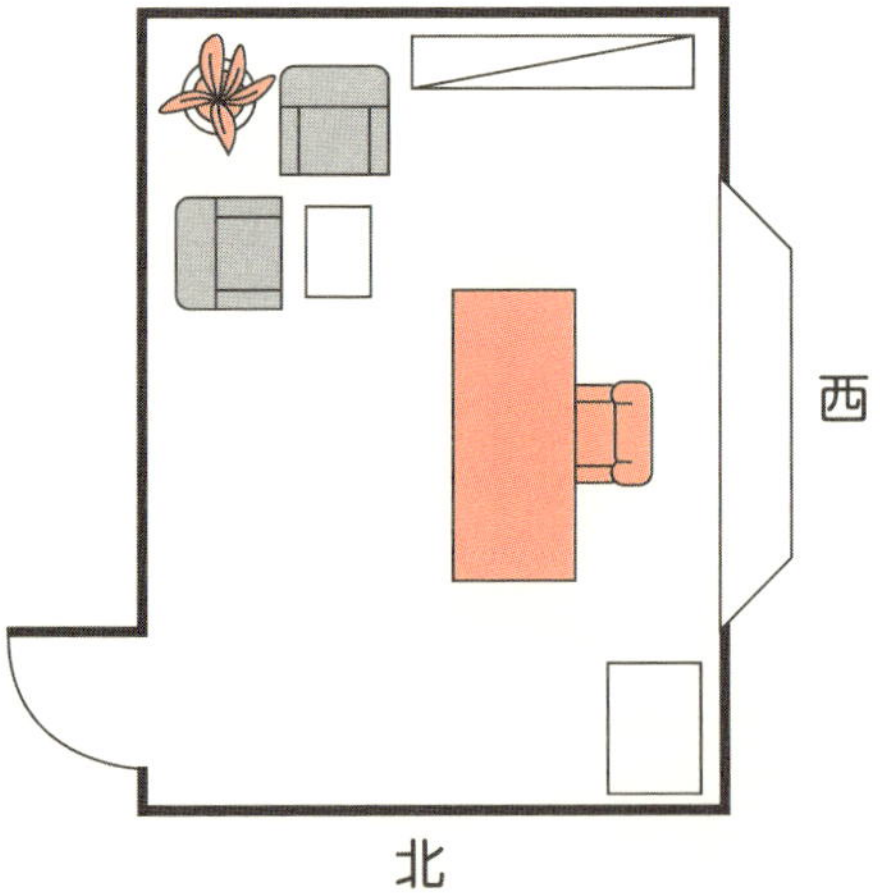

改築ができない場合のかんたん風水活用例

机の向きは東に！

書斎においてはポイントとなるのは、机の向きです。凶相の場所にある書斎でも、机の向きによって、凶作用を軽減することができます。机は東や東南、南、西北に向けて座るようにしましょう。

また机や本棚は木の素材のものが吉です。「気」の流れに効果が大きく、集中力もアップします。精神状態を安定させるために、視界の中に植物などの緑を置くこともおすすめです。パソコンを置く際には、子や午そして丑寅の方位に置くと、精神状態を不安定にしてしまうので、この方位は避けて配置しましょう。

また、東南の方角に写真を飾ると仕事運がアップします。自分が笑っている写真がベストですが、パーティやレジャーシーンなどの人物が多く描かれている写真や絵画も吉です。

キッチン

火気と流しの位置に注意！

POINT 三備のひとつのキッチンだが、意外と安全方位は多く、火気と流しの位置さえ注意すれば恐れることなし。

ガスコンロの火の気と水道の水の気が共存するキッチンは、陰陽のバランスが崩れやすい場所のため家相においても大変重要な問題です。方位を間違えると、強い凶作用があらわれ、家運を下げることにもなるので、注意が必要です。

キッチンで大切なのは、キッチン全体の位置よりもガスコンロと流しの位置、そして清潔感です。リビングが家の心臓なら、食をつかさどるキッチンは消化器です。

また、毎日使う場所なので、衛生的、能率的でなければなりません。

キッチンの吉凶八方位

〈東のキッチン〉… 大吉
理想的な場所です。有能な子供に恵まれます。

〈東南のキッチン〉… 大吉
家庭円満、明るく社交的な家庭になるでしょう。

〈南のキッチン〉… 吉凶半々
知識や才能に富む成功運の方位です。ただ、主婦がノイローゼや偏頭痛になりやすいので注意が必要です。

〈西南のキッチン〉… 凶
事業や営業は不振になり、女性が病弱になりやすい、あるいは女性が労働の主となりやすい方位です。

〈西のキッチン〉… 吉凶半々
家庭内に不平不満が多くなり、口論が絶えません。金銭的苦労に追われがちになるでしょう。

〈西北のキッチン〉… 吉凶半々
主人が外出がちになり、家庭も不安定になるでしょう。

〈北のキッチン〉… 半吉
但し流しが子（北を中心に15度）の方位にあると、主婦の健康が損なわれる可能性があるので注意が必要です。

〈東北のキッチン〉… 凶
苦労や困難が絶えず、後継者問題にも悩みます。

ガスコンロ（火気）の吉凶八方位

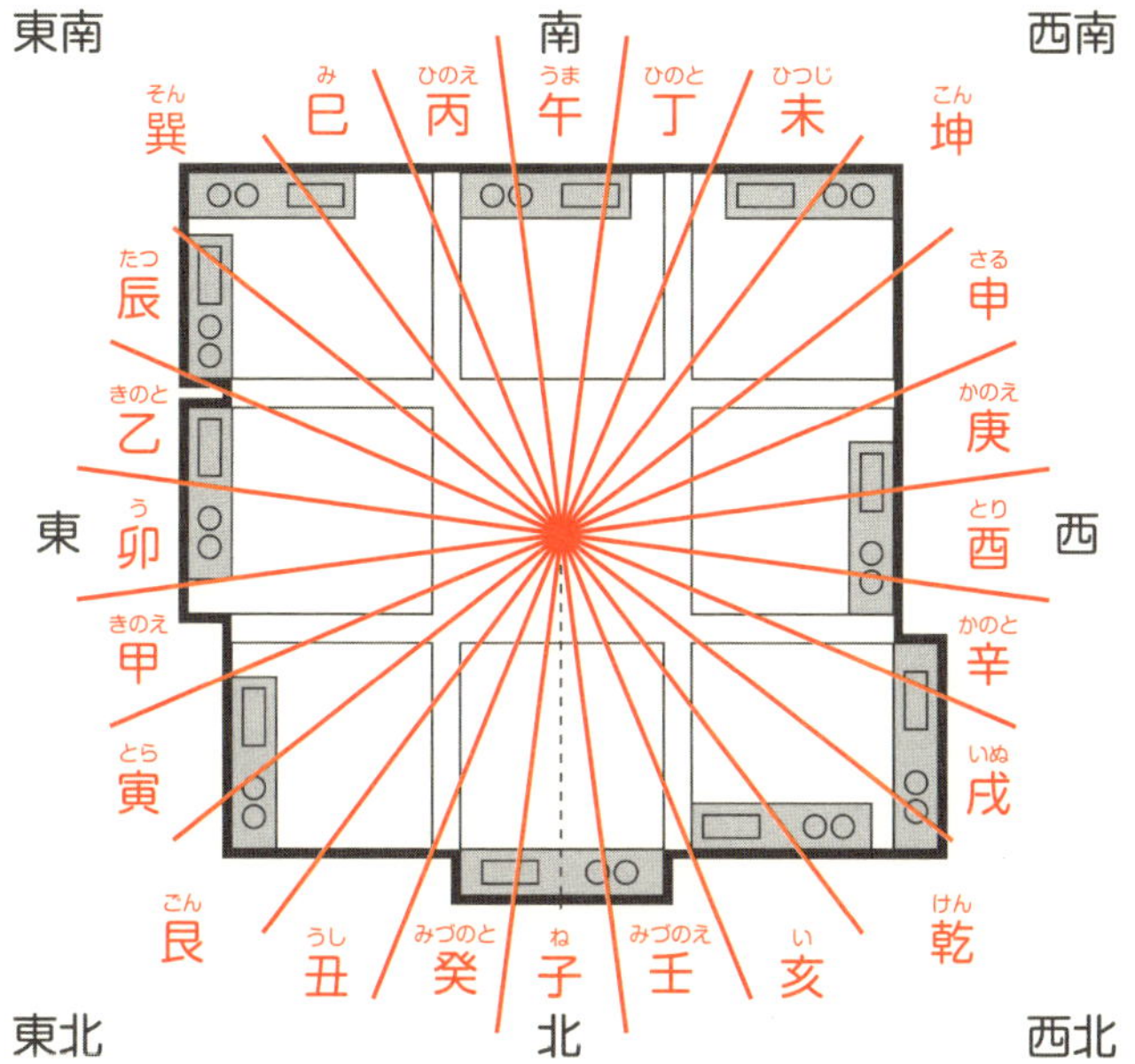

〈東南（辰《たつ》・巽《そん》・巳《み》）〉

辰・巳は一家円満、親戚縁者とも親睦和合の大吉相。事業も発展するでしょう。ただ、巽にあると運気が上がりません。

〈南（丙《ひのえ》・午《うま》・丁《ひのと》）〉

丙・丁は家庭内は仲よく、金運良好。文化・芸術方面にすぐれた人が出るでしょう。午にあると努力が実を結びません。

〈西（庚《かのえ》・酉《とり》・辛《かのと》）〉

金銭的損失が多く、貯まることなし。女子は非行か病弱になるでしょう。但し、庚の流しは吉相であり凶作用が軽減される暗示です。

〈西南（未《ひつじ》・坤《こん》・申《さる》）〉

労働意欲が薄れ、常に病気がちに。とくに坤の方位は、女性の健康運が弱まります。

〈東（甲《きのえ》・卯《う》・乙《きのと》）〉

一家は繁栄。とくに有能な子息に恵まれ、家族も活動的になるでしょう。ただ、卯の方位は凶相となるので避けましょう。

〈西北（戌《いぬ》・乾《けん》・亥《い》）〉

主人の行動力が鈍り、権威をなくします。資産運用もうまくいかない可能性があります。ただし、戌と亥は安全方位です。

〈北（壬《みづのえ》・子《ね》・癸《みづのと》）〉

家庭内に秘密ごとが多く、不満が絶えないでしょう。とくに子の方位は避けましょう。

〈東北（丑《うし》・艮《ごん》・寅《とら》）〉

一家の円満を欠く大凶相です。とくに兄弟仲や親戚間にも支障がでる可能性が強いです。

流しの安全方位

流しとは水槽部分のことで、流し台全体ではありません。二槽式の親子シンクの場合は、大きいほうを中心に考えてください。安全となる方位は、家の中心から見て甲・乙・丁・庚・辛・壬・癸の七干の方位と巳・亥の二支の方位です。

　キッチンの方位に吉凶がない場合でも、流しやガスコンロの位置によっては凶相になる危険がありますから、注意しなければなりません。

　たとえば、西の正中（酉の方）に流し、庚にガスコンロがある場合は凶相です。これを改築して吉相にするには、流しは安全方位の辛へ、ガスコンロは戌へ移します。また、鬼門の正中に流しとガスコンロがある場合は、最も凶相となります。ただし、寅だけは木星の陽性星ということもあり、火気は大丈夫とされています。したがって、ガスコンロを寅へ、流しを甲へ移すことで吉相のキッチンに変えることができます。

凶相の場合の改築例

凶相のキッチン　例.1

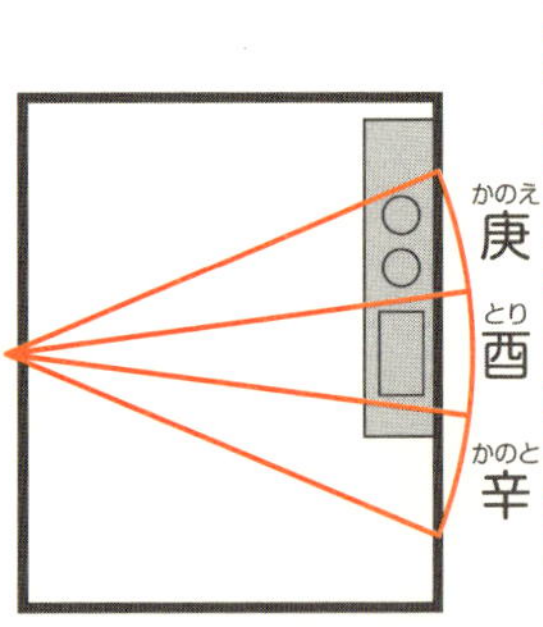

庚《かのえ》のガスコンロと西の正中《せいちゅう》（酉《とり》の方）にある流し。

吉相のキッチン　改築例.1

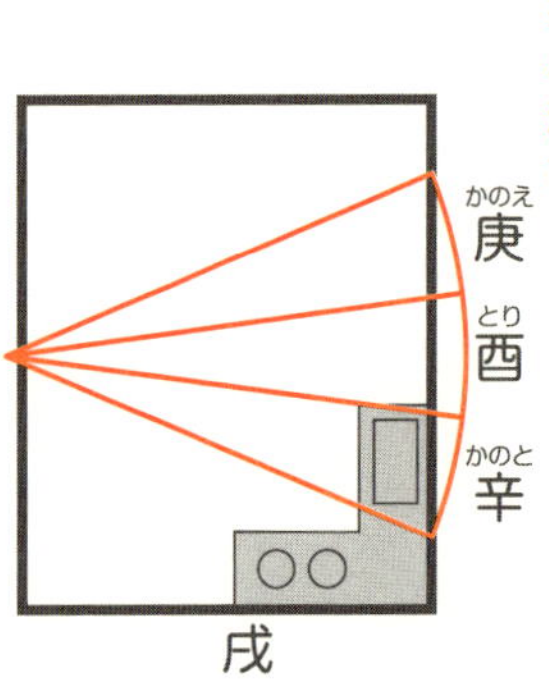

ガスコンロは戌《いぬ》へ、流しは辛《かのと》へ移す。

改築ができない場合の
かんたん風水活用例

食器や調理器具もきちんと整理！

キッチンにはコンロの火気と流しの水気があるため、陰陽のバランスが崩れやすい環境にあります。バランスが崩れると凶作用が働くので、改築ができない場合は、流しのそばに花や植物を飾ったり、換気扇やキッチンマットなどを配置しましょう。

清潔感を常に心がけることは、キッチンにおいても大変重要な要素です。洗っていない食器を流しに置きっぱなしにしたり、洗った後の食器が出しっぱなしになっていては、吉相でも吉作用は減ってしまいます。食器などの収納も整理を心がけ、シンクの下などには、調理器具を整理して入れ、食材などは入れないようにしましょう。

また、簡単な方法としては、体の向きを太陽の向かう明るい方に向けて作業するように心がけることで、凶作用を軽減することができます。

浴室

浴槽が凶方にかかると家族の精神面に影響がある?!

POINT
一日の疲れを癒し、体の汚れや汗を洗い流す浴室。吉凶に影響する浴槽と火気の位置には注意が必要。

浴室はどの方位においても影響はありませんが、浴槽の位置に気をつけましょう。浴槽の位置が複数の方位にかかる場合は、排水溝の場所を基準にしましょう。凶相に構えると、その方位が象徴する意味や作用が家族の精神面にあらわれます。

浴室に湿気をためたままにしたり、残り湯や汚れがあると、一日の汚れや厄を持っているので、気の流れが悪くなります。換気や掃除をこまめに行うことで、湿気を取り除き、気の流れをよくする必要もあります。

また、八方位のうち、十二支の方位にも吉凶がありますので、参考にされると良いでしょう。

●子《ね》…人間関係にトラブルが多く、雇用人や目下、子供運がありません。
●丑《うし》…男子は頑固、偏屈で素行が乱れがちです。
●寅《とら》…浪費癖か極端な倹約家になるでしょう。
●卯《う》…子孫に悪影響を及ぼし、男子は虚弱体質か勉強嫌いの暗示があります。
●辰《たつ》…大吉相です。健康運に恵まれ、金運も順調です。
●巳《み》…吉相です。家庭円満で心労も少ないでしょう。
●午《うま》…眼病や頭痛持ちが多くなり、意見の衝突・家庭不和の暗示もあります。
●未《ひつじ》…消化器系や循環器系を患うことが多いでしょう。
●申《さる》…差し支えない安全方位です。ただ世話苦労が多くなります。
●酉《とり》…金銭的苦労が多く、遊び癖がつき女子が非行に走る暗示があります。
●戌《いぬ》…主人は酒色にふけるか、浪費癖がありそうです。
●亥《い》…吉相です。財運が安定し、家族は主人に忠実でしょう。

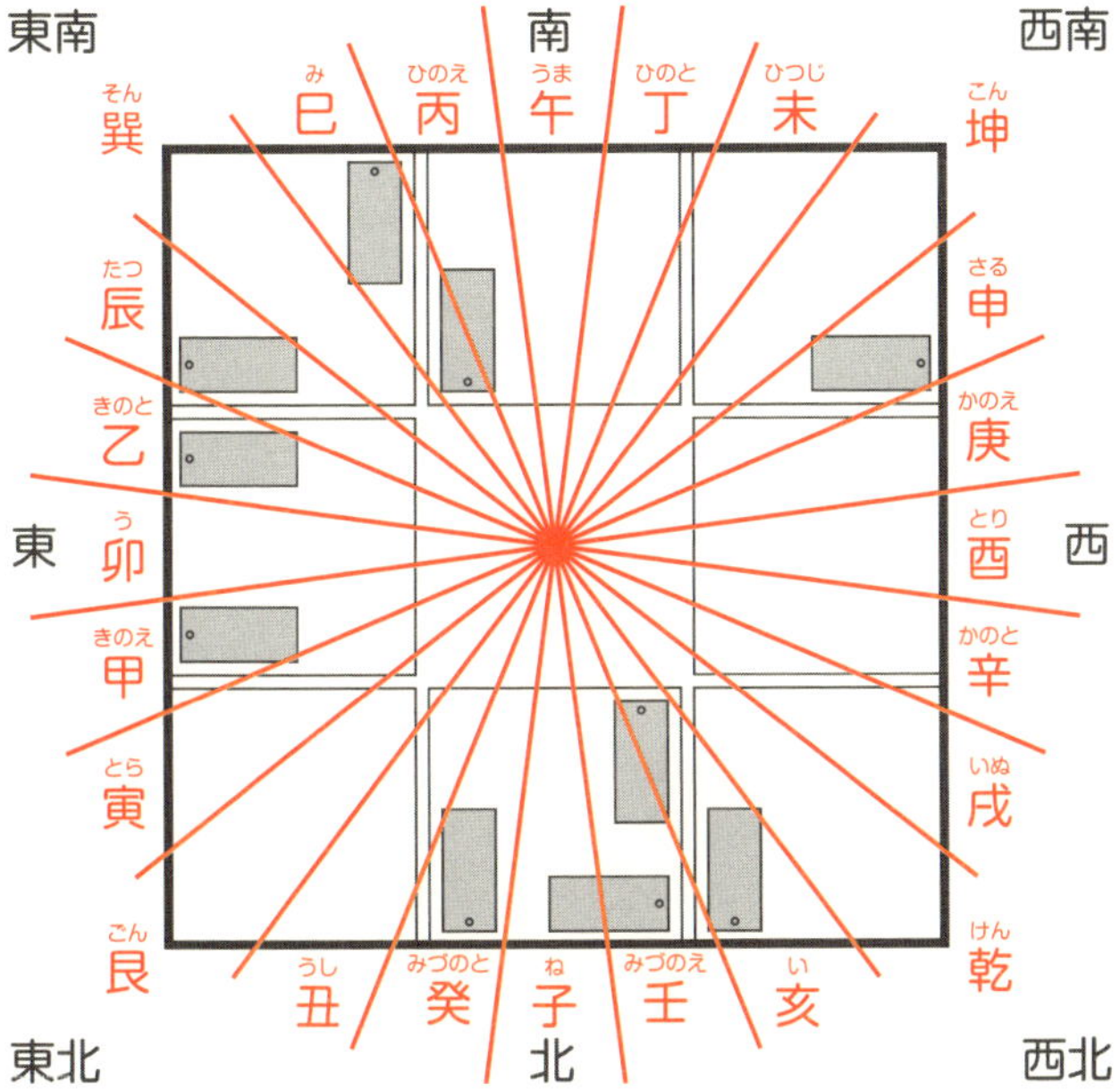

浴槽の吉凶方位

〈東の浴槽〉

疲れがとれ、リラックスできます。勘が冴え、思考力もよくなるでしょう。ただし、卯の方位は子供に悪影響を及ぼし、勉強嫌いか虚弱体質になる可能性があります。


〈南の浴槽〉

この方位は避けるべきです。眼病や血圧系の病気、感染症にかかりやすくなるでしょう。


〈西の浴槽〉

辛の方位に浴槽があればまず安心ですが、金銭に追われがちになるでしょう。


〈北の浴槽〉

子の正中にかかると子供に影響が出たり、生活の資金繰りに困ります。夫婦仲もうまくいかなくなるでしょう。


〈東南の浴槽〉

活動的になり健康的な生活が送れる吉相ですが、巽の方位だけは人間関係のトラブルの暗示です。辰または巳の方位に置くようにしましょう。


〈西南の浴槽〉

世話ごとが多くなり、仕事を変え健康運や金運にも恵まれないので、避けたほうがよいでしょう。


〈西北の浴槽〉

亥の方位のみが安全です。ほかの戌・乾は財産を減らす凶相で、頭部の病気に要注意です。


〈東北の浴槽〉

どこでも大凶相です。病災はなはだしく、消化器系や血圧、足腰の疾患になることもあるでしょう。

凶相の場合の改築例

凶相の浴槽　例.1

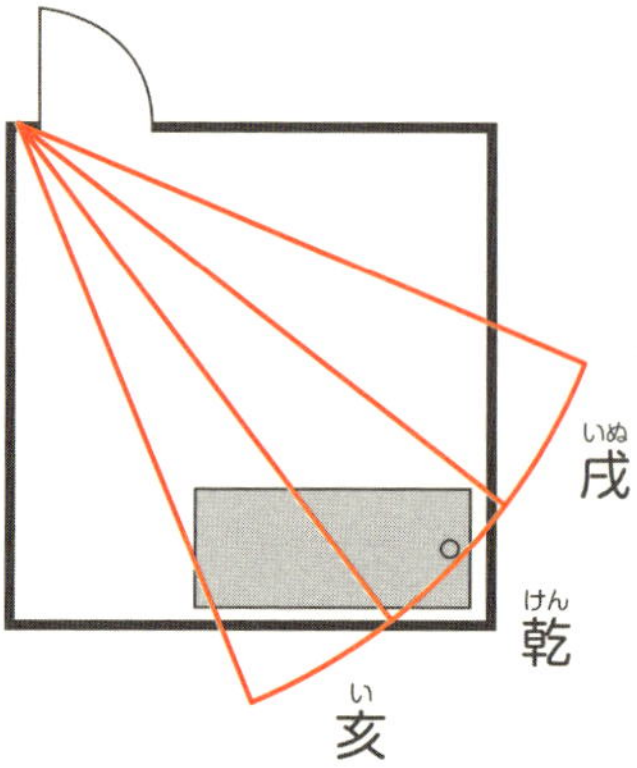

吉相の浴槽　改築例.1

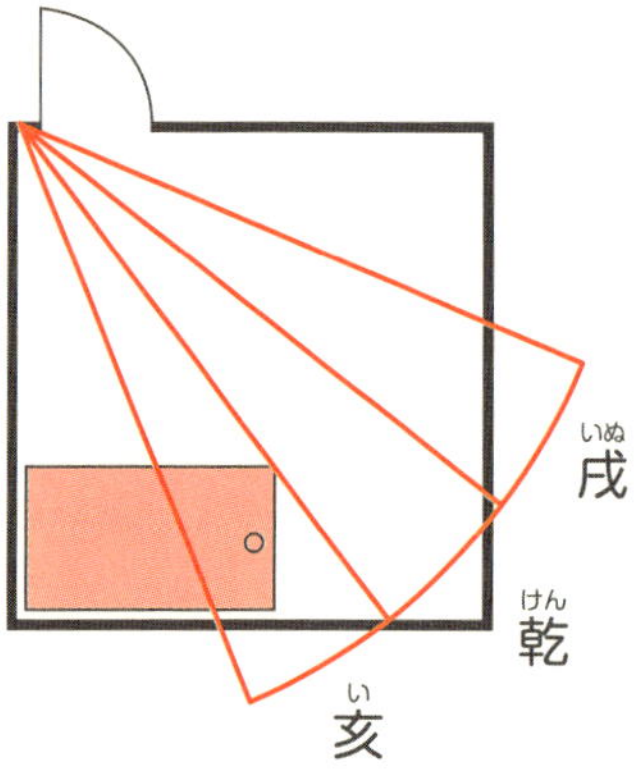

浴槽の排水口の位置がポイントになります。

凶相の浴室　例.2

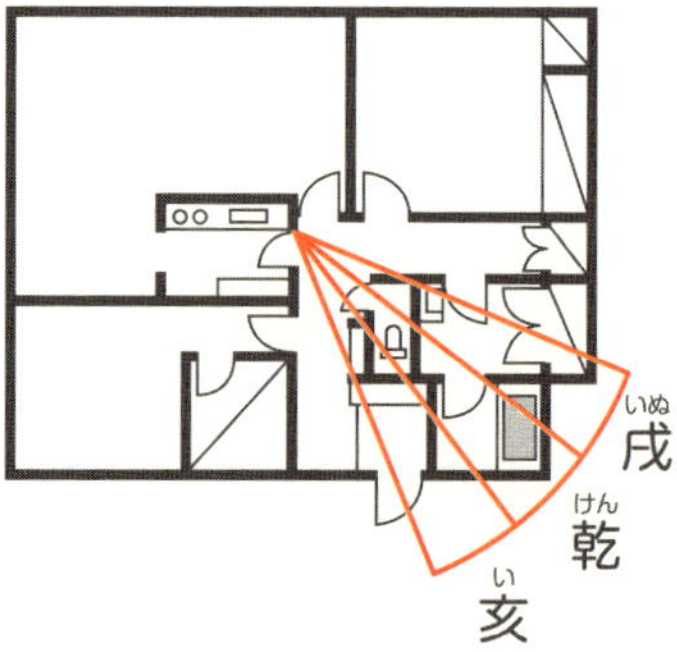

吉相の浴室　改築例.2

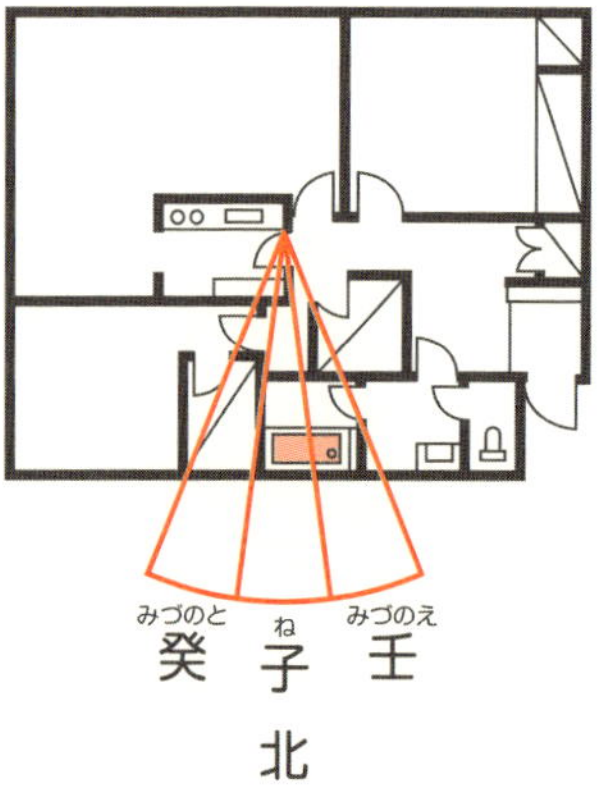

改築ができない場合の かんたん 風水活用例

清潔に保ち換気をよくする！

水回りに当たる浴室は、陰の気が強い場所ですから、こまめに掃除して換気にも気を配りましょう。湿気を除き、臭気やカビなどの発生を防いで清潔に保つことが、運気を上げる基本です。

入浴後、お湯をそのままにしないで、すぐに排水することも大切なポイント。一日の汚れや厄をきれいに流し、よくない気が滞らないようにします。また、観葉植物を置いたり、いつも鏡をピカピカにしておくことで、運気の流れもよくなります。

石鹸やシャンプーなどは、コンパクトにまとめて、必要なものだけを置くようにしましょう。浴室内の小物やタオルは、カラーを統一することで運気アップにもつながります。できれば小物類はプラスチック製品より、木のすのこや檜の桶など木製のものを使うとよいでしょう。

トイレ

トイレは特に注意！ 吉相方位がない!?

POINT
三備のひとつのトイレ。毎日使用する所だけに不浄を嫌う。四方や四隅の正中は絶対に避けること。

家相の中で最も難しいのがトイレです。常に使う場所で、家になくてはならない場所です。

しかし、それぞれの方位が持つ意義から、トイレは不浄の陰の気が強く、人の天運や健康に影響を及ぼすため、五気作用（木・火・土・金・水）のうち土気を最も嫌い、汚く濁った気をためないように注意しなければなりません。

十干では戊・己の家の中央と、十二支の辰・未・戌・丑の四方位をとくに忌み嫌い、大凶相としています。吉相方位が少ないので、凶作用の小さい場所に配置することも必要となります。

トイレの吉凶方位

トイレが複数の方位にかかる場合は、便器の位置を基準にして吉凶を判断すると良いでしょう。

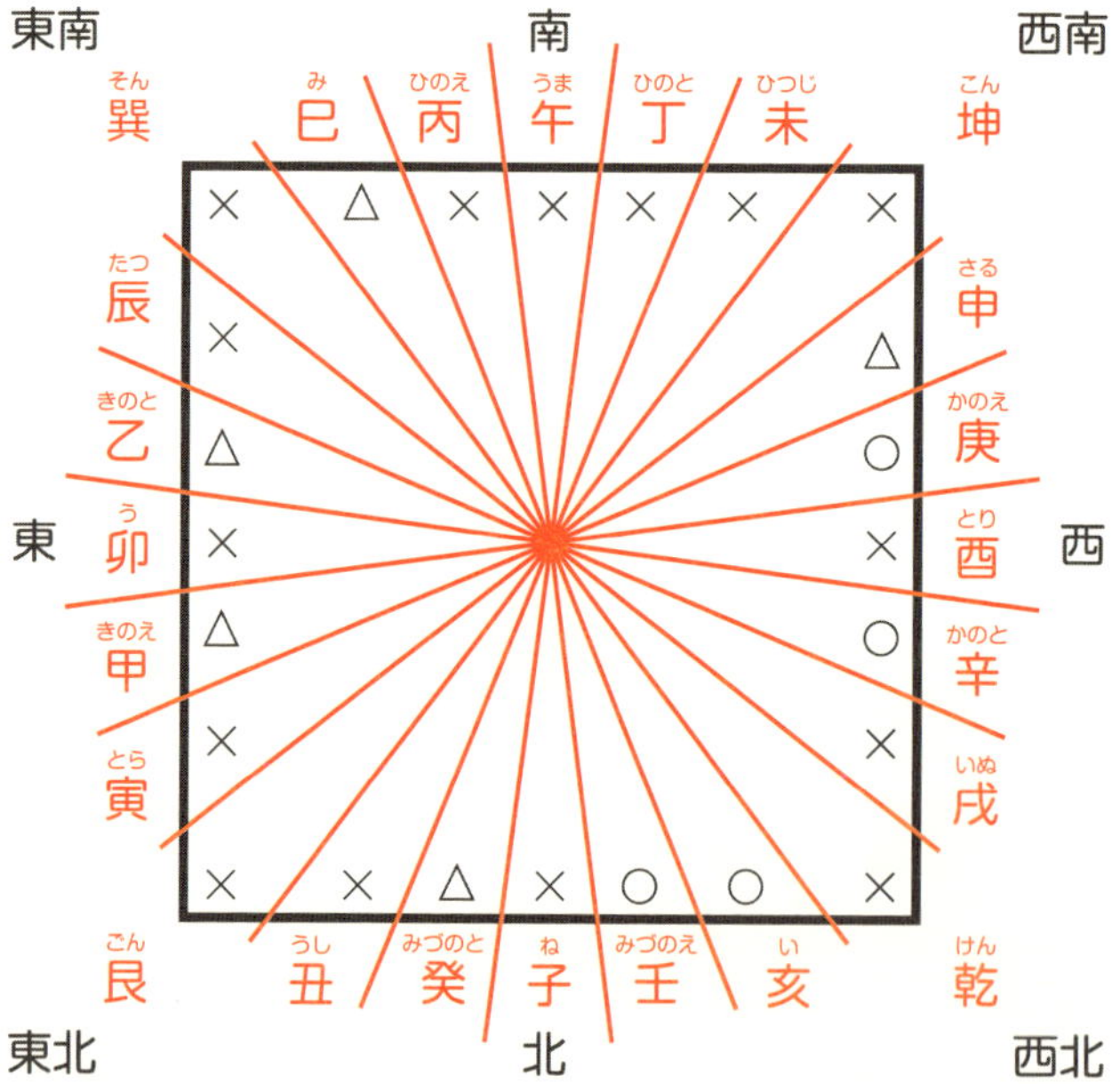

トイレの吉凶八方位

〈東のトイレ〉
甲と乙が安全地帯。才能、発育、発展、創意工夫など、才能を順調に伸ばせます。ただし頼りとする子息が早く家から離れる傾向があります。また、卯の方位にトイレがあると健康運に恵まれません。縁遠くなったり、運気が低下するので避けましょう。

〈南のトイレ〉…大凶相
仕事上のトラブルから上司と不仲になり、出世できなくなることもあるでしょう。また、色情問題や裁判沙汰、眼病、頭部の病気にも要注意です。

〈西のトイレ〉
庚と辛は吉です。夫婦は仲睦まじく、妻の働きで繁栄し、女性には良友、援助者が現れます。ただし、西の正中に便器が入っていると、家庭内に喧嘩、口論が絶えず、遊びからの借財、呼吸器系、消化器系の病気に苦しむかもしれません。

〈北のトイレ〉
壬は吉で、癸が安全地帯です。病難なく子孫繁栄の基本をつくりますが、子にあるとすべてが逆作用になってあらわれます。

〈東南のトイレ〉
巳のみが安全地帯です。社交、教育、信用の積み重ねなど、人望に関する天運を順調に伸ばせます。辰や巽に便器が入っていると結婚運に恵まれず、子女は婚期を逃したり出戻りになるかもしれません。また、行動力の減退、神経系や胃腸の疾患にかかりやすくなります。

〈西南のトイレ〉
申のみが安全地帯です。営業職の人には利益を生む吉相効果がありますが、少々病弱になります。未や坤に便器が入ると、病難、他人ごとで一家が乱れる暗示です。

〈西北のトイレ〉
亥のみが吉です。財力が豊かになり、家運は順調に繁栄し、主人は世間から尊敬を受ける地位を確保します。ただし、戌や乾にあれば、家庭は乱れ、主人は病弱で職業運も悪く、自然と不幸を招く結果になるでしょう。

〈東北のトイレ〉…大凶相
東北は陰陽転換の位置でもあるため、家運の浮き沈みが激しく、病難、不慮の災難、後継者運にも恵まれません。

凶相のトイレ

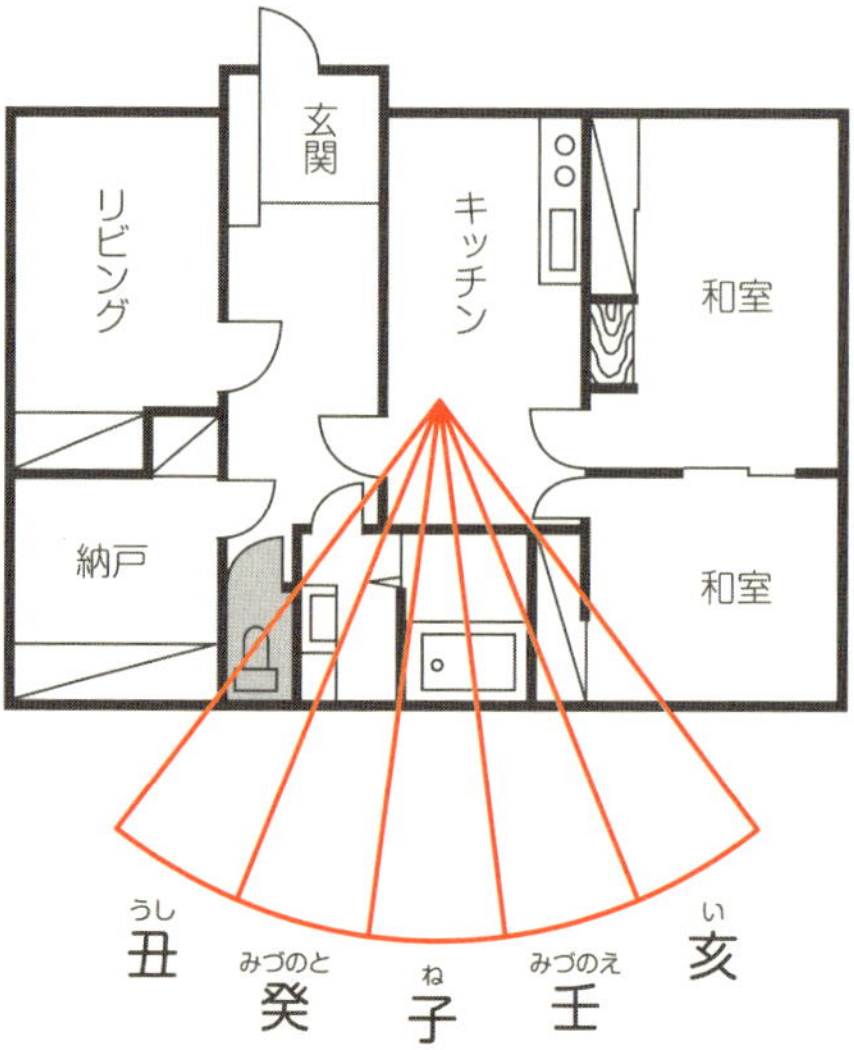

吉相のトイレ

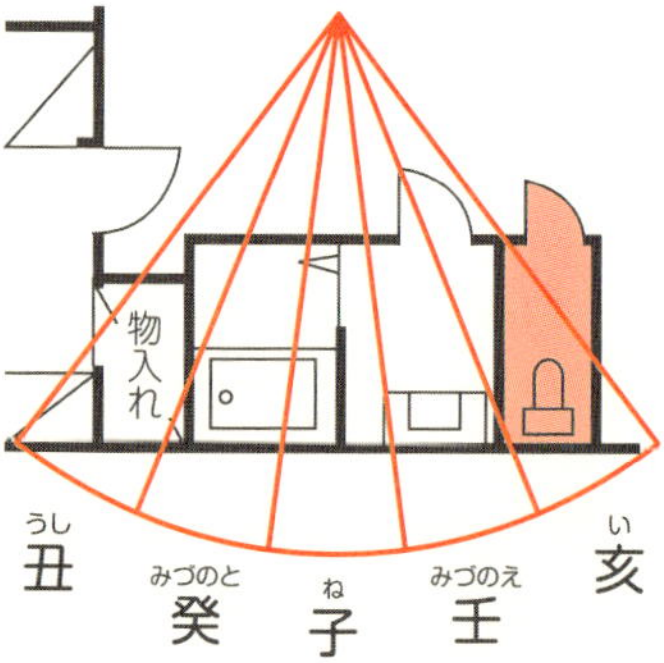

排水口や便器の位置を壬、癸、亥に改造してください。

改築ができない場合の

かんたん風水活用例

清潔感と居心地の良さに気配りを

凶相の場合は、トイレをひとつの部屋と考え、清潔感だけでなく居心地のよさにも気を配りましょう。マットやスリッパは必ず置き、掃除をまめに行なって清潔を保つように。便座カバーやタオルは暖色系で統一し、明るい雰囲気にします。

また、トイレットペーパーなどをむき出しにして、いくつも積み上げて置くのはよくありません。同様に、掃除用具も目に入らない場所に隠しておきましょう。

トイレのふたは、開けっ放しにすると悪い気がトイレ内に充満してしまうので、使い終わったら必ず閉めるようにします。

生花や観葉植物、お気に入りの本などを置いて、居心地の良さを演出するのも凶意を避けるのに有効です。窓がない場合は、空気をきれいに保つためにも観葉植物を置いたり、天然成分の芳香剤もいいでしょう。

浄化槽・排水管

陰の気が強いので設置場所に注意！

POINT
家の排水を流す排水管が家の中心を横断したり、南や鬼門に集中すると健康を害する。浄化槽は玄関から見えない位置に。

普段は目にすることのない排水管や浄化槽ですが、トイレや浴室、キッチンの排水を処理するためには必ず必要な設備です。配管の場所によっては家運を傾けることもあるので、設計の段階から位置をチェックしましょう。

家の中の排水を流す排水管、それを集めてためる浄化槽は、住まいの中でも陰の気が強く、方位の持つ意義や作用に影響を与えるため、古くからさまざまな決まりがあります。

間取りの関係上、とくに二世帯が同居する住宅の場合などでは、水まわりや排水路などはできるだけ単純なほうが故障も少なく、排水管工事の経費も節約できます。しかし、効率的だからといって家の中心を横切るような配管をしてはいけません。また、南や鬼門に集中させると健康を害してしまいます。床下の土の中といえ、排水管は血管にたとえると静脈のような働きをし、家相的にいえば陰極管を象徴します。ですから排水管は、家の外周を通るように埋め込むことが大切です。そして中継地点となる排水マスは、四方の正中（子・卯・午・酉）や鬼門内に入らないようにセットします。

いくらキッチンやトイレの位置に注意をしていても、これらの見えないルートが凶相になっていては、家族の健康に不自然な病を招くことになってしまいます。

また、たとえ吉相の位置でも、玄関横や門の近くに排水マスをつくったり、玄関や門から見える場所に浄化槽を設けることは避けましょう。

浄化槽・排水管の吉凶八方位

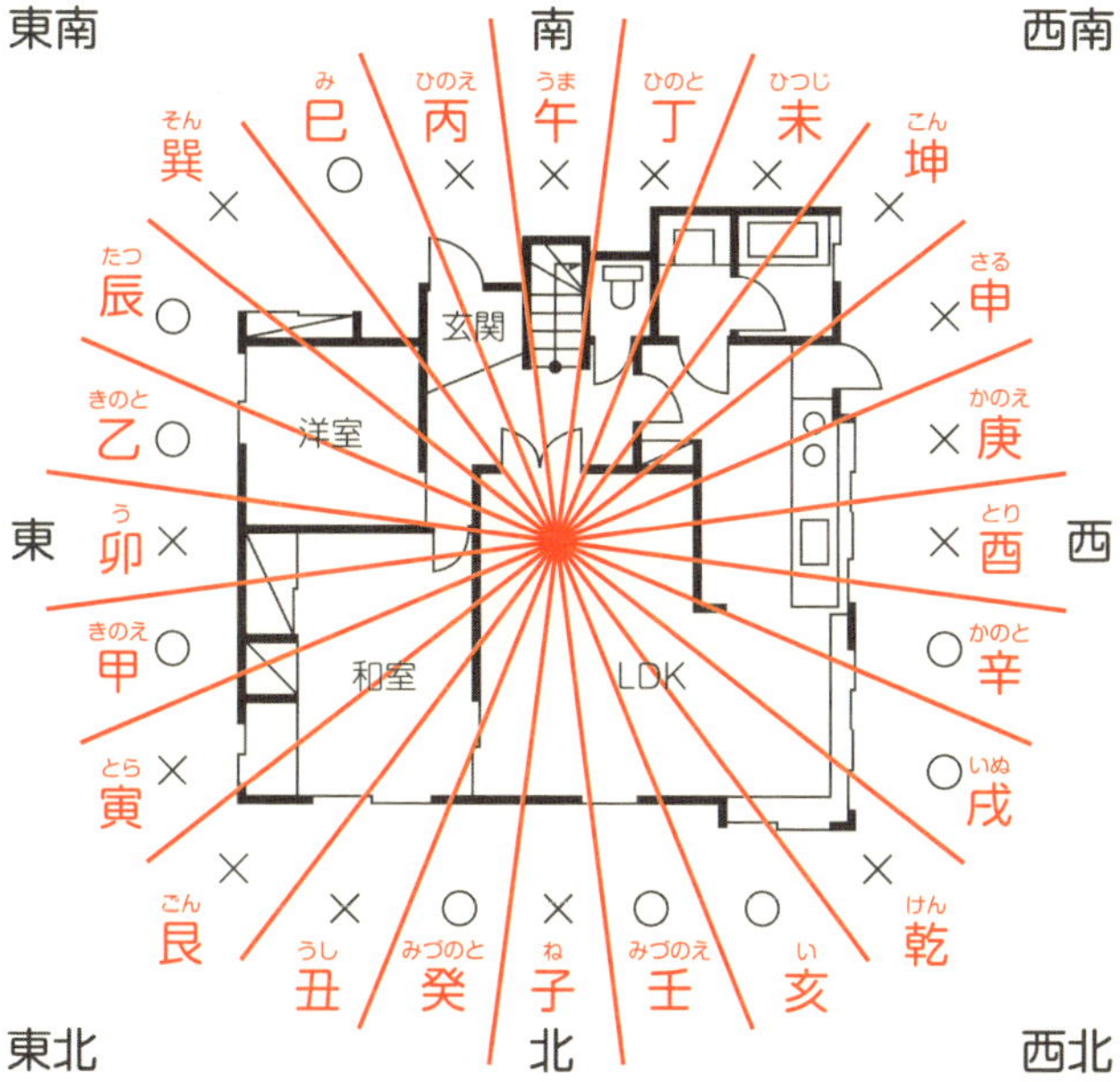

〈安全な方位〉

●十干…甲《きのえ》・乙《きのと》・辛《かのと》・壬《みづのえ》・癸《みづのと》

●十二支…辰《たつ》・巳《み》・戌《いぬ》・亥《い》

〈避けたい方位〉

●十干…丙《ひのえ》・丁《ひのと》・庚《かのえ》・戊《つちのえ》（中央）・己《つちのと》（中央）

●十二支…子《ね》・丑《うし》・寅《とら》・卯《う》・午《うま》・未《ひつじ》・申《さる》・酉《とり》

●易卦…巽《そん》・坤《こん》・乾《けん》・艮《ごん》

また、四方の正中（子・卯・午・酉）や四隅の正中（艮・巽・乾・坤）に浄化槽があると、家族に病人が多く、子孫に障りが出るといわれています。

凶相の排水管・浄化槽

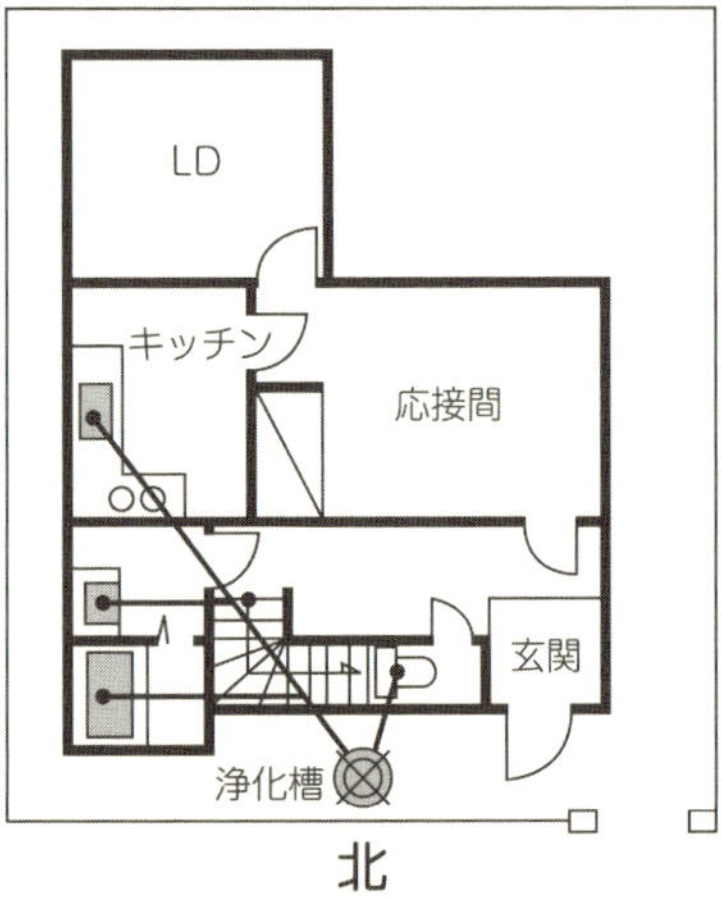

吉相の排水管・浄化槽

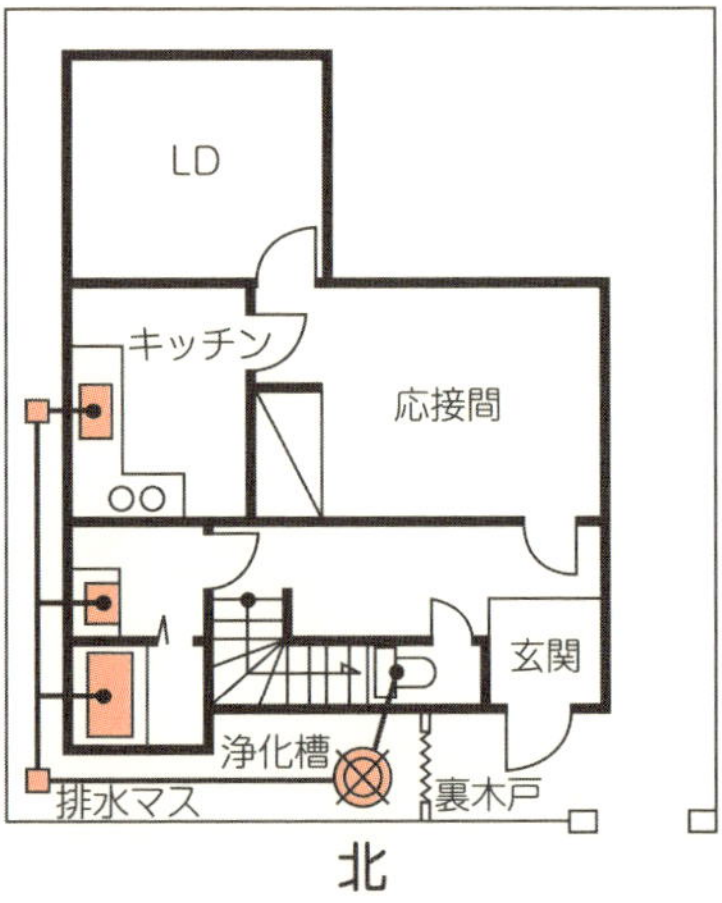

辰・巳の張り、戌・亥の玄関の吉相であっても、建物の下を斜めに走る排水管と玄関や門から見える浄化槽は絶対に避けてください。

改築ができない場合のかんたん風水活用例

浄化槽&排水管

廃棄物などを含んだ汚れた水を「汚水」と言いますが、家庭から排出されるこの水を通す管が排水管です。人間の体に例えれば浄化槽はリンパ節。どちらも流れはスムーズでなければなりません。

昔は木や石などでしたが、今日ではコンクリートや土管、塩化ビニール等など。何にしても家の床下を通る場合が多くなりますが、施工のときの心得としてはトイレから外へ、風呂や洗面所から外へ、台所のシンクから外へと、できる限り水回りを独立させ、区別して排水マスへ引き、これを家や敷地などの境界とする垣内でまとめて下水の導水管（マンホール）へと繋げます。

玄関から見えない位置が一番ですが、建物や設計上に無理があるようなら、背の低い木か根の張らない植物、あるいは垣根で目隠しすると良いでしょう。

神棚・仏壇

神域は位置だけでなく向きも大切！

POINT

毎日のご加護を祈る神棚、ご先祖様の供養をする仏壇。どちらも粗末にできないからこそ祀り方が重要に。

日本は大和の国、神の国といわれ、八百万の神様が天を治め、地を治め、人に宿っていると考えられています。神棚は家の中で大神宮などの神符やお札を祀るための棚で、決して粗末にしてはならない神域です。

そもそも神棚を家の中に祀るのは略式で、本来は敷地内の吉相地にお祀りするほか、土地の氏神・鎮守様に朝夕に参拝するのが正式です。家の中に祀るときは、大人が立った目の位置よりも高く清浄な所で、午前中の明るい太陽の日差しに向けるのが正しい位置となります。

神棚の吉凶方位

大吉
東に構え、南・東・東南に向ける。
西北に構え、東南・南に向ける。
東南に構え、東・南に向ける。

吉
北に構え、東・南に向ける。
東に構え、西に向ける。
西に構え、東・南に向ける。

凶
東に構え、北に向ける。
西南に構える。

大凶
南に構え、北・西に向ける。
東北に構える。

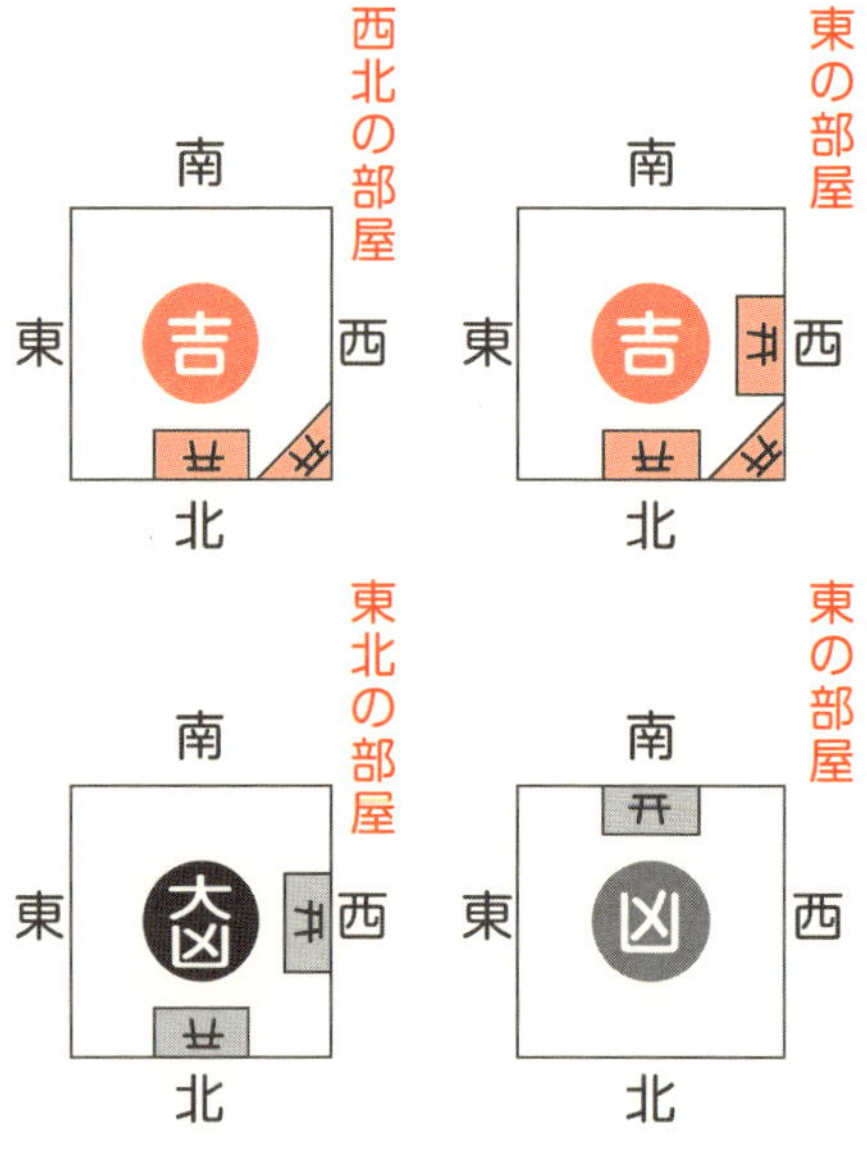

仏壇の吉凶方位

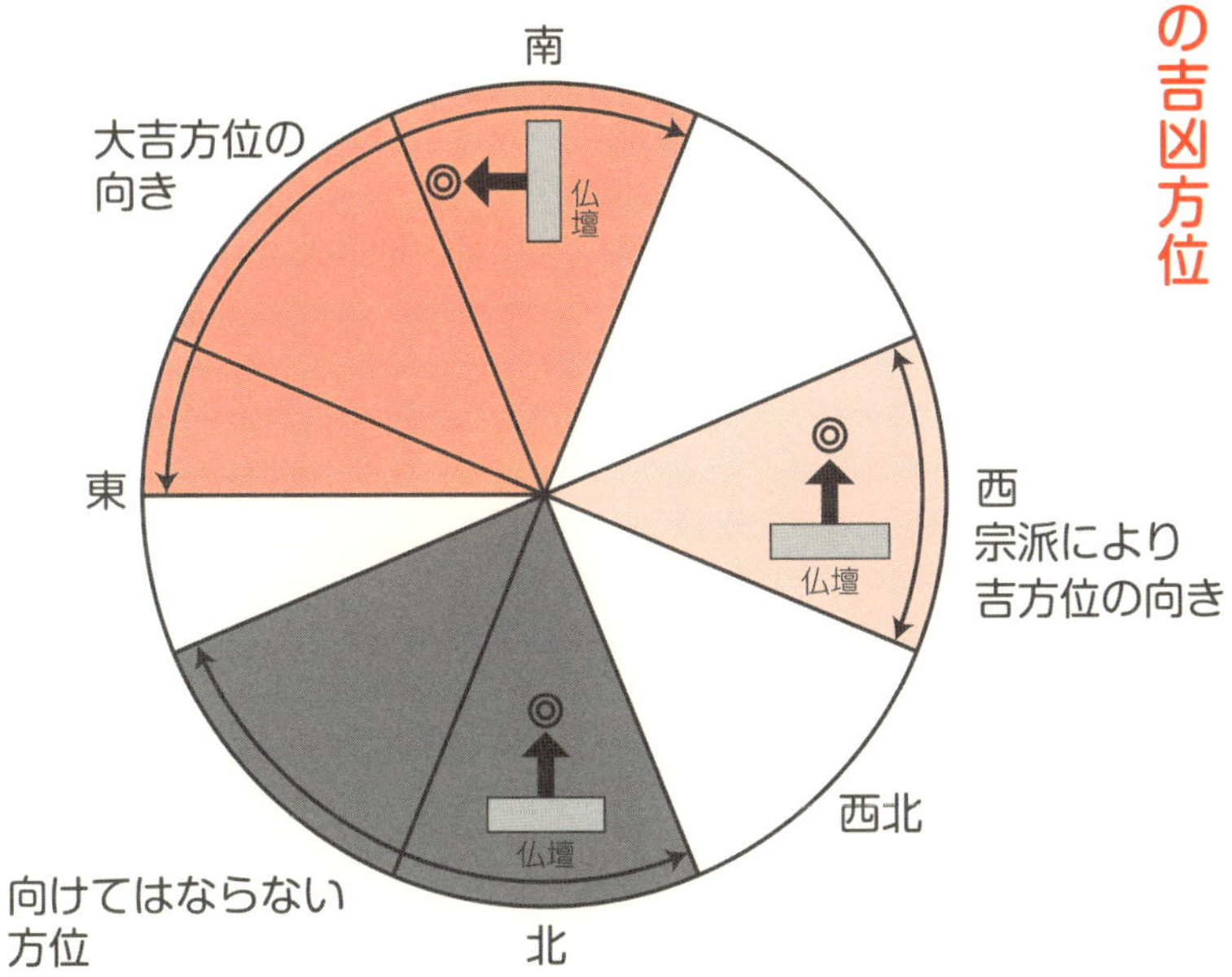

大吉

北に安置し南・東南に向ける
東に安置し東・南・東南に向ける
東南に安置し東・南に向ける
南に安置し東・東南に向ける
西に安置し東・南に向ける
西北に安置し南・東南に向ける

吉

北に安置し東に向ける
（宗派により、北に安置し西に向ける）
東に安置し西に向ける
東南に安置し西に向ける
南に安置し南に向ける
西に安置し東南に向ける
西北に安置し東に向ける

凶

北に安置し西南・西北に向ける
東に安置し西北に向ける
東南に安置し西南に向ける
南に安置し西に向ける（宗派によっては吉）
西に安置し西に向ける
西北に安置し西北に向ける

大凶

北に向ける（どの方位に安置しても大凶）
東北に安置する（どこに向けても大凶）
東北に向ける（どの方位に安置しても大凶）
西に安置し西南に向ける
西南に安置する（どこに向けても大凶）
西北に安置し西南に向ける

正しい神棚・仏壇の構え方

合祀の例

凶相の神棚・仏壇の構え方

家運は栄えません。

向きや位置がよくてもトイレと背中合わせだったり、廊下をはさんで向き合ったりするのは大凶相です。家庭不和や病人が絶えません。

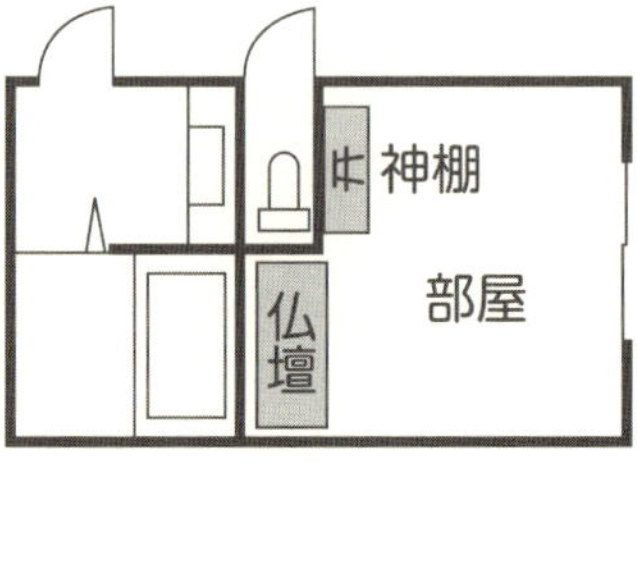

凶相の場合の修正例

大凶相の仏壇　例.1

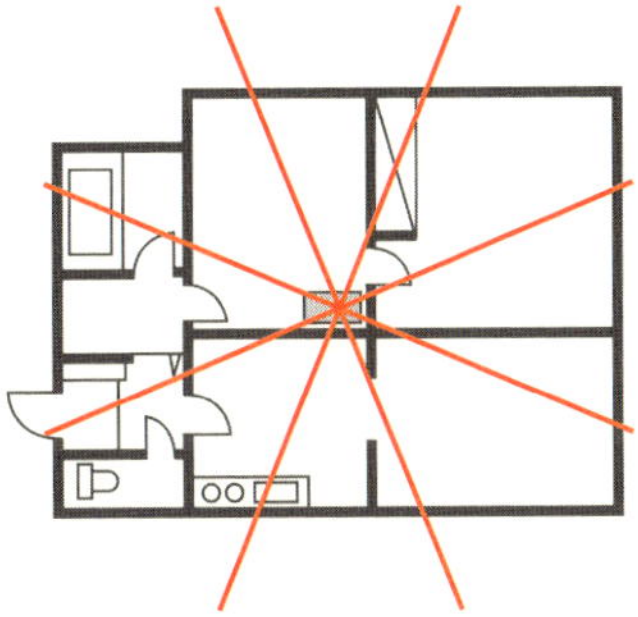

家の中心に仏壇がある場合。

吉相の仏壇　修正例.1

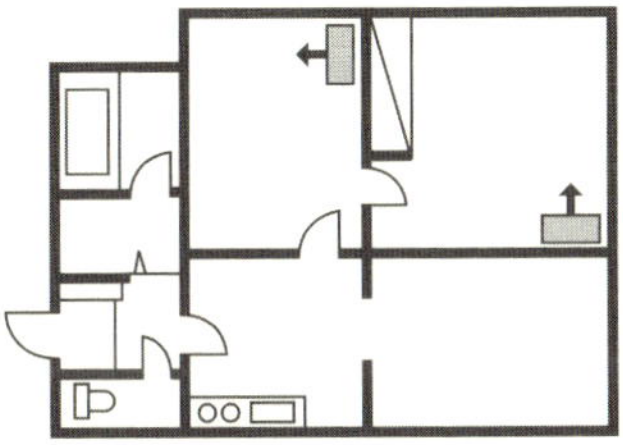

南に据え東に向けるか、西に据え南に向けましょう。

大凶相の仏壇　例.2

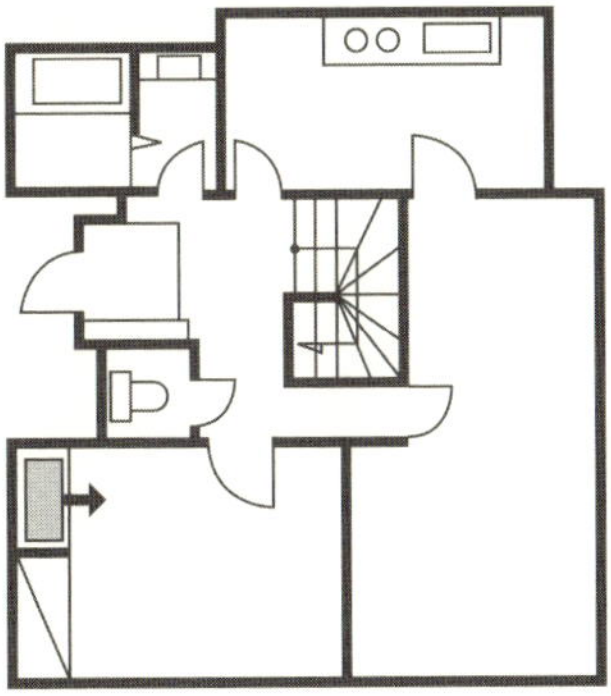

吉相の仏壇　修正例.2

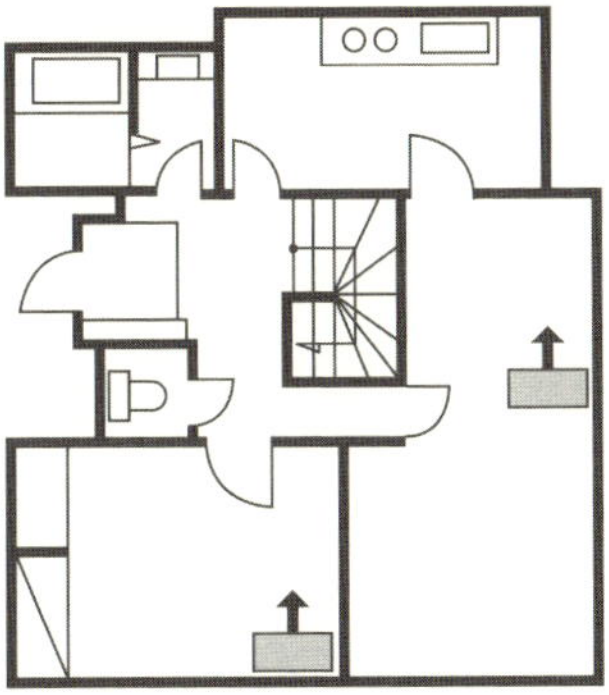

鬼門の仏壇やトイレに向き合うのも大凶相です。北に移動して南に向けるか、西に移動して南に向けるかしましょう。

開運の間取り

天井の高さ

天井の高さは運気の流れに影響がある！

POINT
ゆとりの空間を演出する天井は部屋の広さとのバランスを考えて。狭い部屋に低い天井は健康を害する凶相。

家相が基本としているのは、太陽光線と空気の流通です。そしてそこに発生する電子イオンの作用や磁波作用の働きが人間の身体や心・健康に及ぼす影響を法則としたものですが、その法則の第一としてチェックしなければならないのが天井の高さです。部屋の広さと天井の高さによって、光や空気の働きが変わってくるからです。

天井の高さを考えるときは、バランスが大切です。狭い部屋に高い天井は、その部屋の気流が天井にたまってしまい凶相で、逆に広い部屋に低い天井では、広い空間を殺してしまうことになり凶相となります。書斎、和室など狭いスペースは、静寂を求める場所ですので低い天井が自然で、リビングや寝室などの広いスペースは、身体や心をリラックスさせる場として、ゆったりとしたスペースが理想なので、高い天井を作るようにしましょう。

トイレや浴室は、あくまでも換気を最重視した構造で、高さよりも広さにポイントを置くほうが賢明です。

また、玄関が吹き抜けになっていたり、玄関と部屋とのエントランスがホールになっているなら、広いイメージを強調することが吉相となります。玄関を開けたときの開放感と明るいイメージ作りは、新鮮な空気の出入りを潤滑にするばかりでなく、家にたまっている澱んだ「気」を外へ放出する大事な役割を果たします。

リビングの天井

窓に面しているリビングなら、多少低い天井でも吉相です。外の景色がマイナス要素を十分に補ってくれます。

玄関の天井

できるだけ奥行を見せ、広々とした開放感を持たせること。狭い玄関ほど明るさと清潔感が大切。

寝室の天井

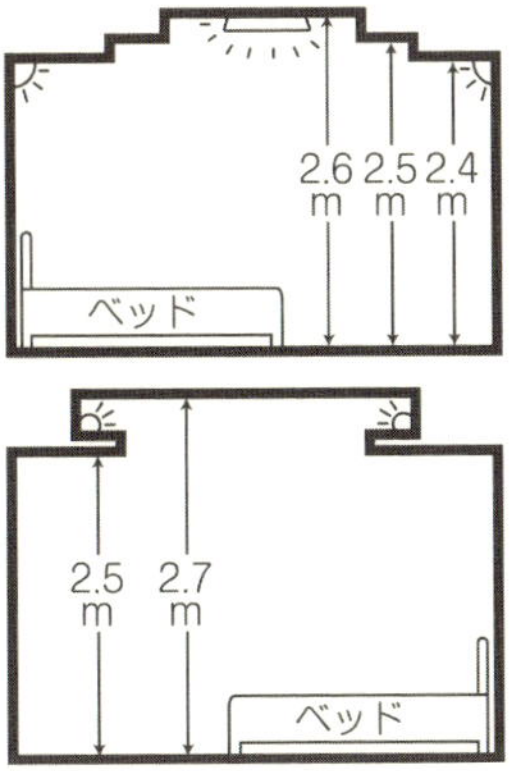

天井の高さに変化をもたせ、夜は照明で影を演出させるのもいい方法です。精神的な安定を促進させて吉相となります。

ロフトの天井

ワンルームのマンションなどでよくあるロフトですが、ここは本来、荷物を置くための場所なので、布団やベッドを置いて寝室のように使うのはおすすめしません。天井が低く、床から離れているため、安定に欠け、健康面に影響が出てくるでしょう。

天井の高さによる吉凶例

普通の高さの天井

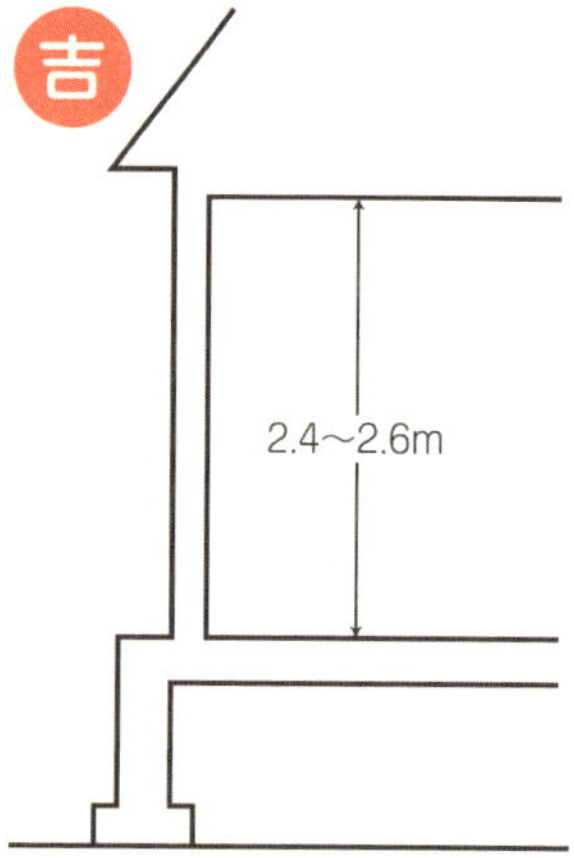

低い天井

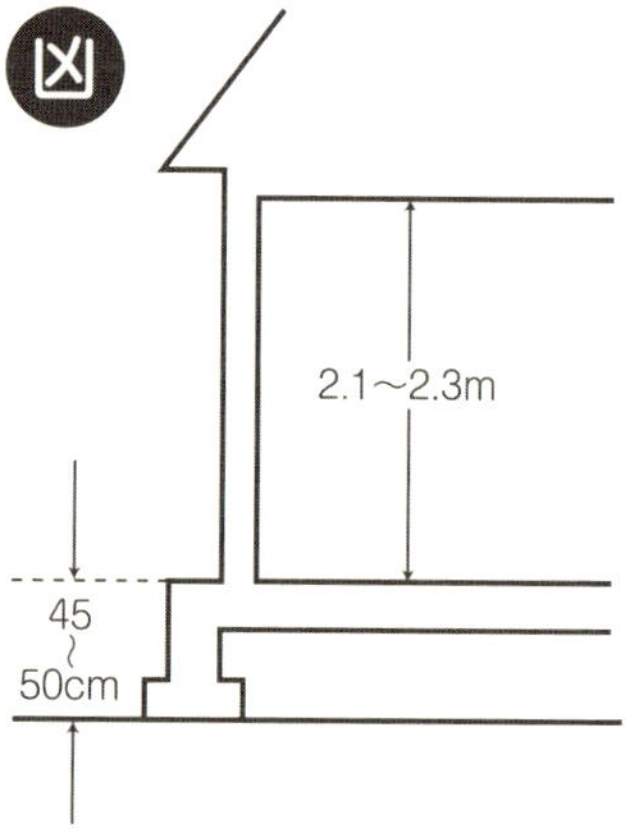

高い天井

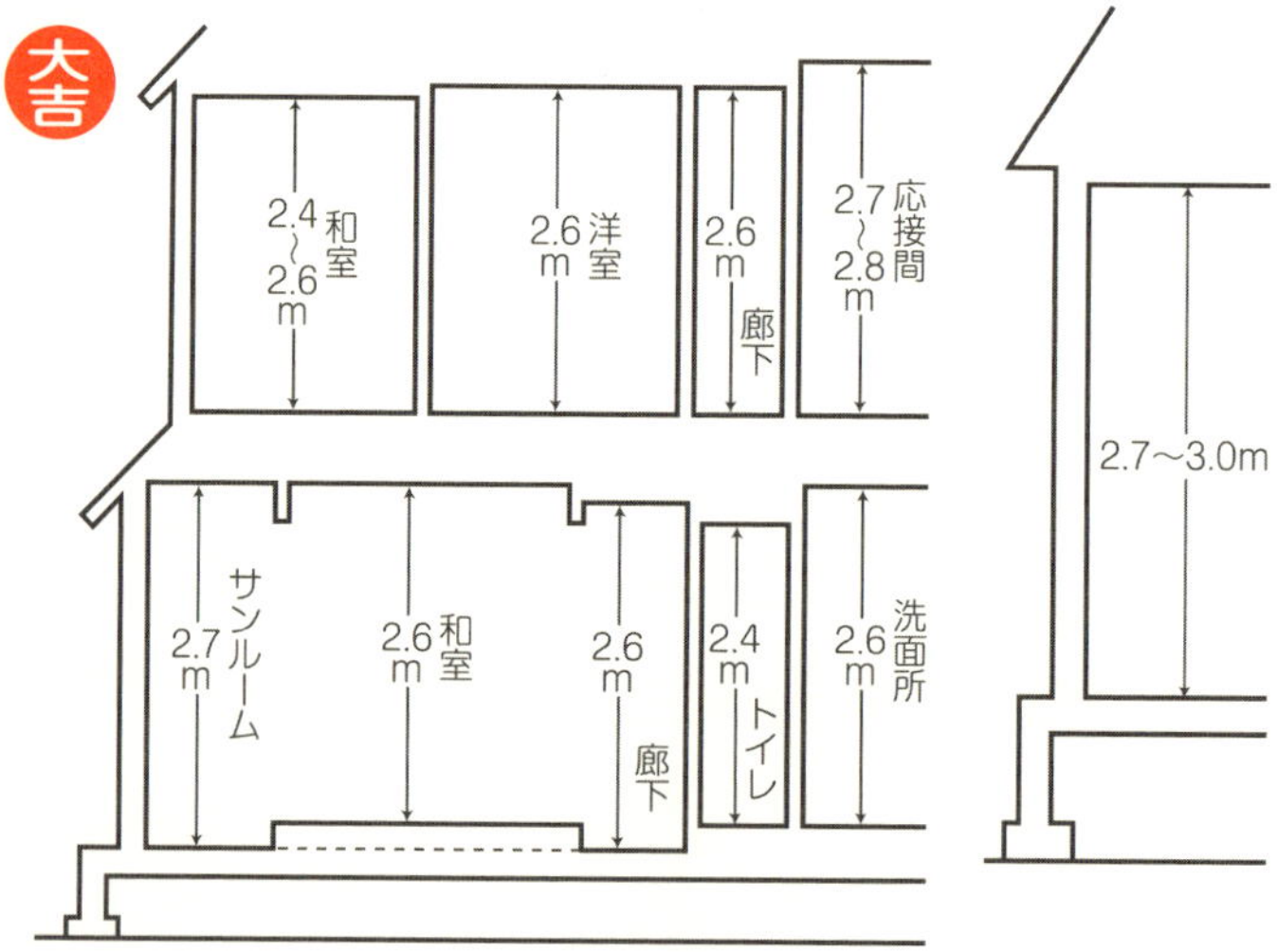

改築ができない場合の
かんたん風水活用例

照明や色をうまく使いましょう！

天井の高さや形を改築するとなると、かなり大きな工事になってしまいます。そこで、天井の形が悪いときに役立つのは、間接照明です。特に、リビングや寝室などは、一つの大きな照明だけでなく、小さな照明で明かりのバランスを上手に作って、リラックスできるような明かりにすると、気の乱れが解消されるでしょう。

トイレや浴室などの狭い空間は、壁紙をホワイト系の柄物にして、照明を明るくしたり、風景を取り入れた絵を飾ると、陽の気を生み出すので凶作用が軽減されます。

また、寝室がロフトなどで天井が低かったりする場合は、横になった時にリラックスできるように北枕で寝るようにするなど、ベッドの位置や枕の向きを変えてみることもおすすめです。寝室における吉相活用術を利用してください。（本書59頁参照）

階段・吹き抜け

階段は、『欠けの作用』となるので凶の影響が少ない場所へ！

POINT
家の内部に変化を与える階段。階下の気流をそのまま二階へ流す煙突の役目をし、中央は最も危険。

階段の機能は階上と階下をつなぐ連絡通路であるとともに、家の気流や換気の調節の役割もあるため、それらを考慮してつくる必要があります。

階段は、吹き抜けとされ家相では欠けの凶作用が働く場所となります。コの字型や回り階段、らせん階段などは、気が滞るおそれがあるため、凶相となります。基本的には、吉方位が少ないので、凶作用が少ない場所に設置しましょう。

家の中心より半間四方に入る中央階段や戌・亥の階段、丑・寅の階段は特に凶作用が強いので、特にタブーとなります。東や東南、南などの陽の方位がおすすめです。

階段・吹き抜けの吉凶方位

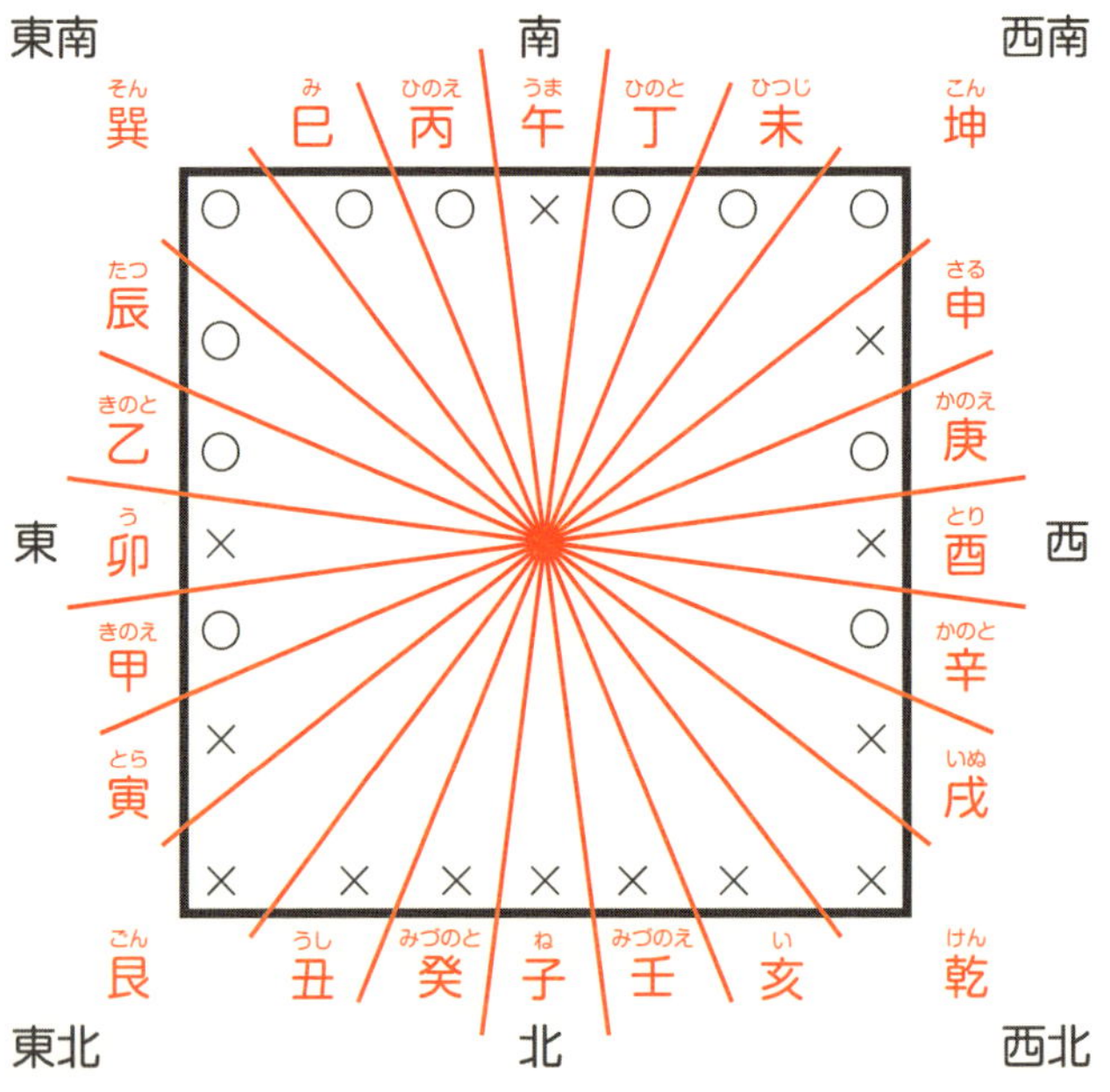

階段・吹き抜けの吉凶例

〈中央の階段〉… 大凶相

家相学で家の中心とは太極（すべての要）の位置です。ここが〝空き〟になるのは大凶相です。主人を失い、家族や周囲の協力・援護でやっと家を支えることになります。

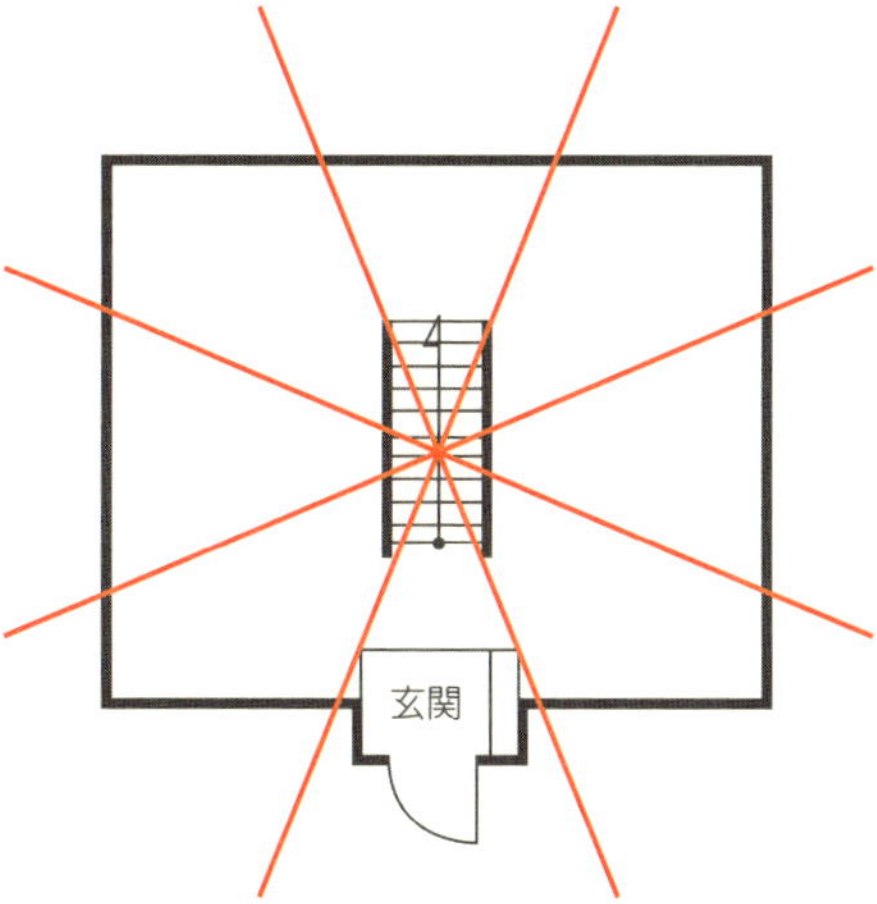

〈東の階段〉

甲と乙の方位は安全地帯です。卯は避けましょう。

〈南の階段〉

丙と丁の方位は安全地帯です。午は避けましょう。南の方位に降りるのは吉です。

〈西の階段〉

庚と辛の方位は安全地帯ですが、酉は避けましょう。社交性が活発になり、金銭の出入りが激しく、生活が不安定な状態になります。

〈北の階段〉

北は日当りが悪く明るさに欠けるため、陰気を階上にあげてしまいます。とくに陰の気が極まる北の正中（子）の方位に階段を設けることは避けましょう。北の方位に降りる階段も凶相です。

〈東南の階段〉

辰・巽・巳の方位とも安全地帯です。

〈西南の階段〉

坤と未の方位は安全地帯です。申は避けましょう。

〈西北の階段〉… 大凶相

主人の権威は弱まり、家業は多忙でも蓄財はできません。力量以上の仕事や立場に置かれることもあり、頑固で独断的な欠点がますますひどくなります。

〈東北の階段〉… 大凶相

長子に恵まれず、早死、離郷、怠け者となるか、養子相続の問題も出るでしょう。また、金銭や財産問題で親類縁者と離別、絶交することもあり、金銭苦だけでなく情緒不安定な生活も余儀なくされます。

凶相の場合の改築例

凶相の階段　例.1

中央を

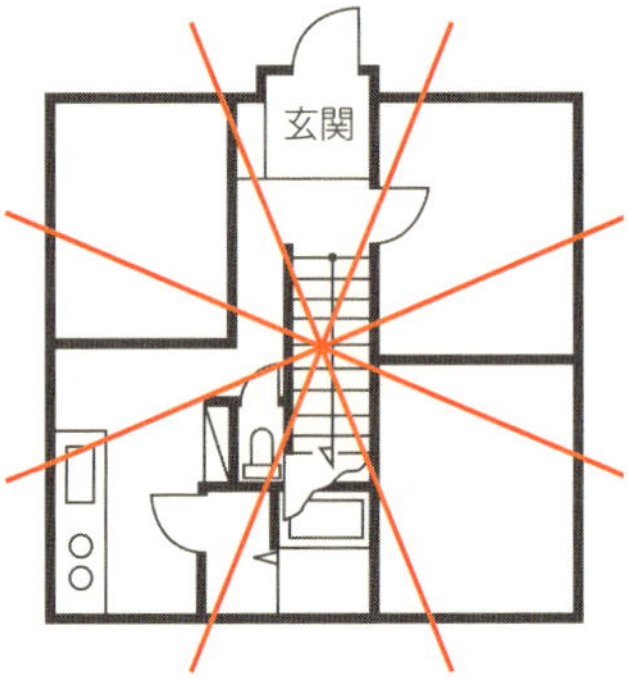

吉相の階段　改築例.1

東へ

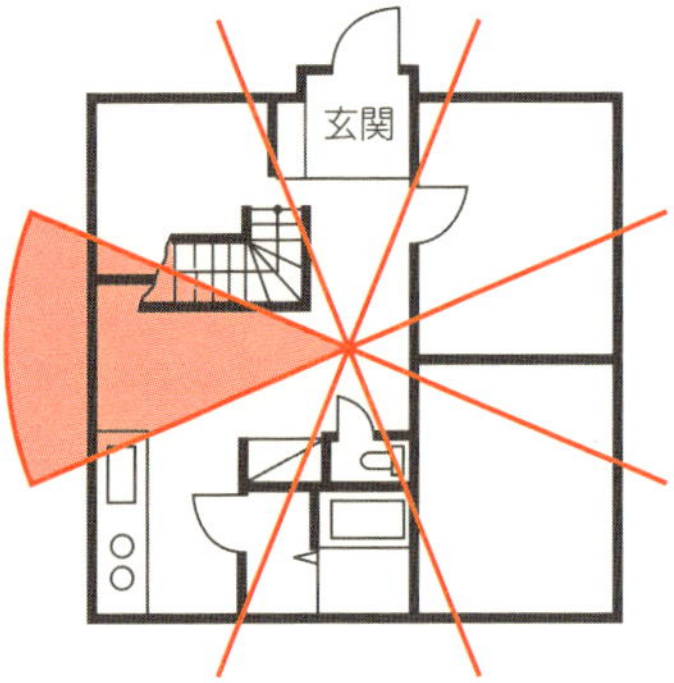

凶相の階段　例.2

西北を

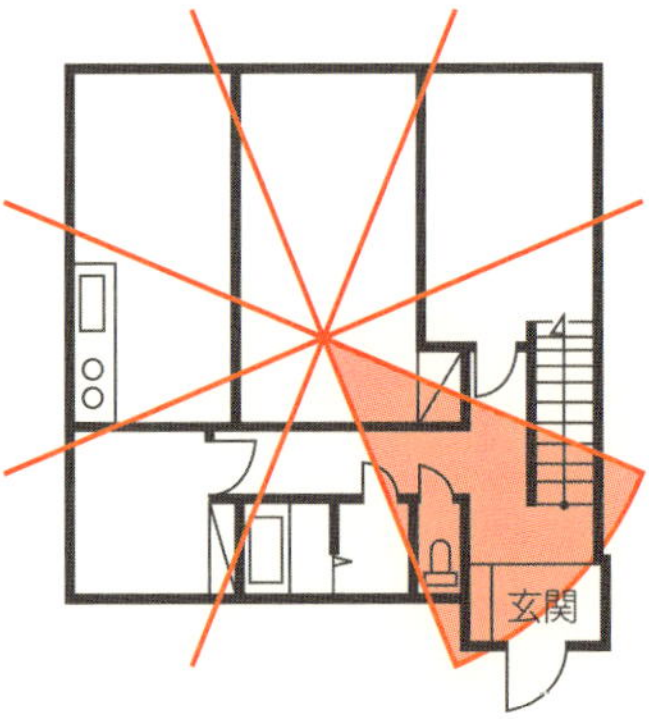

吉相の階段　改築例.2

西南へ

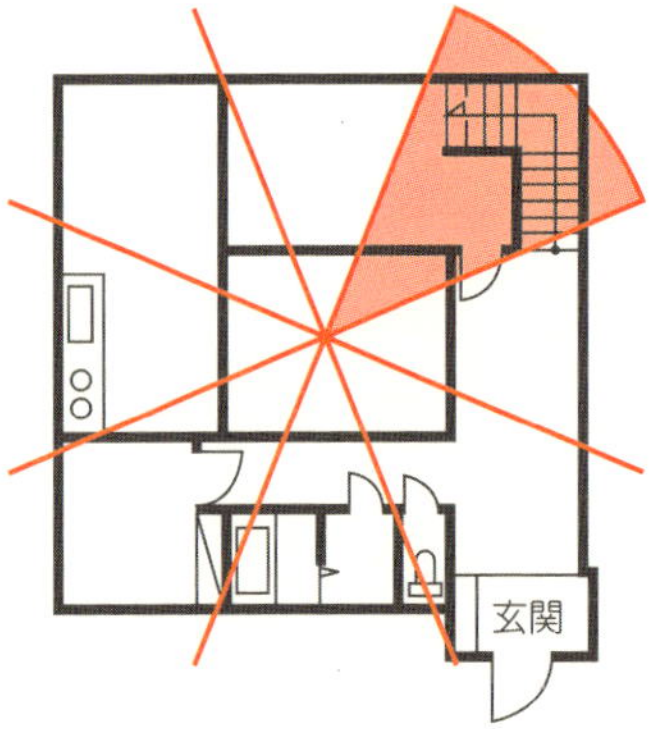

改築ができない場合の
かんたん風水活用例

階段は明るく安全に！

階段は気の通り道に当たり、ここが凶相の場所にあると、全体にも悪影響を及ぼしかねません。さらに、家の中で一番事故の可能性が高い場所なので、特に注意が必要です。凶相の場合は、この点を注意し、照明を明るくしたり、すべり止めや手すりをつけたり、階段に物を置いたりしないようにしましょう。掃除をこまめにして清潔を保ち、壁に絵や写真を飾って、陽の気が集まるようにするのもよいでしょう。近くに窓がある場合は、換気を心がけ、太陽の明かりが入るように工夫しましょう。

特に、玄関からまっすぐに昇る階段は、気の流れが一階に通らず、二階に直接通じてしまう上、防犯上も好ましくありません。直進していて凶相の場合は、階段の下に観葉植物を置いたりして、L字にすることで凶作用を軽減することができます。

廊下・縁側・ベランダ

POINT

東から南にかけてつくるのが理想！

通路の働きをする廊下は、日だまりのできる東から南にかけて走るのが理想的。縁側は日向ぼっこの場所に。

廊下は部屋と部屋をつなぐ通路の役目をするものですが、一方では、玄関から各部屋を結ぶ道ともいえ、気の通り道となります。

家相学では、廊下は欠けとして扱うため、吉相はなく、凶相に注意してつくることが必要です。日だまりのできる東から南にかけて走るのが理想的とされています。

また、縁側はそのものに吉凶はありませんが、広い縁側は欠けとなります。また、ベランダ（ユニット式サンルーム）は、張りとなるのでこれも注意が必要です。

廊下の凶相例

〈中廊下〉… 大凶相

特に、中央を前後または左右に二分する廊下の【中廊下】は家族が二分することを意味します。南北の二分は夫婦間、主人と対社会的【人間関係】の意思の疎通を、東西の二分は親子、兄弟の意思の疎通を示しています。また、どんな分け方でも家の端から端まで貫いて走る中廊下は大凶相となるので注意しましょう。

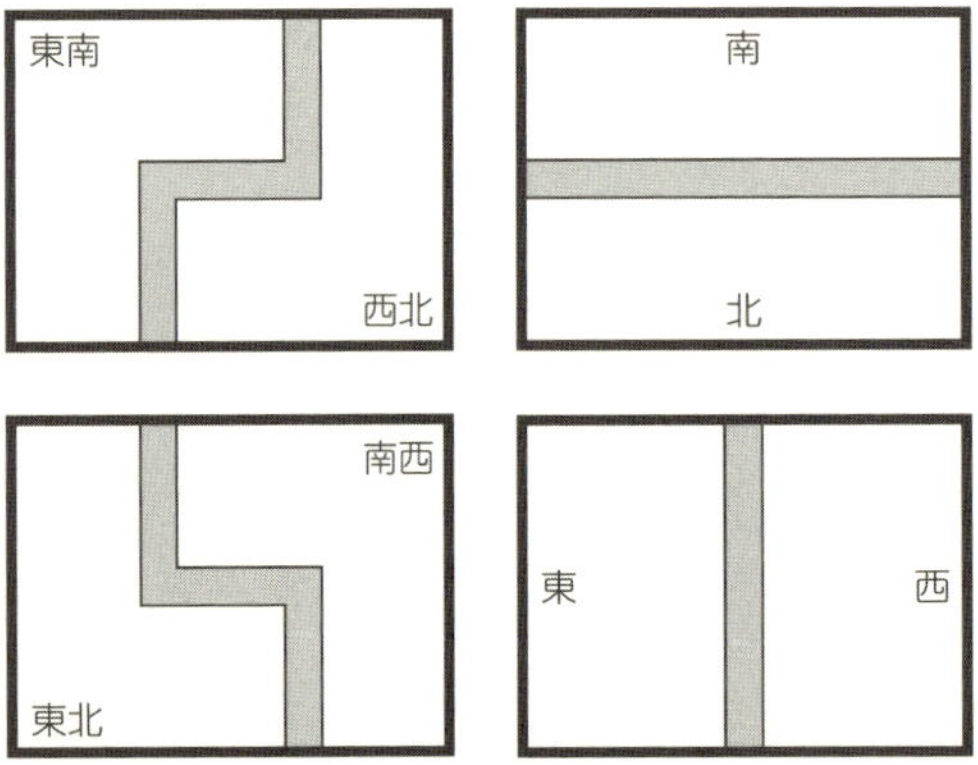

廊下の凶相例

〈家の中心に廊下がある〉

家族間の対立やトラブルを生む可能性があります。

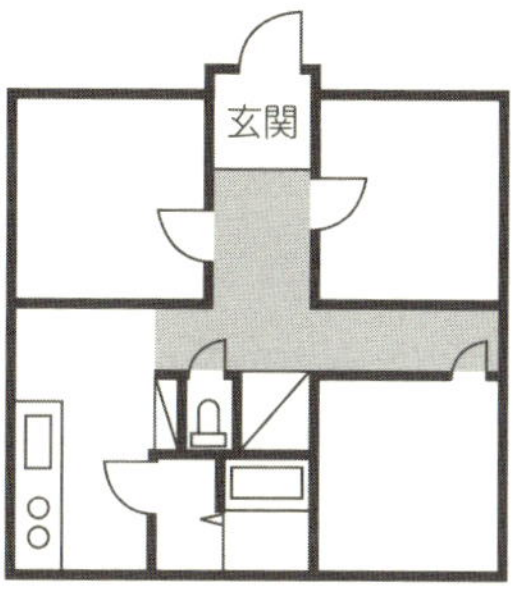

〈突き当たりにトイレがある廊下〉

玄関からの良い気の流れが、そのままトイレに流れてしまいます。

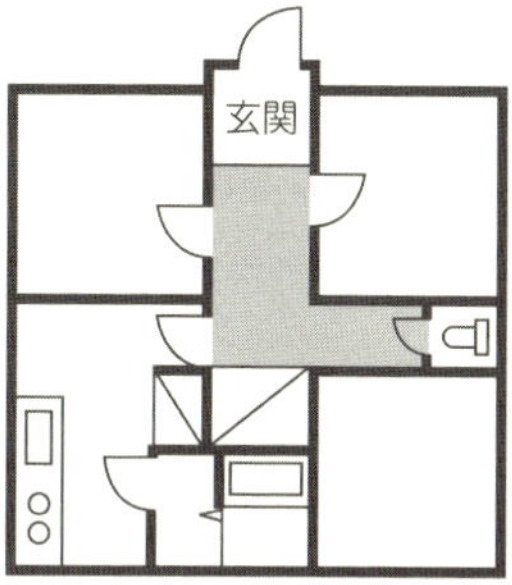

〈囲み廊下〉

部屋の四方や三方をぐるりと囲っている廊下のことで、この部屋の主人は情緒不安定となり、病弱になったり、偏屈になったりします。

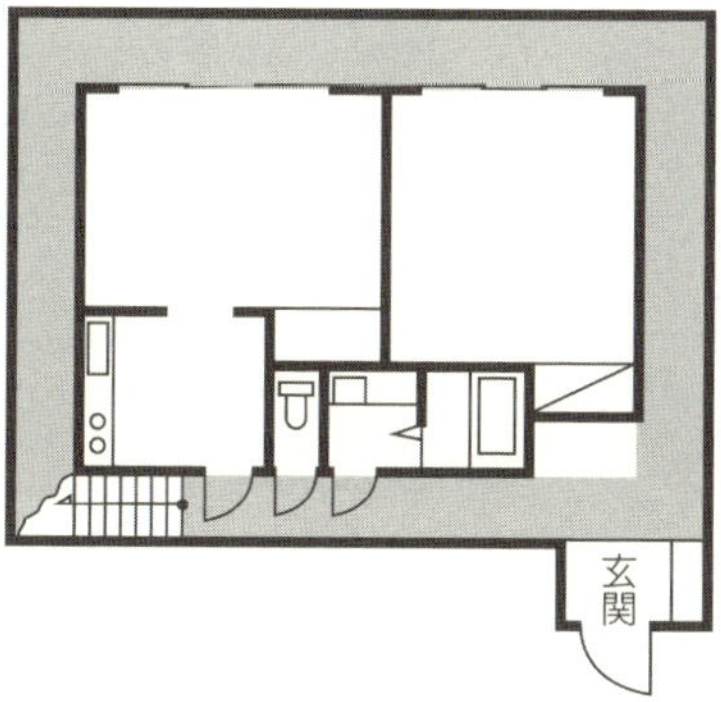

縁側の凶相例

〈縁側〉

広すぎる縁側は欠けを意味するので、幅や長さはほどほどにしましょう。

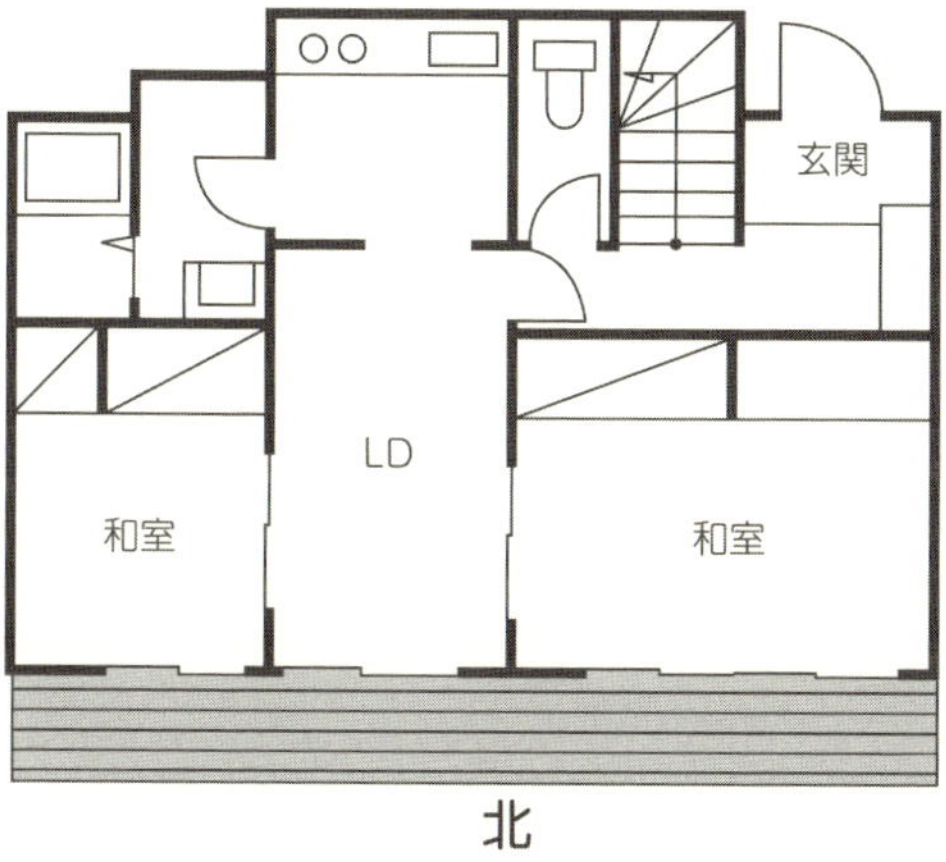

凶相の場合の改築例

凶相の廊下 例.1

中心にある廊下

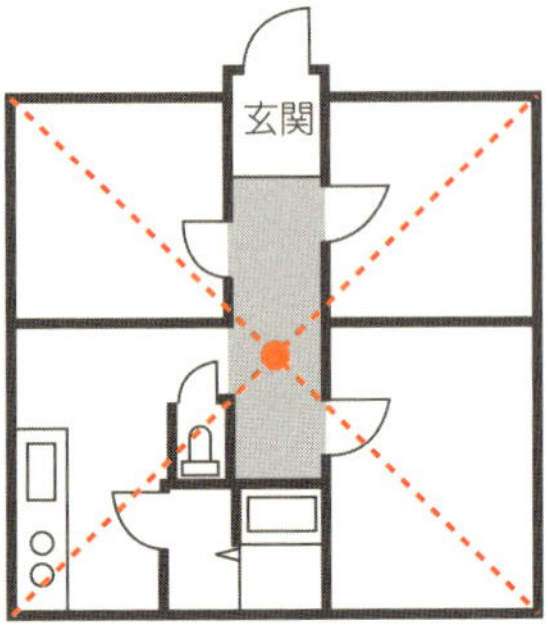

吉相の廊下 改築例.1

中心からずらす

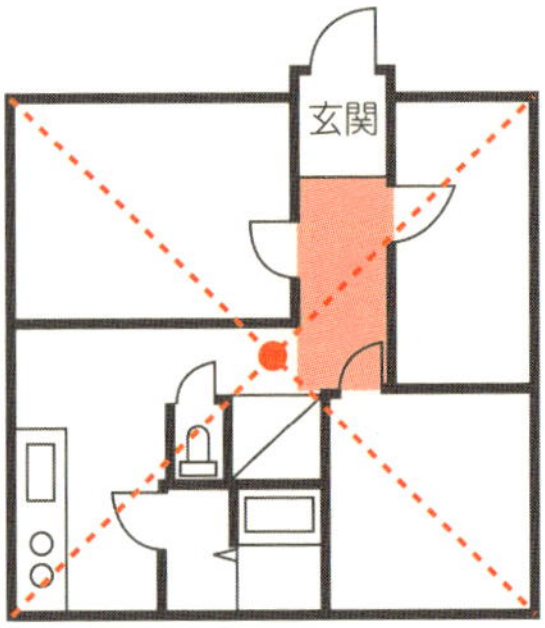

凶相の廊下 例.2

中央を二分する廊下

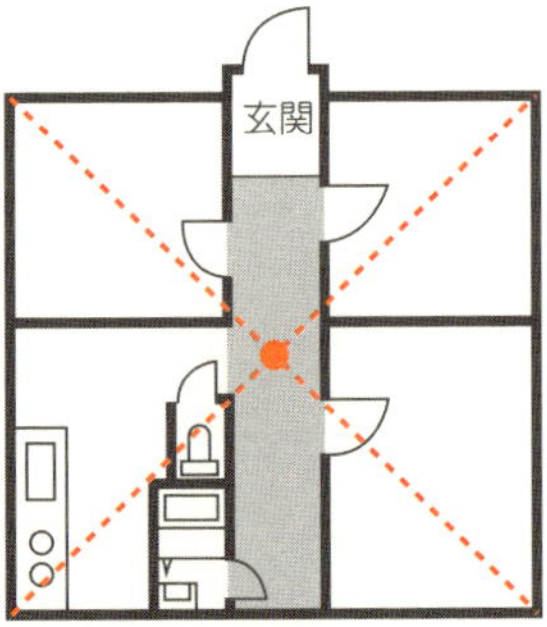

吉相の廊下 改築例.2

二分しないように

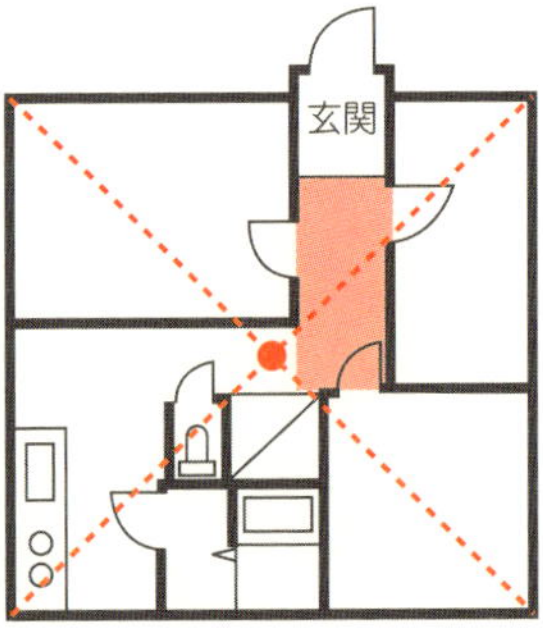

改築ができない場合の　かんたん風水活用例

陽の気の通り道を作る！

　廊下も階段同様、気の通り道です。狭い廊下や暗い廊下は凶相なので、そのような場合には、照明で明るくし、物を置かずに広さを保ち、陽の気をたくさん取り入れるようにしましょう。中廊下や囲み廊下などの位置や長さを変えるには、カーテンやブラインドを使いましょう。もちろん、こまめな掃除と換気で清潔を保たなければなりません。

　また、壁に絵や写真を飾るのも効果的です。カーペットなどを敷き、全体的に明るいイメージに変えることでも運気を上げることができます。壁紙が変えられるなら、デザインを動きのあるものに変えると、気の変化を起こすことができるのでおすすめです。ただ、飾り物が大きすぎると、気の流れの妨げになるので、小さなものや厚みのないものにすることが大切です。

収納スペース

広さだけでなく方位や位置も重要！

POINT

収納スペースは、日常の生活に欠かせない大切な場所。広さだけでなく、一家の財運を左右する方位や位置にも注意を。

地下室

狭い敷地を有効に使える地下室ですが、本来の家相学では、地下室をつくることは凶相でした。大地がもたらす陽の気（地息）には健康を助ける働きがあり、コンクリートや石組みで完全に遮断すると、床下の地息を失うことになってしまうからです。

地下室でも、一階のスペースがそのまま地下にある場合は問題ありません。注意しなければならないのは、一階の母屋から見て地下の一部分にある空間です。その方位は、母屋の中心をもって計ります。

最近多く見られる半地下の駐車場は、土地そのものに大きな欠けを生じさせることになります。地下駐車場に浴室、洗面所、納戸を組み合わせた例もありますが、これも陰の気がこもりやすく不健康な家相といえます。どうしても必要な場合は、駐車スペースと浴室や洗面所などの設備をしっかり隔て、空気が流通し、湿気を発散する構造にしましょう。

また、地下室の真上に主人の寝室やお年寄りの部屋、子供部屋をつくるのは禁物。もちろん地下の寝室なども大凶相です。

安全となる方位は、東南（辰・巽・巳）、南（丙・午・丁）、未です。地下は土地の欠けをつくると同時に階段が必要になるので、鬼門や西北（戌・乾・亥）、家の中心につくるのは絶対に避けなければなりません。

屋根裏

最近は屋根裏を部屋として使う設計もありますが、昔は物置と決まっていました。収納や貯蔵の場所として、家相では西から北にかけての方位が最も吉相となります。とくに西北（乾）に二階が集まり、北に向かって屋根裏のつづく構えは最良の方位といえます。

しかし、屋根裏を部屋に使うと不健康の構えで、書斎や子供部屋にするのは禁物です。一戸建てでは、一階や二階の空気が屋根裏へと逃げます。そのため下からの汚れた空気に影響され、暗い考え方となる場合が多く、精神衛生上よくありません。

屋根裏への階段も、上り口が家の中心や表鬼門になることは絶対に避けなければなりません。戌・亥の中央の乾に向かって上ることも避けてください。屋根裏は部屋ではなく、収納スペースとして利用するのが賢明です。

ウォークインクローゼット

物置や納戸のほかに、歩いて中に入ることができる部屋型のウォークインクローゼットを設ける家も増えています。

呼び名は違っても、収納や貯蔵が目的ですから、家相では「収蔵」の方位の西北・西が大吉相になります。西北の収納スペースは大変よく、豊かな生活を送ることができる富貴繁栄の大吉相です。西の方位も吉相で、社交運や結婚運に恵まれ、財運もまずまずです。

北も収蔵の吉相とされ、物置や納戸のような小さいスペースは大丈夫ですが、一間以上の部屋になると凶相に変わりますから、ウォークインクローゼットは避けましょう。東の収納スペースも繁栄の相ですが、あまり大きなスペースを取ると、家族の向上心や発展を損ないます。

また、南に収納スペースを設けるのは日中の陽の気をふさぐことになり凶相です。

吉相の地下室　改築例.1

まずは安心方位

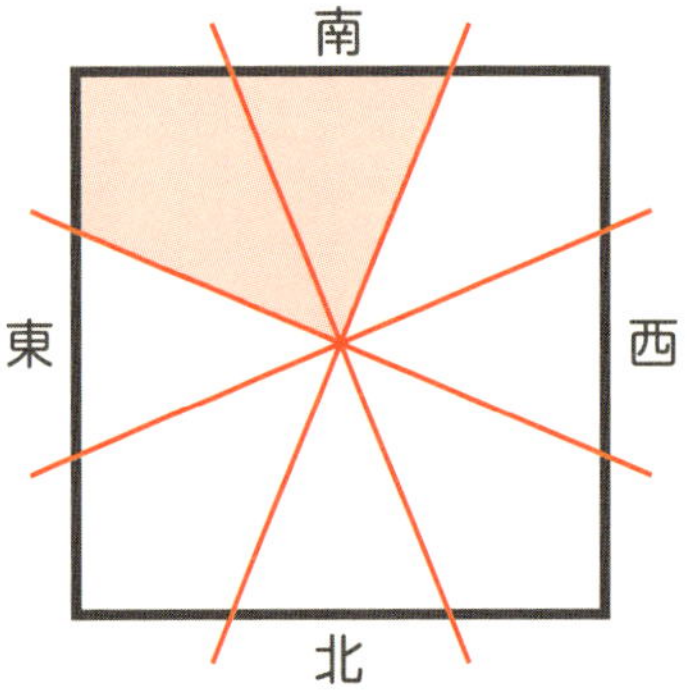

凶相の地下室　例.1

絶対に避けるべき方位

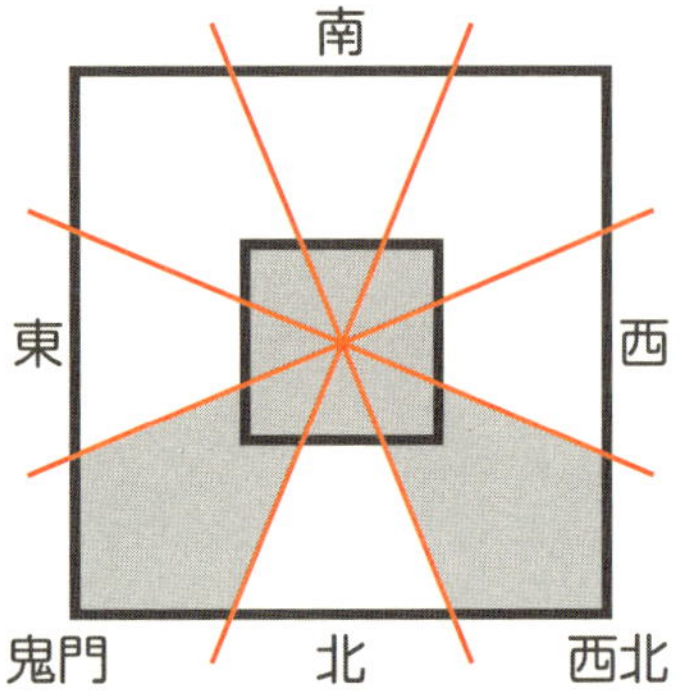

吉相の屋根裏部屋　改築例.2

西北へ

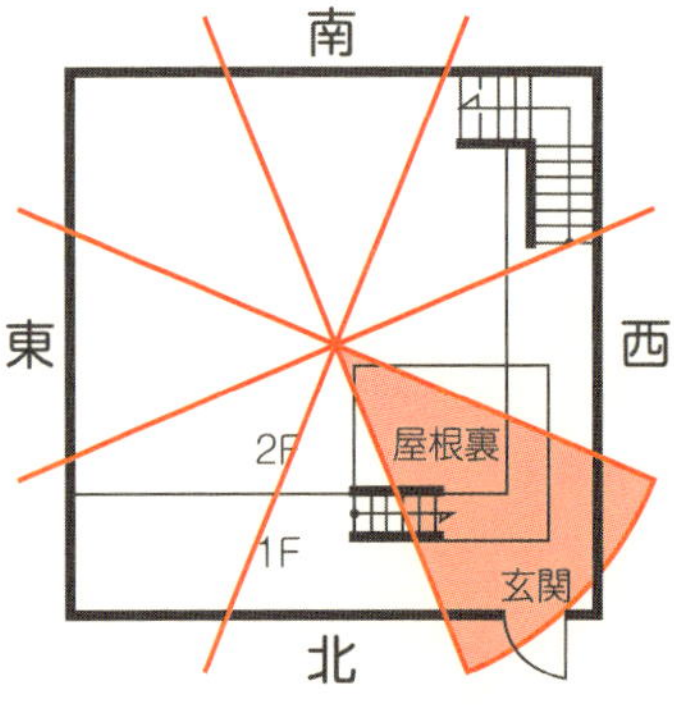

東南側は低く、北側を高く構える

凶相の屋根裏部屋　例.2

家の中心から

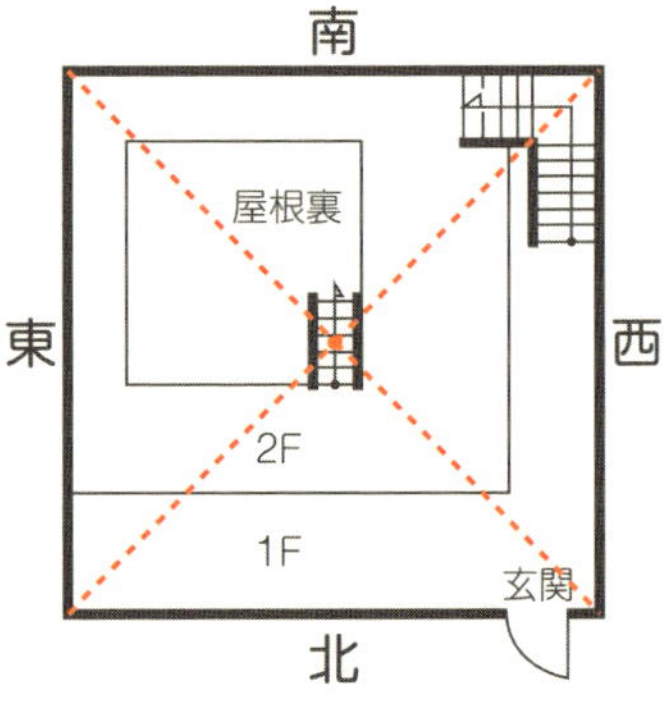

改築ができない場合のかんたん風水活用例

たんすを吉方位に移動してもよい

西南・東北の方位はどちらも鬼門ですが、半間（九十センチメートル四方）は吉相となります。これを有効に使い、西南の正中（坤）や東北の正中（艮）の方位を収納スペースとして活用すれば、陰陽の変化を上手に調整できます。

たんすも納戸などと同じ収納スペースとしての働きをしますから、部屋の模様替えをして、西北にたんすを置くと蓄財運がアップするでしょう。

また、収納スペースを家相の欠けを補うために活用することもいい方法です。西や西北、北が欠けている場合は、その欠けている部分に、母屋の外に物置などの収納スペースをつくります。それによって欠けをなくすとともに、収納でも吉相に。東南も別棟のスタイルで物置をつくれば、富貴繁栄の吉相になります。

門・塀

塀は建物とのバランス重視！門は東南！

POINT
門は人を迎えるものであり、塀は社会と自分を隔てるもの。親しみやすく、社会と融和する姿が理想的。

塀は外敵から家を守るため砦の役目をしたり、土地の所有権を明確にする境界や囲いの役目を持っています。「塀は一般的には高くせず」と古書にもあるように、高い塀は秘密や策謀を印象づけ、逆に低い塀は明朗快活で純粋な心を示し、親しみ深さをあらわします。

また、塀の趣味は住む人の個性だけでなく、心の高さや奥深さまでもあらわすものです。

塀の種類は材質別に、竹垣・生垣・板塀・土塀・フェンス塀・ブロック塀・石塀・レンガ塀・コンクリート塀などがあります。

また、塀は四方に回るものと一方の面だけに回るものとがありますが、大切なのは陰陽の調和です。塀が高く、家の四方を囲んでいれば家の中が陰気になり、陽の気を受けることができません。反対に低すぎると家の中の陽の気が盛んになり、落ち着きを失ってしまいます。

家が大きいのに塀が小さすぎたり、塀が大きいのに家が小さくならないよう、調和が大切です。

また、門は、人を迎えるもので、拒むためのものではありません。親しみやすさを大切にすることが重要です。特に、社会と住む人を隔てて威圧するような大きな門は、生活にも暗い影を落としてしまうので避けるべきでしょう。

門の方位では東南と東が大吉相で、社会的な信用を得て子孫繁栄につながります。少し張り出すと、さらによくなります。

家に不釣り合いな門や、家より先に門や塀をつくるのは凶相となるので避けましょう。

門の吉凶八方位

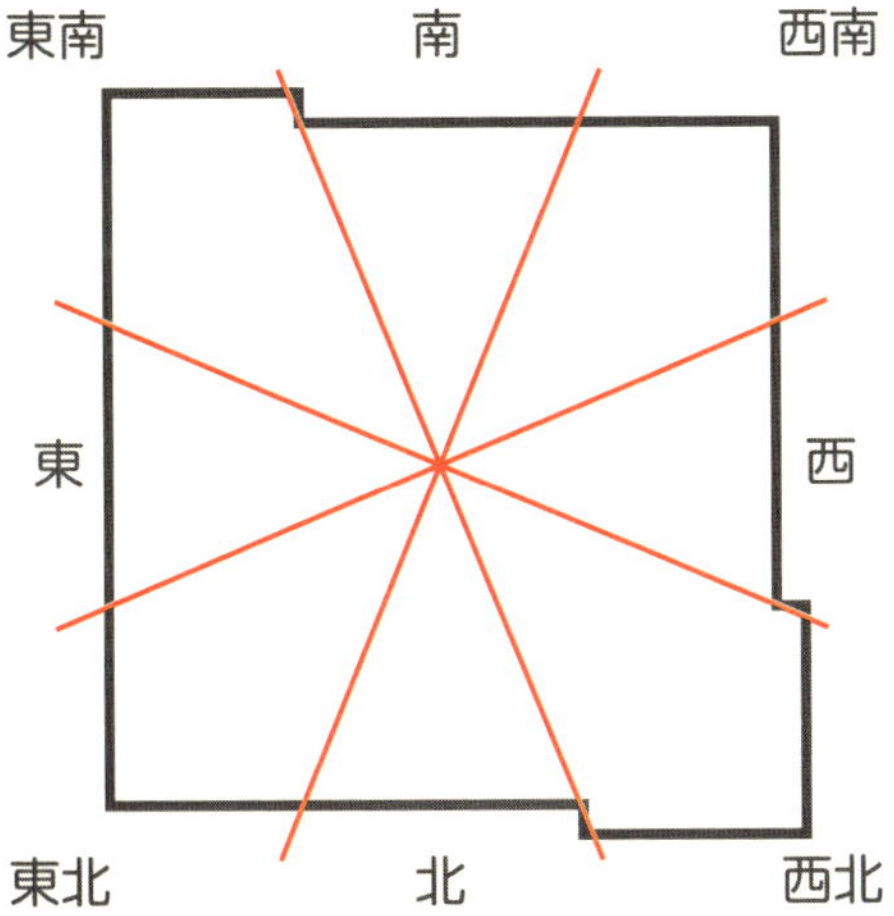

〈東の門〉
長男は才能豊かですが、同居せず、家を出てから出世するでしょう。東は門に適した方位で、住む人を意欲的にし、家運も発展します。

〈南の門〉
家相では、『朱雀門（すじゃくもん）』といい、学術的に栄えます。医者や学者にとって吉相ですが、位負けしてしまうこともありそうです。

〈西の門〉
女性の出入りが激しく、女性相手の仕事には吉相です。また、西は飲食の意味を持ち、水商売には大吉相です。一般的には散財の相なので要注意です。

〈北の門〉
家相では『玄武門（げんぶもん）』といい、一般的には裏門。破産、盗難に見舞われてしまいそうです。病人が絶えず、家族がバラバラになる可能性があります。

〈東南の門〉
家相では、『巽門（たつみもん）』といい、陽気な客の出入りが多く繁栄発展の相です。遠方からの来客も多く、社会的な信用を得る自慢の門になります。

〈西南の門〉
病門と呼ばれ、病人が絶え間なく出る暗示があります。西南は裏鬼門で陰に向かう方位で、門を作る方位としてはよくありません。

〈西北の門〉
家相では『乾門（いぬいもん）』といい、高貴な客が出入りする門です。社会的に地位の高い人たちと親交が生まれ、有益な人脈ができるでしょう。

〈東北の門〉
客の来訪にむらがある相です。吉凶が交互に起こる暗示があり、事業家や一般家庭には凶相です。勝負事には半吉相になります。

凶相の場合の改築例

凶相の門　例.1

北を

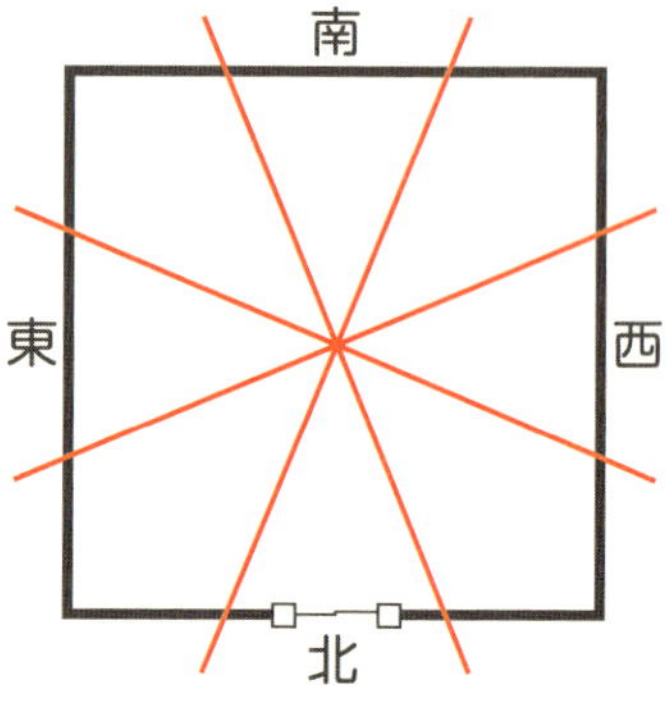

吉相の門　改築例.1

西北へ

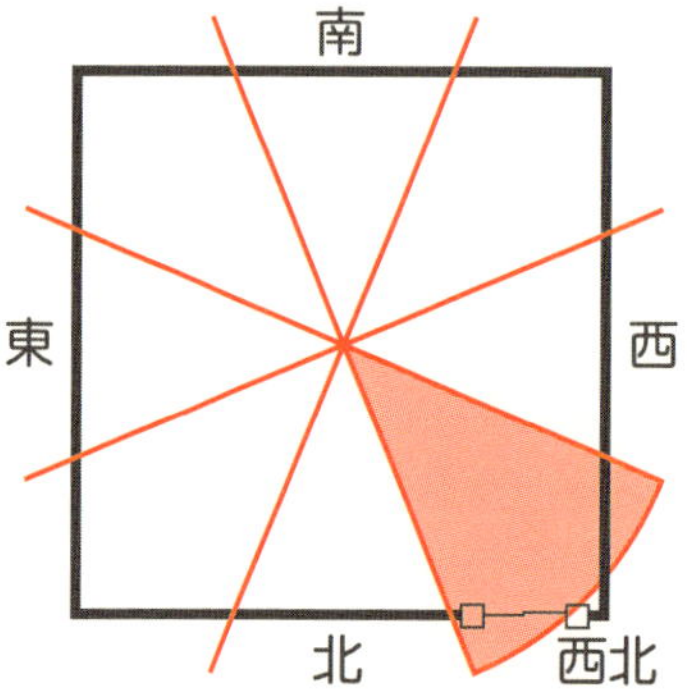

凶相の門　例.2

西南を

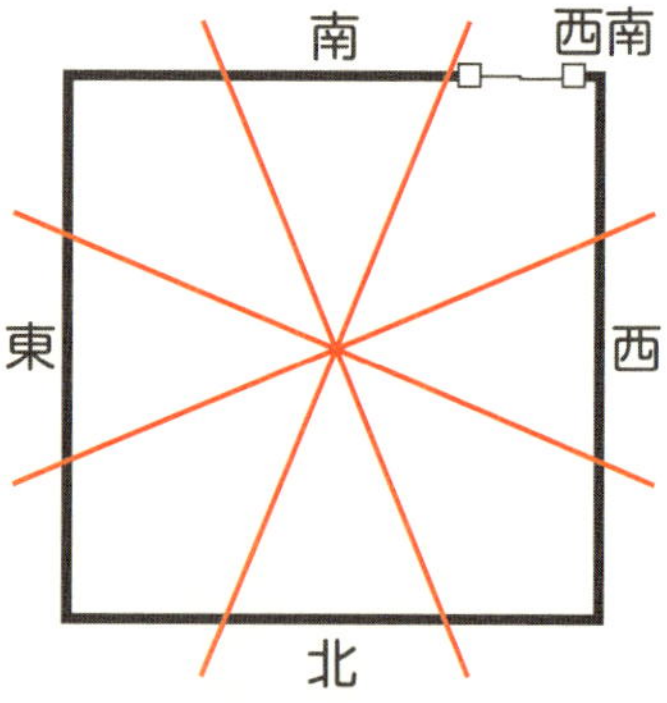

吉相の門　改築例.2

東南へ

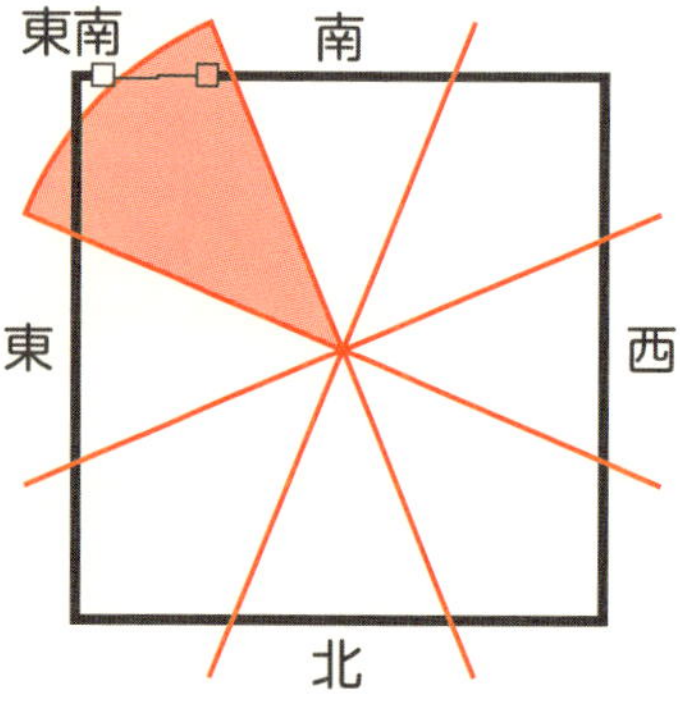

改築ができない場合の かんたん 風水活用例

凶相を軽減する樹木を植える!

塀は土地と家を守るもので、周りとの境界線を明確にする大切な役割をもっています。家の駐車場の前など、囲いがなく不用心な場合は、守りを固め悪い運気を招かないよう、チェーンをかけるなどしてきちんと囲みましょう。

門を中心とした周辺の樹木にも吉凶例がありますので、参考にしてください。たとえば、門の近くに千両や万両・あるいは万年青(おもと)の木を植えると、三代栄える大吉相になります。門が北や東北、西南、西の凶方位にあるときは、南天を植えて凶意を防ぐのもひとつの方法です。古くから南天は「難を転じる」といわれ、凶相を軽減する力があります。

また、門の周囲に青草がはびこっていると病難を招きやすくなるので、門前はいつもきれいにしておきましょう。

車庫

POINT

収蔵の方位が大吉相！

現代社会には欠くことのできない車。一家に一台が常識なら、車庫のスペースを考えたうえで設計図面を。

家相の古書には車庫の記述はないものの、吉凶に影響するとされています。本来は庭の一部分か、敷地外に駐車場を借りることがよしとされていますが、現代の住宅事情などで、一階の一部分を車庫にしたり、半地下を掘って車庫をつくり、玄関は中二階のようにすることが多いようです。しかしながら、家相上の欠けをつくってしまうケースがありますので、注意が必要です。

安全方位は、申から西の間、西から戌の間、寅から東の間、東から辰の間、巳から南の間、南から未の間、北から丑の間、そして東から南にかかる間は無難な位置と言えます。

ただし、欠けをつくって、車庫を優先すると、欠けによる凶相現象が発生します。張り出しを吉相とする方位なら、この部分を半地下にして、母屋を大きく張り出して、その下を地下駐車場として吉凶を半々に分けると良いでしょう。大きな張りに対し、地下の欠けで吉凶のバランスを保ちましょう。

無難な車庫の方位

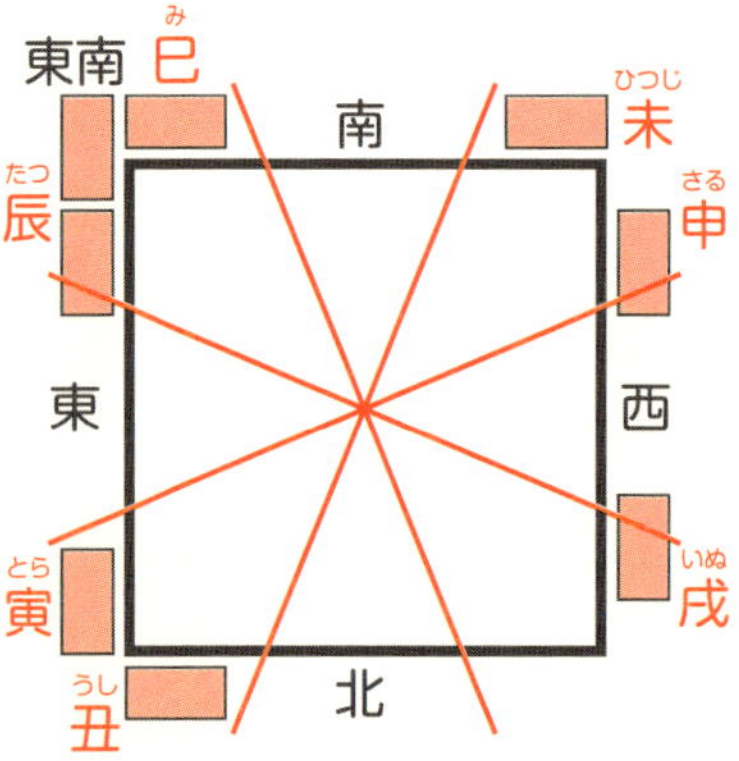

車庫が欠けになる場合

西北の角地

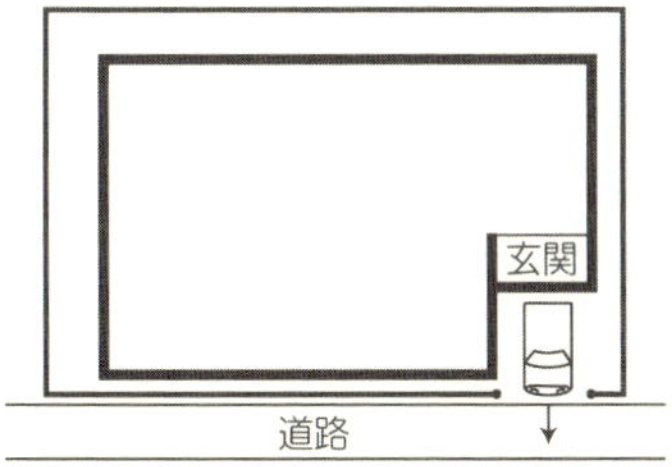

西北の玄関は吉相でも、西北の欠けは大凶相。まして玄関に向けて排気ガスを出す駐車の仕方は、頭部疾患の暗示があります。

東南の欠け

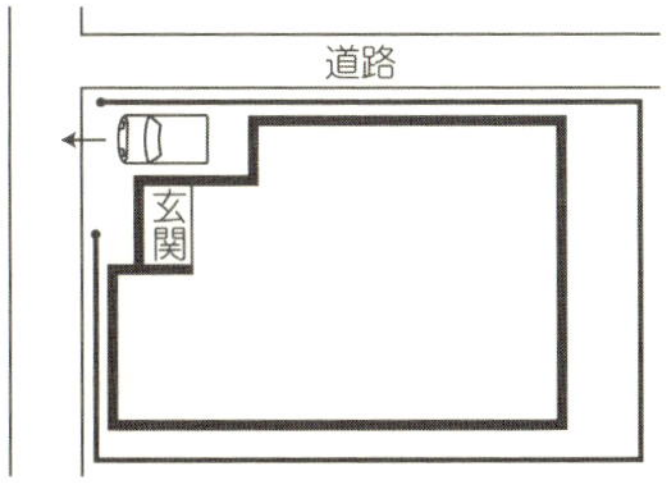

東南の角地は地相上でも大吉相ですが、東南の大きな欠けによって吉相効果はまったくゼロになってしまいます。有益な人の出入りも少なくなります。

倉庫のような車庫

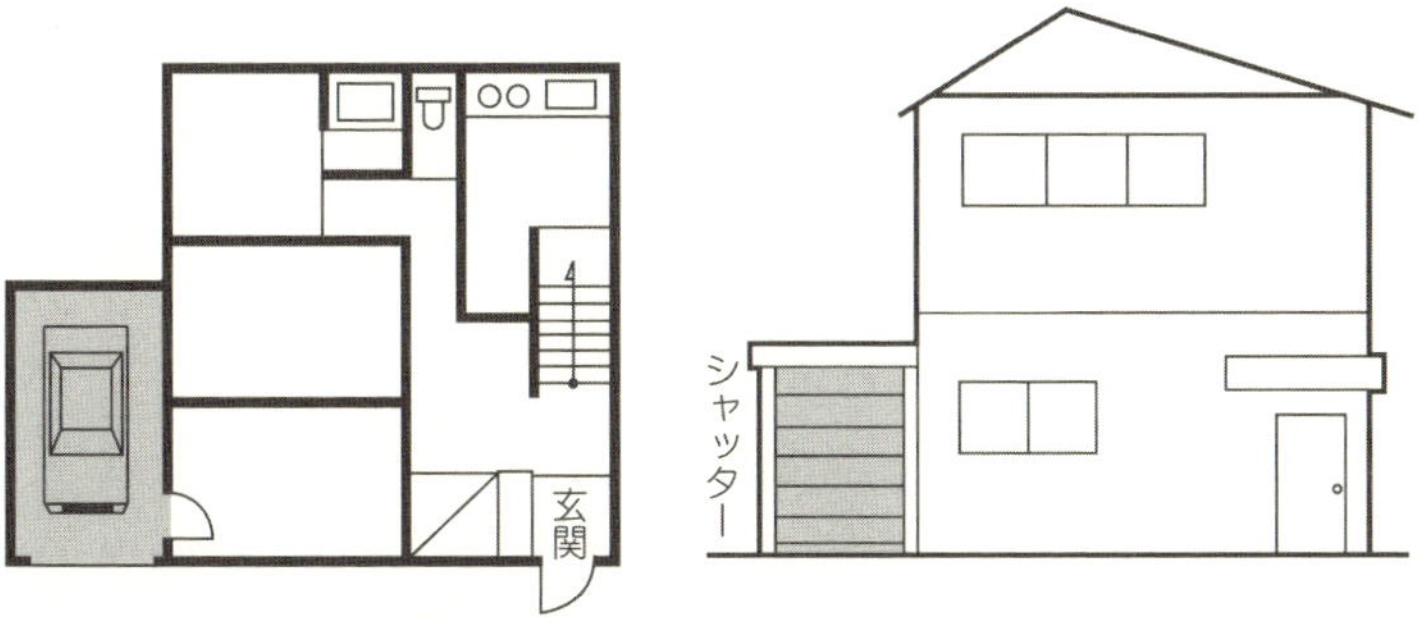

母屋に接して建てる車庫が、倉庫のように壁と屋根、シャッターなどでつくられている場合は、その大小に関わらず母屋の一部となり、欠けの原因になります。つまり部屋の一部となり、それによって家の中心がずれます。

凶相の車庫

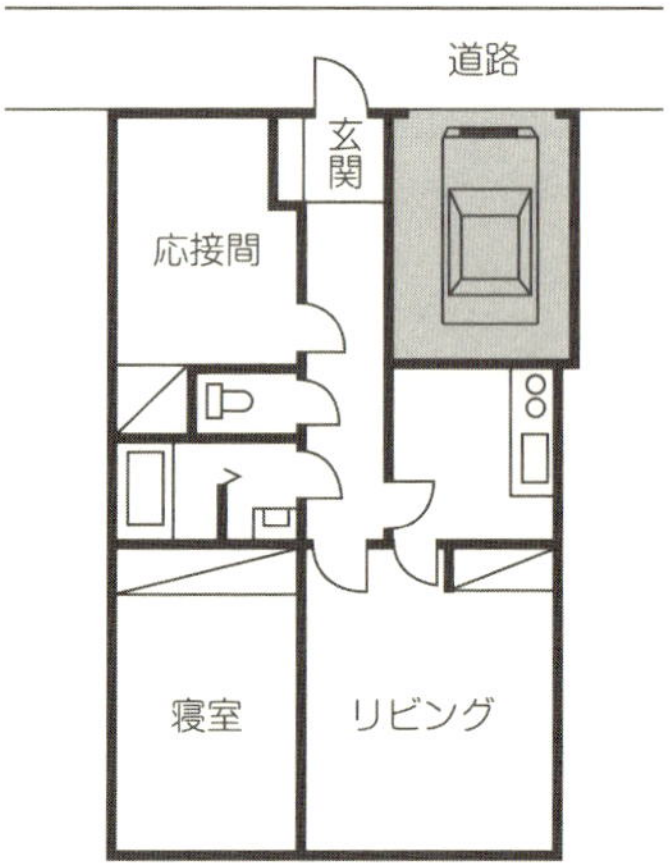

吉相の車庫

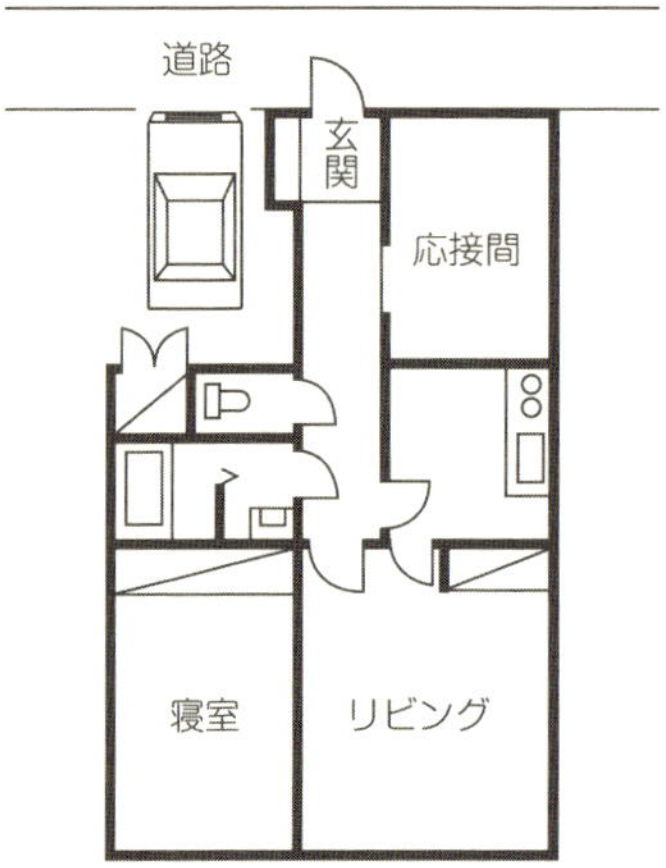

東南に屋根だけのカーポートとするか、半地下車庫とし、その上に応接間をつくりましょう。

吉相の車庫

半地下例

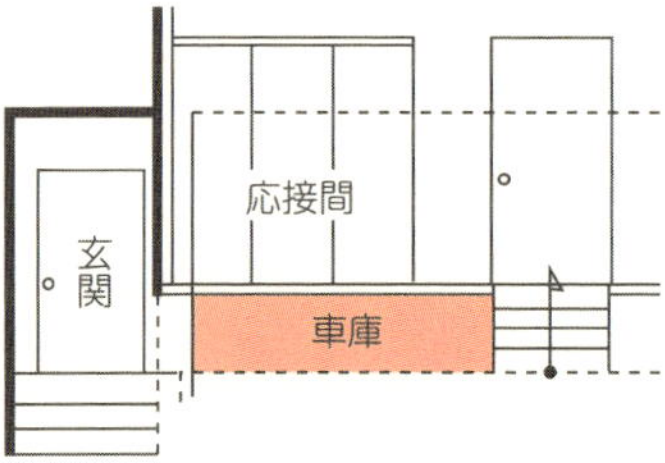

玄関は中２階となります。

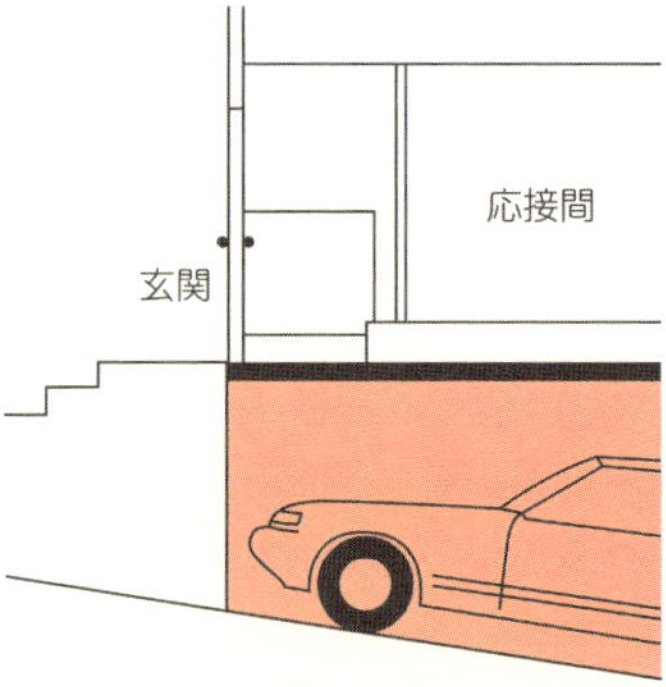

東南を半地下とすれば、その上に部屋をつくり辰・巳の欠けを補うといいでしょう。

改築ができない場合の
かんたん風水活用例

吉凶の影響を受けない車庫の形に！

車庫は開放されていることが多いですが、シャッターがある場合は、車を出したら必ず閉めて、車庫内が外気の影響を受けないようにします。

母屋の隣に車庫がある場合、敷地に余裕があれば家から二メートル以上離れた場所に車庫を移すとよいでしょう。

家と車庫の間を生垣や樹木などで仕切ったり、車庫の上をルーフガーデンのようにして草花を植えるのもよい方法です。車庫から出る陰の気を、植物が放つ陽の気が軽減してくれます。

車庫の形を、家相に影響を与えない形に変えるのもいいでしょう。柱と屋根だけの開放的なカーポートスタイルの車庫や、箱型であれば屋根が半円形または片側に傾斜した形の車庫なら、吉凶の影響を受けることがなく安心です。

庭

POINT

南を開放して庭をつくろう！

庭園は別名・前栽ともいう。たとえささやかな庭でも、朝夕これに接することは人生の生きがいを増やすもので、庭にも吉凶がある。

庭は草木を植えて空気を清浄にし、人の心を穏やかに、豊かにする働きがあるものですから、一坪でも欲しいものです。

庭を中心にする設計では、北に庭をつくることが多いようですが、家相学では、家の南を解放して庭とします。そして、東には少数の草木を植え、朝日を十分に採り入れて清潔にしていれば、理想的な構えとなります。しかし西に庭をつくり、これを朝夕眺めるのは、午後の日差しを強く受けるため、身体が倦怠感を感じる暗示があり、積極的にはすすめられない方位です。

庭園の解説図例

東から東南に泉・池、南に広げて低木・植木、西に草木、西北に築山、北に竹や少し高い常緑樹などが理想の庭となります。

庭の吉凶八方位

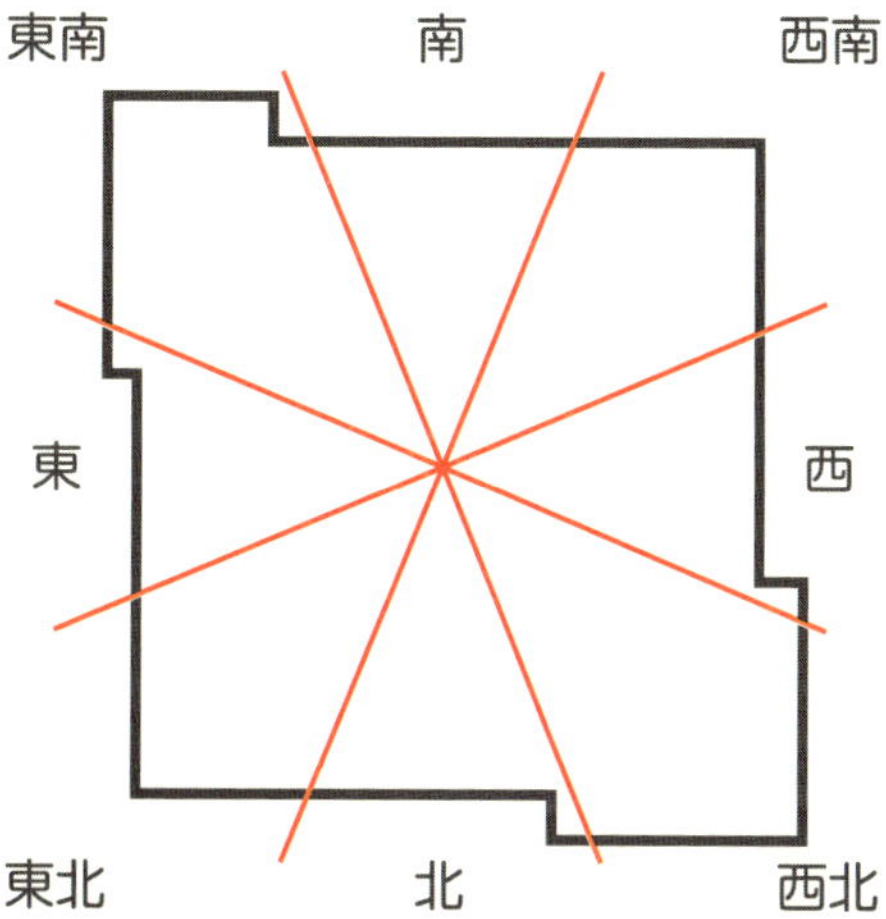

〈東の庭〉
泉や池は発展と向上の暗示があります。家族の行動力を積極的にします。ただし家に接近した築山は営業不振、無気力、ノイローゼの暗示があります。

〈南の庭〉
四季の花を植えるのが理想的。池は絶対に避けるべきで、たとえ水を循環させても大凶相です。枯山水も凶となります。

〈西の庭〉
築山の周辺に草木を植えておくと吉相になり財運に恵まれます。ただし、池や泉は一時的に吉ですが、長つづきはしません。

〈北の庭〉
築山は吉事の暗示で目下や部下運に恵まれ、仲間意識が強くなります。ただし、池や吸盤を有するつた類は病難を招くことになります。

〈東南の庭〉
どんなレイアウトでも大丈夫です。とくに泉や池は福徳を招く大吉相です。ただし二階屋根を越える大樹や築山は貧困を招く凶相です。

〈西南の庭〉
母屋に接する大樹は大凶相です。築山や池も病難を招く暗示です。とくに女性に強く影響する可能性があります。

〈西北の庭〉
築山を中心に泉や小高い常緑樹を植えておくと、社会的な地位の向上と家運の繁栄があります。乾に築山、戌・亥に池や泉水は大吉相です。

〈東北の門〉
大樹や築山はほどほどにしましょう。泉や池は家運を衰亡させる大凶相です。低い木を少し植える程度が無難です。

凶相の庭　例.1

東北や西南に植え込みが多く、大樹がある。

吉相の庭　改築例.1

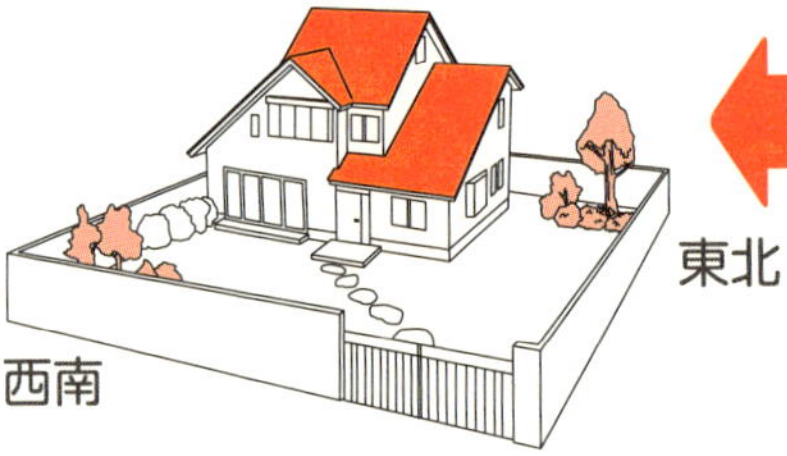

低い木に植えかえる。

凶相の庭　例.2

南の庭に池がある。

吉相の庭　改築例.2

四季の花を植える。

改築ができない場合の
かんたん風水活用例

池や泉水の水をきれいに保つ！

庭が凶相の場合は、芝生を敷いたり、木だけでなく花を植えたりして、できるだけ明るく、陽気が満ちあふれる庭にしましょう。

ただし、植木もすべて樹木がよいわけでなく、陰の作用がある木や、方位によって作用が異なるので注意が必要です。詳しくは次ページを参照してください。

また、池や泉水がある場合は必ず循環式のポンプを使って浄化し、水をくさらせないようにしましょう。たまり水の池で汚れたままでは不浄の根源になってしまい、大凶相です。

庭に大きな石を置くのも避けるべきです。古くから石には霊や魂が宿りやすいといわれていますから、陰の気を呼び込まないよう十分に注意しましょう。小砂利を敷きつめるのも大凶相にあたります。

樹木

樹木の種類によって、吉凶方位があるので注意を！

POINT
夏は涼しい空気を十分に吸収し、冬は日差しをさえぎらない樹木が最上の吉。上手に樹木を植えて、富貴繁栄の庭に。

一口に樹木といっても大樹から灌木《かんぼく》、地をはう草木、そして太くなる木から細いもの、実のなる木までさまざまです。

家相学では古来から吉とされる「陽木」と、不吉とされる「陰木」に分け、庭に植える木は陽木を中心としています。陰木は一般に寺社でよく見られる木や実のなる木をあらわしていることが多く、普通の家庭の庭に植えることは不吉であるとしています。

また、どんな家でも庭に大きな木を植え、うっそうと繁らせることは、太陽の光をさえぎり湿った空気が満ちるため凶相です。

陽木・陰木とあわせて、家の敷地内の樹木にも、それぞれ吉相を定めている方位があります。たとえば、竹をほどよく四方に植えて、青葉が繁れば商売繁盛の相になり、これに松が加われば大吉相になります。逆に、鬼門に大樹や実のなる木があると病人が絶えず、家庭内に繰り返し不祥事が起こることがあります。

樹木には方位による向き不向きもありますから、十分に考慮して植えましょう。

陽木と陰木の例

陽木
松・竹・梅・柏・桜・柿・桃・榊《さかき》・なつめ・いちい・千両・万両・楡《にれ》・木犀《もくせい》・杉・槙《まき》・柊《ひいらぎ》・樫・牡丹・ねむ・つつじ・楓・蘭・月桂樹・みかん・ゆず・赤芽柏・五月つつじ・あんず・万年青《おもと》などです。

陰木
そてつ・さるすべり・ざくろ・びわ・栗・ぶどう・梨・いちじく・楠・南天・彼岸花・あけびなど
その他葬式や不吉の時に使用される草花も避けること。

樹木の吉凶八方位

〈東の樹木〉

家運繁栄の吉兆があります。梅、つばき、木犀《もくせい》、五月つつじなどが吉で、あんず、桃、びわなどの実のなる木や、日差しをさえぎる高木のけやきなどは凶となります。


〈南の樹木〉

女性に吉事が起こる吉相になります。赤芽柏、梅、松、桐、つつじが吉で、高すぎる樹木は凶となります。ただし松は、家屋のすぐ近くには植えないようにします。


〈西の樹木〉

大樹が多くあると、女性に問題が発生します。個人的なトラブルが多く、人間関係にも支障を招くでしょう。金木犀、南天、くちなし、なつめ、ざくろなどが吉で、桃、柳、松などが凶となります。


〈北の樹木〉

「四神相応」の考えからも大吉相で、家族の健康運を高めます。竹、あんず、松、杉、けやきなどが吉です。桃、梨、バラのようにトゲのある花は凶となります。


〈東南の樹木〉

名声の上がる吉相になります。桃、つばき、桑、梅、なつめなどが吉で、ぶどう、びわ、柳、けやきなどが凶となります。


〈西南の樹木〉

大樹があると、妻子が病難にあうことが多くなり、吉方時期を見て切るのがよいでしょう。南天、梅、柊、桜、桃などが吉で、柳や木犀などが凶となります。


〈西北の樹木〉

二階の屋根に届くくらいの大樹が多くあると、主人の金銭の損失や地位の降格・病難などを招くかもしれません。松、柿、ざくろ、竹、けやきなどの常緑樹や高木は吉で、柳、桃、梅などは凶になります。


〈東北の樹木〉

広い土地であれば、大樹が吉となりますが、狭い土地や家のすぐ近くにあると子孫断絶の大凶相になります。南天、赤芽柏、梅、竹、桃などが吉で、なつめやもくせいなどが凶となります。

凶相の場合の植えかえ例

凶相の樹木　例.1

東に「けやき」がある。

吉相の樹木　植えかえ例.1

梅に植えかえる。

凶相の樹木　例.2

西南に大樹がある。

吉相の樹木　植えかえ例.2

「柊」に植えかえる。

改築ができない場合のかんたん風水活用例

吉相の木や花で凶作用を軽減！

木は落葉樹より常緑樹が好ましく、大樹などが凶の場合は、種類を変えるか、なるべく高さを低くしてあげましょう。門の近くに柳やさるすべりの木があると主人の出世を妨げるので、大小の枝が繁りすぎているときは切った方が吉相になります。

反対に、庭の木の枝葉が母屋に向かって繁茂しているのは吉相ですが、外に向かって繁ると「反枝」となり、社会的に孤立しやすくなるので、きちんと剪定して手入れすることが大切です。

また、吉相の木や季節の花を植えることで凶作用を軽減できます。鬼門となる東北や西南の方位に南天や柊、桃など、赤い実がなる樹木を植えると吉相となります。玄関の近くや庭先になつめの木を数本植えると、家運が繁栄します。

コラム

掘りごたつ・いろり

「いろり」のある家はほとんどなくなりましたが、「こたつ」はいまも人気があり、最近はフローリングの部屋に「掘りごたつ」をつくり、冬はこたつ、夏場はテーブルに使う人もいます。しかし、こたつもいろりも家相学では「火を主とした欠け」とみなし、吉相となる場所はごく限られます。

まず、どちらも家の中央に置くのは大凶相です。ここは八方位の中心であり、家の要となる場所。しかも主人の座ですから、その凶意はすべて一家の柱となる人にあらわれてきます。ほとんどは頭部を患い、ノイローゼなど精神障害を起こすことになります。

不浄とされているトイレや浴室、キッチンの近くも禁物です。こたつやいろりは火をつかさどるもの。火は清浄なもので水気を嫌い、火(か)と水(み)の衝突、つまり神の衝突を招くと考えられています。

四方の正中(卯・午・酉・子)や乾(戌・乾・亥)にあると、金銭上の損失や社会的な信用を失う問題が起きるとされ、とくに艮(表鬼門)や坤(裏鬼門)にあると、子孫にまで凶意が及ぶため、絶対この方位に構えてはなりません。

このようにほとんどが凶方位ですから、一般の家には掘りごたつをつくらない方が無難です。どうしても欲しいときは半間四方の大きさで、甲・乙と辰・巳の安全地帯に納まるようにつくりましょう。

第四章

理想のマンションの決め方！

家相における考え方

マンション全体の構造がポイント！

POINT
ビル全体の構造、つまりマンション全体のエントランス部分の構え方、階段やエレベーターの位置が大切なポイントとなる。

近年は、大都市だけでなく地方の都市でも、賃貸や分譲のマンションが増えています。鉄骨鉄筋の高層マンションを建てるのは、狭い土地を有効に活用できるためでしょう。

しかし、伝統的な家相学では、三階建て以上の建物については触れていません。これは、昔は三階以上はすべて凶相としていたためです。その理由を説明したものはありませんが、この説は木造建築を主体としたもので、近代建築が発達する以前の理論だからと思われます。

木造建築では、木材を使うとき、土台から二階までの一本柱は考えられますが、三階となると土台から三階までの長さで継ぎ目のない通し柱を手に入れることは困難です。それで、やむを得ず一本の木でなく、継ぎ足してつくった柱を使うことになります。これが家相上最も凶相といえる「お神楽普請」、つまり平家に二階を増築する形態となるわけです。そのため三階以上を凶相としたのではないでしょうか。

しかし、今日の建築学では、鉄筋コンクリートづくりのビルであれば、そうした構造上の問題は心配ありません。それよりも家相学ではビル全体の構造、つまりマンション全体のエントランス部分の構え方、汚水の配管ダスト、階段やエレベーターの位置が大切なポイントとなります。

一戸建てと違い、共有スペースの多いマンションは吉凶作用も共有します。ですから分譲の場合はもちろん、賃貸でもマンションを選ぶときには十分に考慮しましょう。

マンションのチェックポイント

①マンション全体の構え方
敷地や建物の形、道路に対しての建物の向き

②マンションの出入り口（エントランス）
道路に対しての高さや向き、明るさや構造

③階段の位置
エントランスホールに対しての位置や向き

④自室の玄関
雰囲気の明るさやスペースの広さ、方位

⑤南面が開放されているか
隣接する建物の有無、建物との距離や高さ

⑥窓の位置
窓やベランダの方位、大きさ、採光や風通し

⑦不浄となる諸設備の方位
トイレ・キッチン・浴室・ゴミ置き場など

どの方位を選ぶか

POINT
方位の吉凶は一戸建ての場合と同じ！
マンション全体の中心から見て、どの方位にあるのかをチェックする。人気のある東や東南の角部屋は、家相学的にも吉相。

マンションは半永久的な集合住宅ではありますが、一戸建ての家と同じように、マンション全体の中心から見て、どの方位にエントランスがあり、どの方位に自分が住んでいるか、または住もうとしている部屋があるかが、第一のチェックポイントになります。

同じフロアでも、東や東南の角部屋、南に面した部屋が販売と同時に売れるほど人気があるのは、太陽の採光や風通し、見晴らしがよいからだけではありません。陽の気を受ける東、東南、南の方位に向いている部屋は、家相学から見ても吉相なのです。なるべく北や東北、西南、西に向いている部屋は避けましょう。

またマンションの場合、自宅となる部屋の前の階段や通路は、道路と同じに考えます。自宅の部屋の平面図からその中心を求め、正確な真北を定めて、家相の吉凶を判断します。

マンションの自室の吉凶八方位

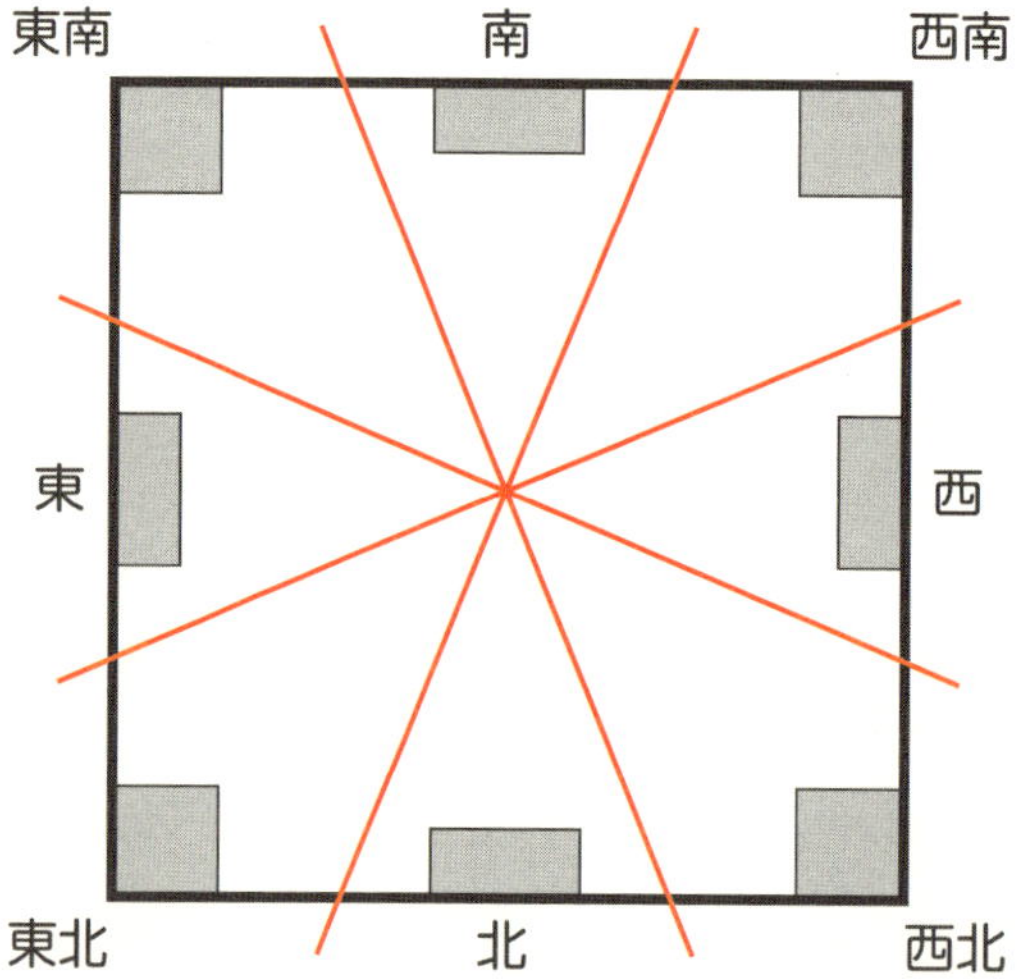

かんたん風水活用例

間取りや何階にあるかもチェック！

構造上の特徴から、マンションの部屋は建物の両サイドの角部屋と、その間にある部屋の二つのパターンに分けられます。しかし、どちらのパターンの部屋でも、一階から最上階まですべての部屋が同じ広さや間取りで構成されているとは限りません。ほとんどのマンションには、部屋の専有面積や間取りの異なった、いくつかのタイプがあります。ですから凶方位にあたる場合は、よく間取りを検討して吉相の部屋を選び、凶作用の影響を軽減しましょう。

またマンションでは、方位とあわせてどの階を選ぶかも大きなポイントです。自宅となる部屋の方位が同じでも、何階にあるかによっても吉凶が分かれます。詳しくは次ページで説明していますので、参照してください。

理想のマンションの決め方！

どの階を選ぶか

高層マンションでは中層階が吉！

POINT

マンションの場合は、自宅となる部屋が何階にあるかによっても吉凶の影響を受ける。三階より上の中層階を選ぶのが吉。

高層住宅で重要なのが「地の気」と「天の気」です。階下が最も地の気を受けやすく、上にいくほど天の気を受ける傾向が強くなります。そのため家相学では低層階は凶、中層階が吉、最上階は半吉とされます。

マンション全体の構えも考慮しなければなりませんが、自分の部屋の間取りに凶相の構えがあるときは、三階より上の階を選びましょう。凶相の間取りの影響を一番強く受けるのは、一階や二階の部屋で、三階から上の階にいくにつれて、その影響は徐々に薄くなります。

ただし、最上階にはやはり注意すべき点が多くあります。天の気が旺盛とはいっても、太陽や雨風の影響を直接受けるのは、陽の気を受けすぎる原因になり、住む人の心身に大きな影響を及ぼしてしまうからです。

階層の吉凶例

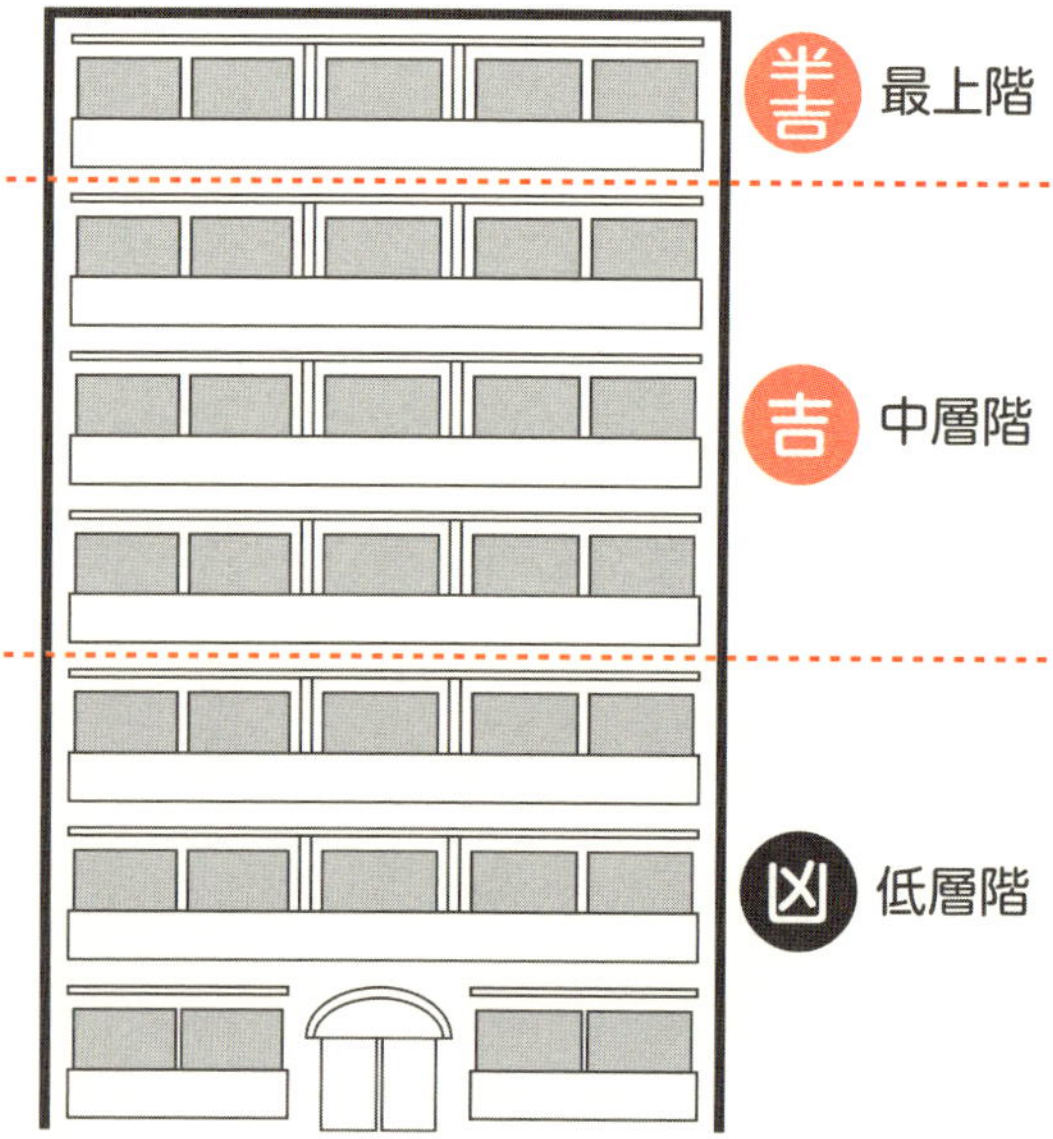

かんたん風水活用例

最上階は緑の気で凶意を避ける！

風水では奇数を陽、偶数を陰ととらえます。ですから高層マンションでは、凶意の影響を受けやすい低層階の場合でも、三階や五階といった奇数階を選ぶとよいでしょう。一階は奇数ですが、日当りが悪かったり、道路より低くなっている場合はとくに避けるべきです。

最上階は見晴らしがよく、日当りもいい反面、草花や樹木が放つ自然のエネルギーを受けることができません。また風や熱気の影響が強いため、どうしても窓を閉め切りエアコンに頼る生活になってしまいます。こうした住まいでは、家に閉じこもりがちになったり、内向的な性格になったりしますから、できるだけ外出して自然にふれましょう。室内に青々とした常緑の観葉植物を置いて緑の気で満たし、凶意を避けるのもよい方法です。

駐車場

POINT

地下や一階の駐車場は凶相！

建物だけでなく、駐車場もマンション選びの大切な要素。駐車場の方位や位置、建物との距離などで吉凶を判断する。

マンションを選ぶときには、駐車場も大切なポイントになります。駐車場は同じ敷地内にあるほうが便利ですが、方位や位置、建物との距離などのチェックが必要です。

敷地に余裕がなく、地下や一階に大きな駐車場を設けているマンションも少なくありませんが、これは家相学では凶相です。とくに地下に駐車場があると、土地に活力がなくなり、住人全体の運気が衰退してしまいます。また、健康にも悪い影響があり、住人同士が無関心となるか、トラブルが生じやすくなるでしょう。

駐車場の吉相例

同じ敷地内に駐車場がある場合は、少しでも建物と離れた場所にあるのが吉相です。方位では、建物の東や東南に駐車場を設けているマンションがよいでしょう。

建物と駐車場との間に、樹木が植えられていれば、より吉相になります。

吉相の駐車場

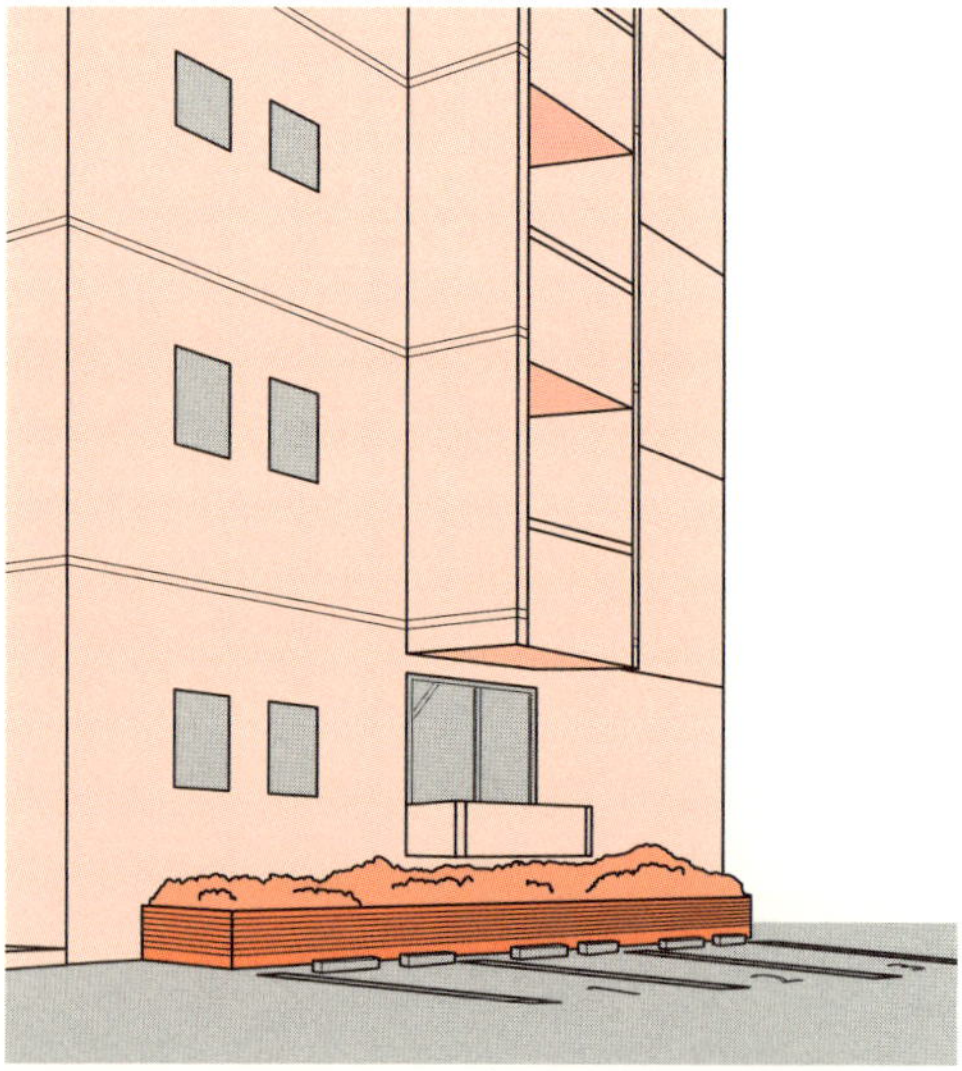

駐車場の凶相例

地下や一階スペースに大きく欠けた駐車場があるマンションは凶相です。とくに地下駐車場は、土地そのものに欠けをつくることになるため、そこに住む人全体の健康運や運気を低下させます。

鬼門の東北や西南に駐車場を設けているマンションも、避けたほうがいいでしょう。

凶相の駐車場

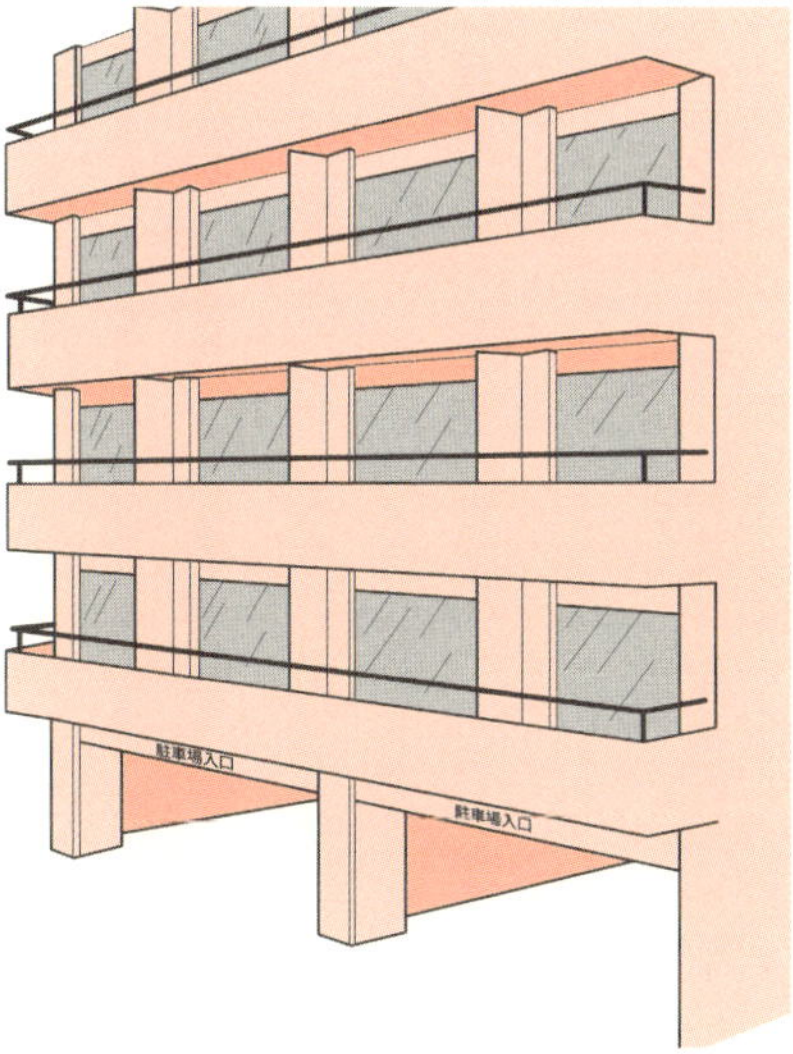

かんたん風水活用例

建物から離れた駐車場が吉

マンションの駐車場が吉方位でない場所に設けられている場合でも、建物から離れていて、間に樹木などが植えてあれば、建物に及ぼす影響が少なくなるので心配ありません。できるだけ建物から離れた場所に駐車場がある吉相のマンションを選びましょう。

しかし、敷地に余裕のあるそうしたマンションを探すのは大変です。また、同じ敷地内に駐車場があって便利とはいえ、凶相の地下や一階にあるマンションは考えもの。場合によっては駐車場のないマンションを選び、駐車場を別の場所に借りるほうがよいかもしれません。

エントランス

道路との位置関係を確認する！

POINT
マンションの場合は、方位よりも道路に対する高さや向きが重要になる。明るい雰囲気やゆったりした構造は運気を招く吉相。

マンションは、一つの建物に多くの世帯が住む集合住宅です。ですから、実際に住む部屋の間取りはもちろんですが、エントランスやエレベーター、階段や廊下などの共有スペースからも吉凶作用の影響を受けます。

なかでも多くの人が出入りするエントランスは、いわばマンションの「顔」。この構えがマンションにとって吉相であれば、よい気を多く取り込み、住む人の運気も高まります。

吉凶の基本になる方位は、一戸建ての玄関と同様に東や東南、西北のエントランスは吉相、西南や北、東北のエントランスは凶相とされます。しかし、マンションの場合は、エントランスが凶方位にあっても、それぞれの部屋の玄関が吉方位であれば、それほど大きな影響はありません。

マンションは、方位よりも道路との位置関係が大切になります。エントランスが道路より低くなっていて、階段を下りて建物の中に入るようなつくりのマンションは避けましょう。エントランスの向きが、道路に対して斜めになっている場合も凶相です。これはマンション自体の向きも同様で、道路に対して建物が斜めに建っていると、敷地内に三角形が生じてしまい、住人同士のトラブルが多くなります。

明るさや構造も吉凶を左右しますから、エントランスホール全体の雰囲気が明るく、ゆったりとした構造になっているかチェックしましょう。暗くて狭いエントランスでは、よい運気を迎えることができません。

かんたん風水活用例

明るい照明で気の流れをスムーズに

マンションは共同住宅。購入するばかりでなく賃貸もあり、この場合は購入して住んでいる人より家相による吉凶の影響は弱いと考えて良いでしょう。

風水的に見れば、家の管理や防犯、美観などエントランス部分の環境は町や村への入り口。一軒家なら門から玄関に到るところでしょう。

東や東南に位置するエントランスは家内和合して家業繁栄の暗示。人の出入りも多く出世して出てゆく大吉相の構えです。南に位置すると文学や芸術的才能に優れた住人が多く、優雅な趣味を持っています。注意したいのは鬼門に位置するエントランス。常に明るく清潔感を保たないと住人がよく変るか、生活不安や健康に問題を抱えがちです。天井が低い場合は照明で四方をしっかり照らし陽の気を発生循環させてください。

エレベーター

家相ではエレベーターは欠けとなる！

POINT

エントランスホールの横にエレベーターがあり、南東に向いていると吉相。出入り口の真正面にエレベーターがあるのは大凶。

家相では、マンションのエレベーターは欠けとなり、位置や向きで吉凶が分かれますから、必ず確認しましょう。

エントランスが東や東南、西北の方位にあるマンションは、自然と開放的になり、エレベーターもその近くにあるはずです。エントランスホールの横にエレベーターがあり、南東に向いていると吉相です。建物全体によい気を招き入れ、マンション全体の運気を高めます。エレベーターの部分が張りになっている場合は、より吉相といえるでしょう。

一方、出入り口の真正面にエレベーターがある場合は、大凶です。せっかくよい気が入ってきても、すぐにエレベーターから外に抜けてしまい、マンション全体の気の流れが落ち着かず、運気も安定しません。

また、一階から最上階までをつないで、各階で人が乗り降りするエレベーターは、外から取り込んだ気をマンションの建物全体に運ぶ、気の通り道の役割を果たします。そのため、気が乱れずに、スムーズに建物全体に流れていくつくりが理想的です。

十分な照明があり、明るい雰囲気のエレベーターになっていれば、陽の気がスムーズに建物全体に流れて、よい気に満ちたマンションになります。逆に、暗くて寂しい雰囲気のエレベーターでは陰の気がこもり、住んでいる人にも悪い影響が及んでしまいます。安全や防犯の面からもよくありません。

かんたん風水活用例

自室の玄関に「陽木」の絵や写真を

ビルにおけるエレベーターと階段は、建物にとって「煙突」の役目だけでなく空気も上下させています。陰陽学には「天気は下降し地気は上昇す」という原則がありますが、これは自然不滅の働きを意味しています。理想的なのは陰陽が交流し交錯する東から南にかけてであり、西南方の一部分であります。

しかしここで大事なのは、エレベーターから降りたとき自分の部屋へどの方位に向って歩くかです。東から西南に向うなら社交性や仕事運に恵まれる気が取り込めます。しかし西や西北に向う部屋は財運に恵まれません。また北や東北に向う部屋は家運衰退して次々と難題に取り組まなければなりません。もし凶の暗示なら、その回避法は陰気が最も嫌う「陽木」の描かれた絵画や写真、あるいは植木を玄関を開けたところの目に付く場所に飾りましょう。

その他の設備

設備の管理も吉凶のカギになる！

POINT
階段や通路、ゴミ置き場など、設備の管理がしっかりしたマンションは吉相。管理が行き届かないと住人の運気も低下する。

マンションの階段や各フロアの通路も、エレベーターと同じように気の通り道になります。太陽の光が届かない場所にあっても、照明が十分で明るい雰囲気であれば、陽の気がスムーズに流れるので問題ありません。階段や通路の照明が切れたままになっていたりすると、気の流れが滞ってしまいます。通路に不用品が乱雑に置かれているようなマンションも、住んでいる人の運気を低下させます。

また、ほとんどのマンションでは、建物の裏手などに非常階段があります。ここからも陰の気が入りやすいので、照明は十分か、安全なつくりになっているか、チェックしましょう。

共用スペースで最も気がよどみやすいゴミ置き場も、マンション全体の運気にかかわりますから、方位や位置に注意が必要です。

ゴミ置き場は不浄とされ、吉方位はありませんが、西日が当たらない北の方位はよいでしょう。西向きにあり、風通しの悪いゴミ置き場は大凶です。人がよく通る場所や目に付く場所にある場合も、凶相になります。

掃除が行き届いているかどうかも吉凶に影響しますから、管理のしっかりしたマンションを選ぶことが大切です。周辺に臭気が漂っているようなゴミ置き場は、マンション全体が陰の気で覆われ、運気の衰退を招きます。臭気が外にもれたり、カラスがゴミを散乱させたりしないよう、ふたが閉まる箱型や物置型のゴミ置き場であれば、凶意を生じることはありません。

かんたん風水活用例

福運を呼ぶ吉祥アイテムを活用！

やはりマンションは集合住宅であって建物全体の中の一つの家屋にすぎません。家相の目指すところは、雨露風水を避け寒暑を凌ぎ、安眠休息するための防備を考えた知恵から家内和合と家業の繁栄を導き出す理法なのです。

そこで考えられることは、マンションを購入するときの注意点です。それは自分の部屋の明るさです。日照条件はさることながら、一日中照明を付けていなければならない部屋がいくつあるかです。その部屋は陰の気が充満するばかりでなく、徐々に家人の誰もが生気を失い運気も衰退してゆきます。明るく爽やかな風通しの良い部屋を一つ二つと確保できたなら安心。また、それぞれの部屋にも東西南北はあります。ぜひその部屋を吉祥アイテムでレイアウトして福運の気、陽気を育てておきましょう。もちろん整理整頓をしてから…。

マンション自室のかいうんオススメ間取り

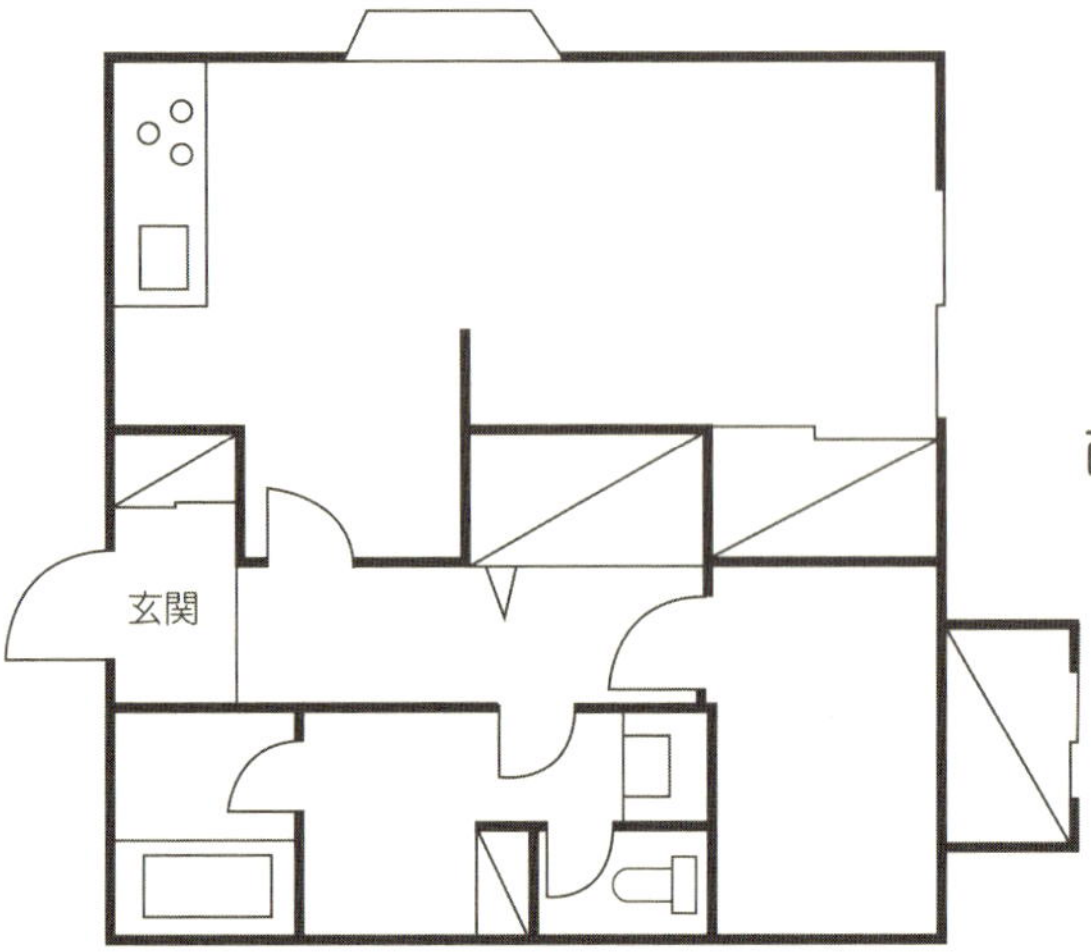

玄関

東にある玄関は大吉、東南や南も吉相です。ただし、方位がよくても暗くて乱雑では陽の気が入りません。西南の玄関は大凶相、北は凶相です。

キッチン

東と東南が吉方位で、南、西南、西、東北は凶方位です。ガスコンロ（火気）と流しの位置、清潔感も大切で、東南の辰・巳は大吉相です。

トイレ

玄関とキッチンから離れたところにあるのが理想的です。不浄とされるトイレに吉方位は少なく、とくに各方位の正中にかかる場合は避けます。

リビング

日当たりや風通しがよく、家族の憩いの場になるのが理想的なリビング。東や東南の方位は大吉、南は吉で、西と北は凶方位になります。

◆第五章◆ 家相学とは？

家相学とは？

家相とは？

大自然の「気」の働きに基づく家相

POINT

自然界の「気」のルールを背景に、人間生活のあり方を追求するのが家相学。家の「相」は、住む人の運命に大きく関係する。

私たち人間は、大宇宙に抱かれて生きています。宇宙の中の地球、その地球環境にある限り、大自然の意志によって働く「気」のルールを背景として生きていかなければなりません。こうした自然律をバックに、人間生活のあり方を追求する学問が「家相学」です。

人間は常に、大気の現象や地球磁場の活動から大きな影響を受けながら生活しています。人生の幸・不幸や吉凶禍福は、これら大気の法則や磁波の影響、自然現象といったルールに支配されて起きる、流れのひとつなのです。

家相や地相の基本原理は太陽光線と空気の流通であり、そこから発生する電子イオンや磁波の作用を考えていくものです。家相学では、自然界の気を十分に取り入れられる家を吉相、気が滞るような家を凶相と考えます。具体的には換気、日照、保健衛生、防災などの問題となりますが、今日ではそれに加えて家の外観や動線、使い勝手なども考慮されています。

そこで、まず家相の基本の「張り」や「欠け」といった家の形と、玄関・階段・キッチン・トイレ・浴室などの諸設備の配置から、家が持つ特有の気の流れを想定します。そこから家相学による吉凶を判断し、住む人との調和（吉）・不調和（凶）を調べます。住宅の吉凶は住む人の運命に大きく関係し、吉相に構えた家に住むことで、家族それぞれが自分の持つ潜在能力を最大限に発揮し、精神面や肉体面の強化、運勢の向上をめざすことができるのです。

地形（四神相応）について

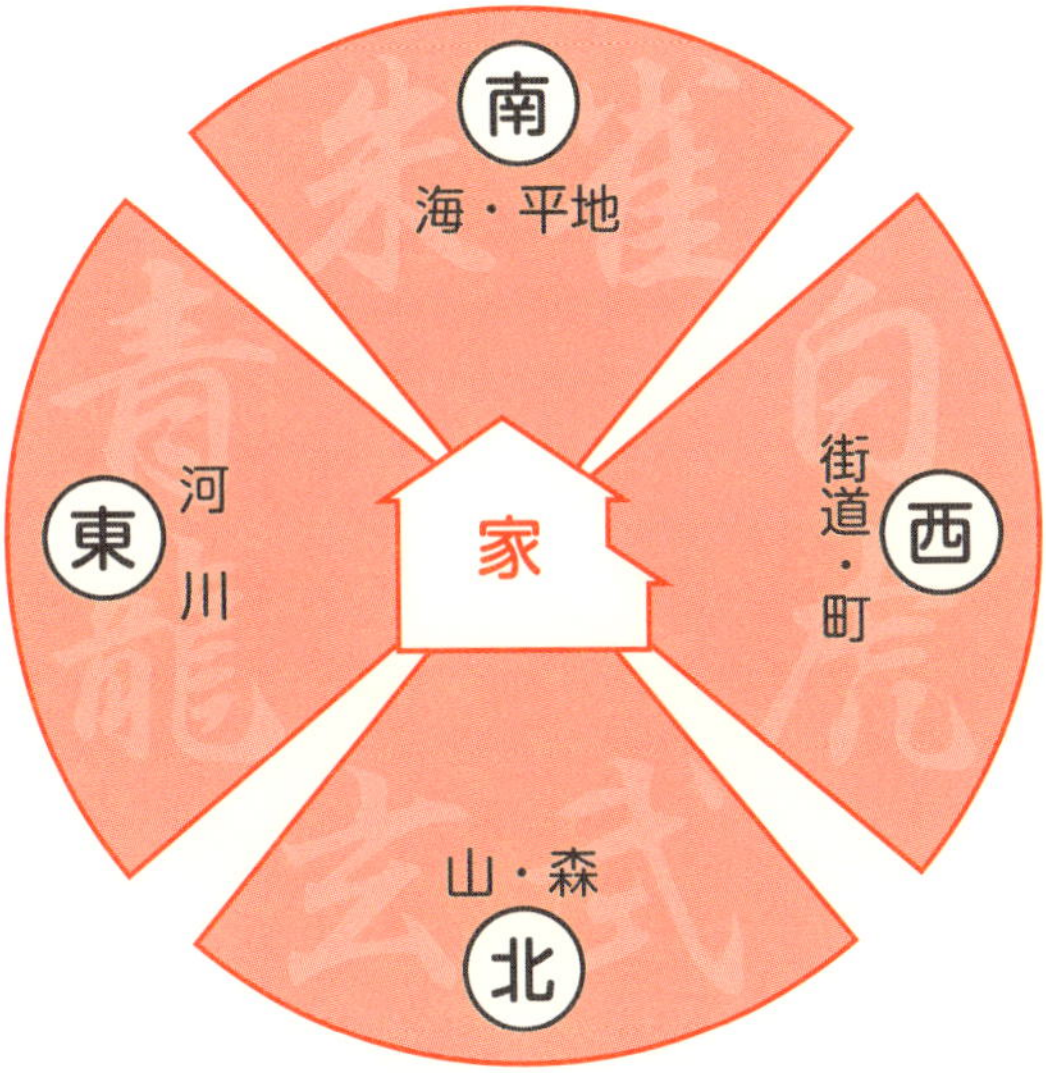

住居やその他の建物は、「四神相応」と呼ばれる環境に建築することが家相学の最も大切な基本原則であり、無病息災・富貴繁栄の構えとされています。

古代の日本は、天皇が即位されると必ず遷都か遷宮が行なわれていました。風水の理法によって佑気という「気」を常に求めて動いていたのです。その証拠に、奈良や京都、江戸などの都は、この四神相応の地に建造され、配置・構成されています。

四神は、青龍・朱雀・白虎・玄武という天の四方を守る神のことで、青龍は東、朱雀は南、白虎は西、玄武は北を意味します。

四神相応の地とは、東に河川や学校、住宅街など、南に海や湖、官公庁街や市街地、なだらかに低く開けている土地、西に道路、飲食街または商店街、北に山や丘陵、高台、森や林、高い建物、神社仏閣があることをあらわしています。これらの条件を満たす土地が勝地とされ最大の吉相であり、四神相応と呼ばれている土地です。

新築の心得

家を新築するときは、まず方位の吉凶を定めることが最も大切です。

新たに土地を求める場合は、吉方位を選んで地相の吉凶をみます。南から東に向かって低くなっている地相、東か南に道路がある土地、北側が高くなっているか高い建物がある地形は吉相です。三角形の土地、崖に面した土地、沼地や湿地、墓地跡や焼け跡の土地、抜け道がなく行き止まりになる地形は凶相になります。

家を壊して新築する場合には、住んでいる家族はそれぞれの九星から一番良好な吉方位を選び、一時的な仮移転をします。そして必ず一、二か月、最低でも二十一日間、空き家にしてから全部取り壊します。一時しのぎに家の半分だけを壊し、残りの半分のほうで生活する人もいますが、これは家相の原則を侵すため、新築完成のときにすでに災いの芽が出ていることがあります。

地鎮祭

地鎮祭は土地鎮めのお祭りのことで、これからその土地に住む者として、土地を治める神様に対し、基礎工事前に工事の無事安全を願います。最近は施主不在で執り行なったり、省略することがありますが、今後代々と住むわが家の土地に対する鎮魂と祈願の心をあらわし、土地を浄めるためにも必要な行事です。

手順は次のようになります。

①吉日を選びます。

六輝＝大安・友引・先勝

二十八宿＝房・牛・室・壁・昴・鬼

十二直＝建・満・平・定・開・成

②氏神様の神主に地鎮祭を行なうことを伝えて、当日必要なものを聞きます（酒・米・塩・神饌物など）。建築業者や施工者に依頼する場合が多いです。③当日は、家族と工事関係者全員が立ち会い、鍬入れ・玉串奉奠を行います。④式典後、直会《なおらい》（祭

事のあと、供物や酒を分けて食べる宴会）をします。赤飯や菓子などのお土産を用意する場合が多いです。⑤神主へのお礼は、直接うかがうのが正しい方法です。お車代は別に用意するのが礼儀です。

上棟式

家の土台ができあがり、柱・棟・梁などの基本的な骨組みが完成すると、家屋の棟木を上げるにあたって、大工や建築関係者たちが神様を祭り、今日までの無事安全に感謝します。さらに今後の棟木を組み、家が完成するまでの工事の安全を祈願する神事を行ないます。

これが一般的な上棟式ですが、現在は儀式というより施主が建築関係者をもてなす「お祝い」の意味が強くなっています。地域によっても異なりますが、一般的な住宅の場合は神主は呼ばず、現場監督が式を進めることがほとんどです。

日取りは、工事の進み具合を見計らって、地鎮祭と同様に吉日を選んで執り行ないます。

用意するものは、すべて建築関係者に任せたほうが失礼がなくて安心です。ただし、列席者にふるまう酒、料理、菓子、お礼などは、あらかじめ用意しておきましょう。

家相の七つのタブー

①門塀を家より先に造ること。
②二軒の家を一軒にリフォームすること。
③掘りごたつや中庭を家の中心に造ること。
④柱に陰木や逆木を使うこと。
⑤崖や土手に接近した家。
⑥家内に病人や妊婦がいるときの建築。
⑦表鬼門に吹抜けや天窓を造ること。

方位とは？

POINT

家相の方位盤は二十四山に均等分割！

家相の吉凶を調べる方位盤と、移転や旅行、土地売買などで基本とされる気学の方位盤とは異なるので、間違わないように。

現在、方位には二通りの見方があります。一つは干支（天干と地支）、一つは九星を使って判断する方法です。

家相をみる場合は、左の図で四方の正中四十五度と四隅四十五度の八つを方位とします。この四方の正中とは、東西南北（卯・午・酉・子）を十干（甲・乙・丙・丁・庚・辛・壬・癸）ではさんだ計四十五度のことです。方位では戊・己は含みません。また四隅とは、易の四つの象（巽・坤・乾・艮）を八つの地支（辰・巳・未・申・戌・亥・丑・寅）ではさんだ計四十五度のことです。

このように家相の方位盤は、二十四山に均等に分割されます。まず東（卯）から十五度をはさんで、東北寄り十五度を甲、東南寄り十五度を乙とします。南・西・北も同様に十干をあて、各四宮を方位別に分割します。また、東北は艮を中心にして東寄りに寅、北寄りに丑をあてはめていきます。東南・西南・西北も同様に地支をあて、各四宮の方位別に配分されています。

注意したいのは、移転・旅行や土地売買などで基本とされる気学の方位盤（二二の図）との違いです。これは地支（十二支）を基本として八宮（八方位）が配当され、円周三六〇度に十二支を配分します。そのため四方の正中は各三〇度ずつとなり、東に卯、南に午、西に酉、北に子が位置します。ほかの四隅は、一隅あたり二つの地支が配当され、一隅が六〇度ずつとなります。この変形八方位盤は方位鑑定に用いるもので、家相の吉凶を調べる方位盤とは基本的に違うのです。

方位盤［一］

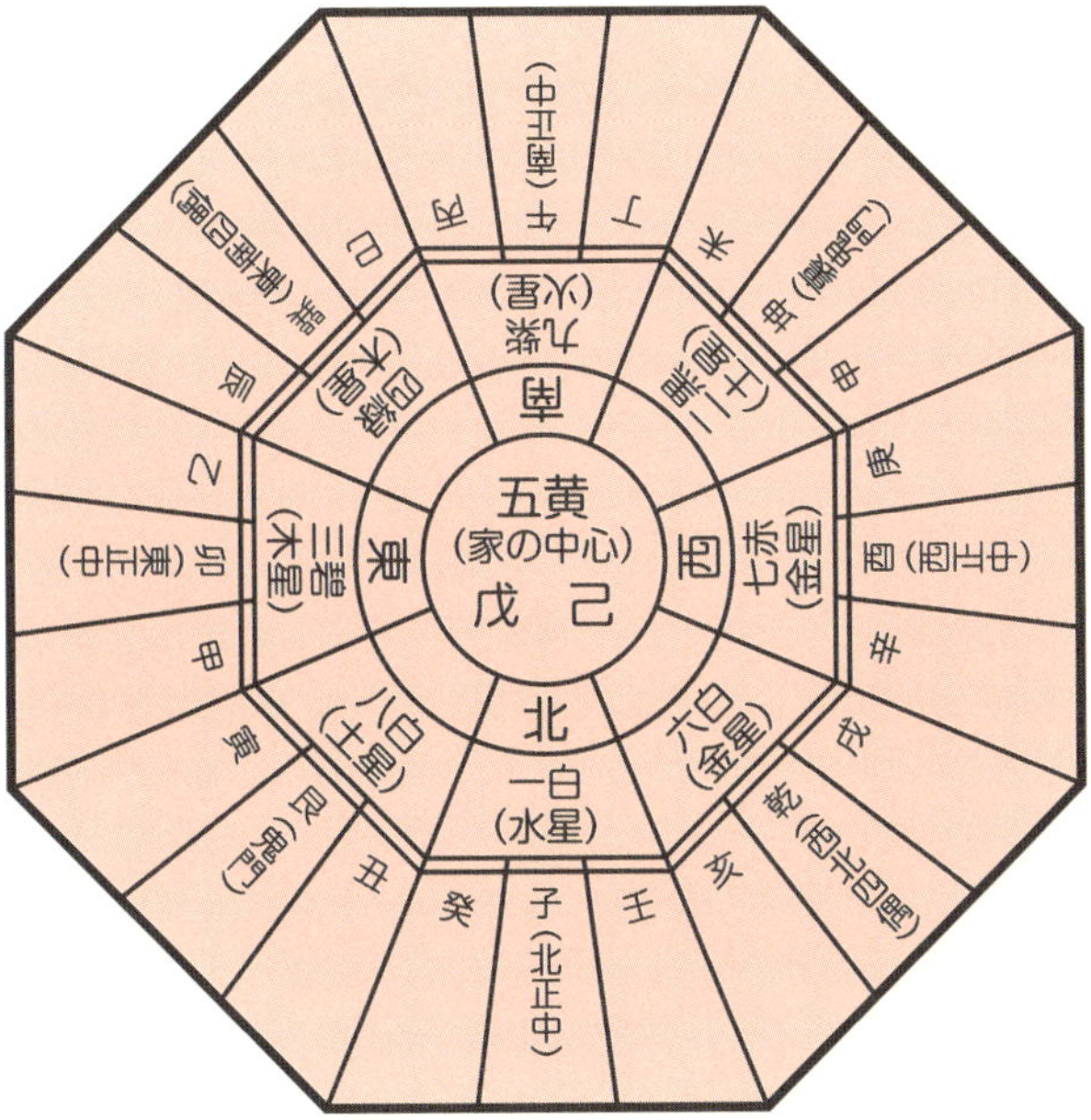

古来より伝えられてきた「風水の術」の家相・地相盤は、あくまで円周三六〇度を二十四山、それぞれ各十五度に均等分割したものです。四方の正中と四隅を四十五度ずつ等間隔に区分し、その八宮をさらに三分割して全体を二十四室に分け、それぞれの方位としています。

上の家相方位盤は、北から順に子・丑・寅・卯・辰・巳・午・未・申・酉・戌・亥が四方の正中に一つ、四隅に二つ配置され、十干のうちの戊と己を除く八つの干が四正に配置されています。さらに、易の艮・巽・乾・坤が四隅に位置しています。十干のうちの戊と己は、土星となるので中央に配置されています。ここに九星も重なって、北に一白、東北に八白、東に三碧、東南に四緑、南に九紫、西南に二黒、西に七赤、西北に六白が位置し、それぞれに五行の木・火・土・金・水が組み合わされています。

方位盤［二］

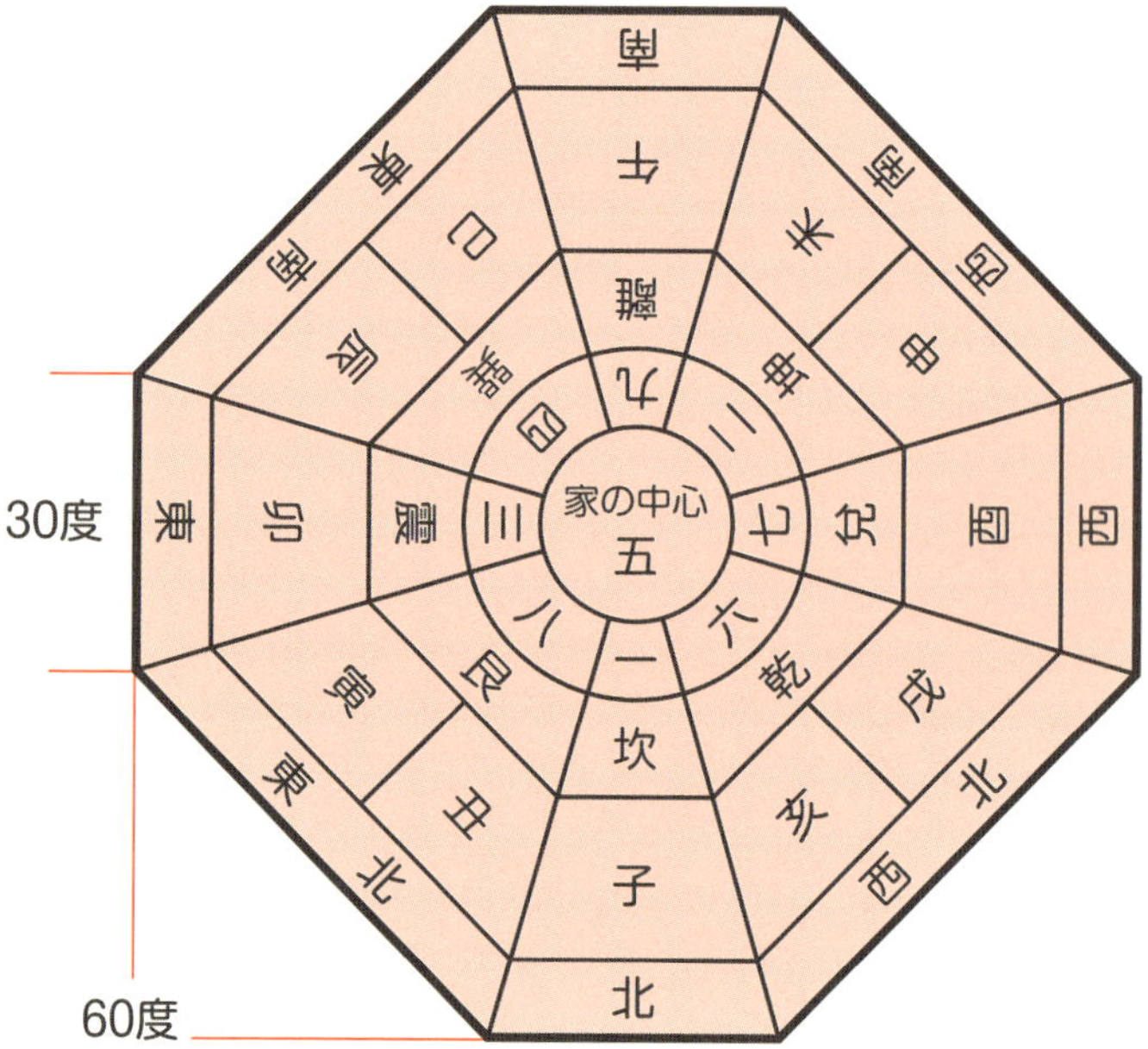

この方位盤は八方位ですが、普通は各方位に四五度をあてはめることが多く、ここが家相学の方位盤と異なるところです。

上の図を見てください。外側は、東西南北と東南・西南・西北・東北といわれる方位です。角内は十二支による方位で、それぞれが三〇度に分けられています。その内側は、易による四方の正中三〇度、四隅六〇度に分けられます。

中央近くにある一から九までの数は九星によるもので、一は一白水星、二は二黒土星、三は三碧木星、四は四緑木星、五は五黄土星、六は六白金星、七は七赤金星、八は八白土星、九は九紫火星をあらわしています。しかし、九星は、その年・月・日・時間によって移動するので、常にこの位置にあるわけではありません。この図はあくまでも九星の定位として示されたものです。

九星・本命星について

　九星とは、古代中国に伝わる洛書の図にある九つの星に、五行説による木・火・土・金・水の五気を組み合わせたもので、一白水星、二黒土星、三碧木星、四緑木星、五黄土星、六白金星、七赤金星、八白土星、九紫火星があります。

　気学において吉凶を判断するには、まず自分や家族が何の九星かを知らなければなりません。これは、それぞれの生まれた年によって決まり、自分の九星を本命星といいます。何の九星にあたるかは、暦に掲載されている年齢早見表を見てください。

　この本命星は、生涯変わることなく、その人の持って生まれた性格にも影響し、毎年、毎月、毎日の運勢を知ったり、方位の吉凶を調べるのに重要な役割を果たします。

　ただし、九星は旧暦に基づいているため、その年の一月一日から立春前までに生まれた人は、前年生まれの人と同じ九星が本命星になります。たとえば、新暦では同じ年の生まれでも、立春前の生まれは四緑木星、立春後の生まれは三碧木星というように、一日違いで本命星が異なりますから注意が必要です。これは、干支《えと》の場合も同様です。

　また、九星は、一定の規則にもとづいて進行しています。星は、八方位の中央から西北、西、東北、南、北、西南、東、東南の順に移動していき、再び中央に戻ります。このリズムにしたがって九年サイクルで繰り返すのです。それによって個人の運勢が支配され、吉凶のある方角も移り変わります。

　方位盤上の自分の本命星の位置と吉神が重なりあう方位、相生する星が位置する方位が吉方位で、運勢の向上をにつながります。逆に、この位置に凶神があると凶作用を及ぼします。

相生・相剋について

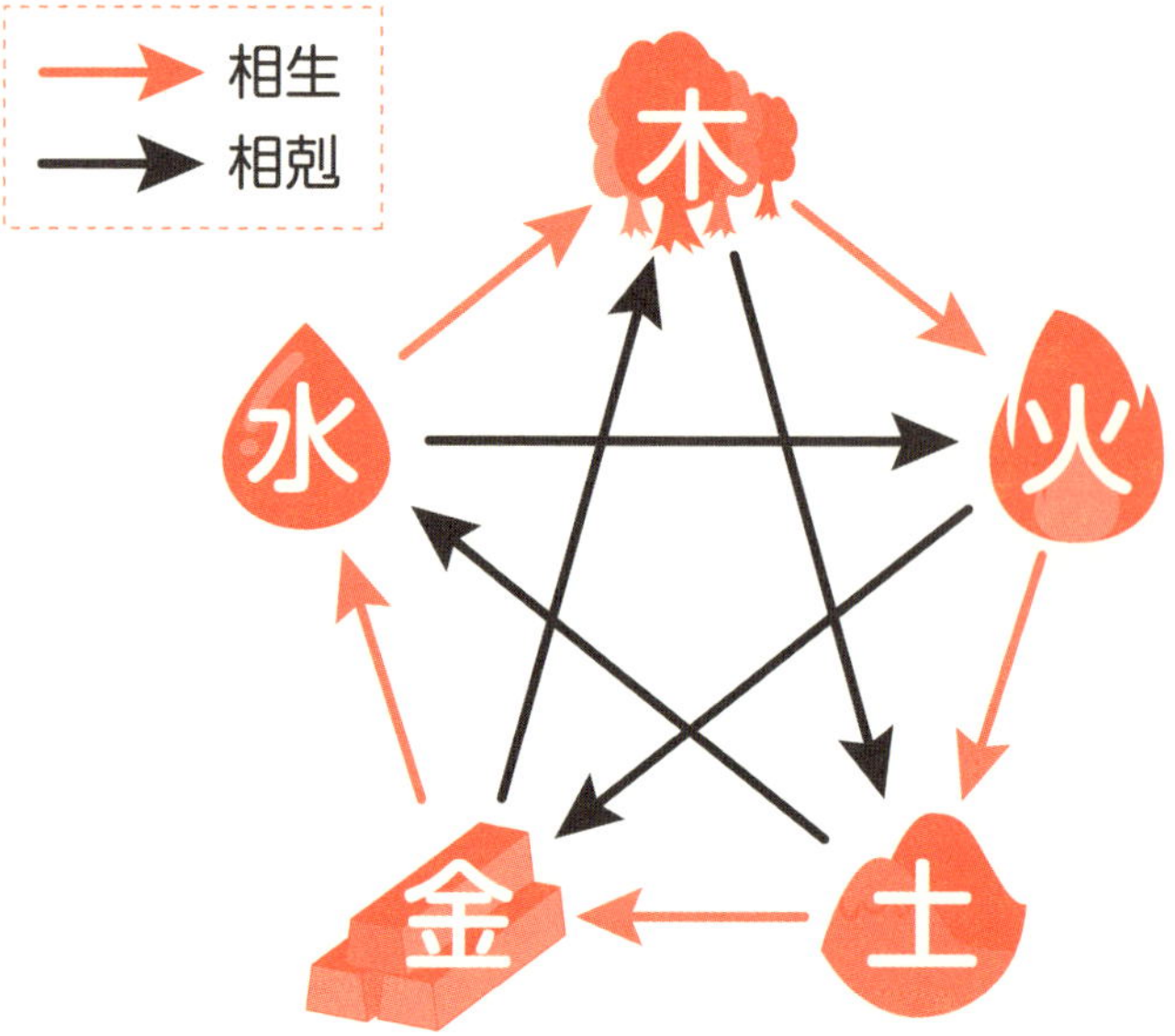

「相生」と「相剋」は、木・火・土・金・水の五気と五気との相対的な吉凶をあらわします。

「木は燃えて火を生み出す。火は燃えて灰となり土となる。土は鉱物（金）を生み出す。金（鉱物）は水を生み出す。水は草木の発育を助ける」と考えられていることから、木と火、火と土、土と金、金と水、水と木の組み合わせは、互いに協力し助け合うとされています。このような吉の関係を相生といいます。

一方、「水は火を消してしまう。木は土の養分を吸い取る。火は金を溶かしてしまう。土は水を濁らせる。金（金属）は木を削る」という性質から、水と火、木と土、火と金、土と水、金と木は互いが反発しあう関係とされ、これを相剋といいます。

新築や移転は、その人の本命星と相生の九星が位置している方位を選ぶことが大切です。

吉凶方位について

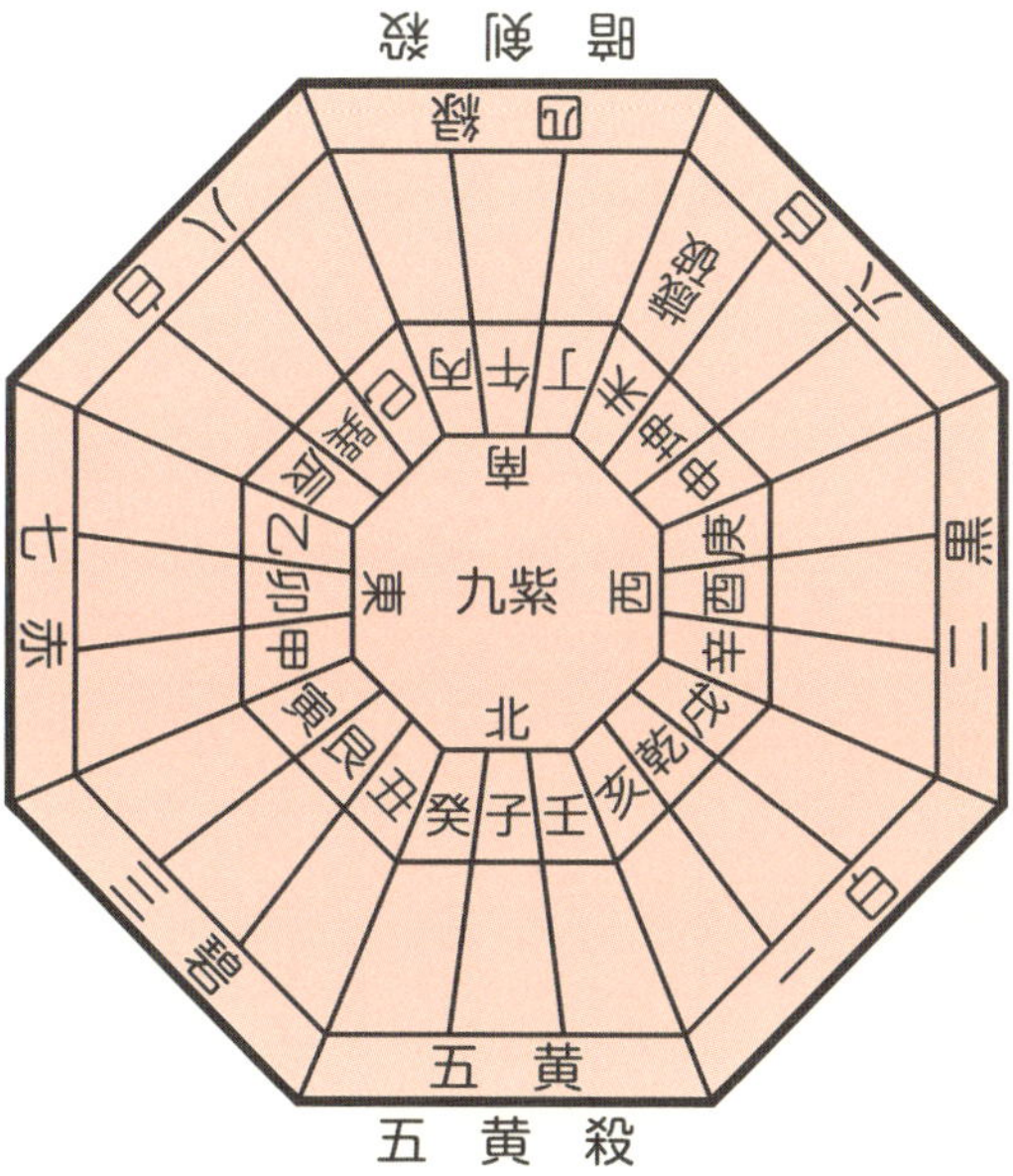

方位の吉凶を調べる目的によって、吉方位の選び方が異なりますから、まず目的を確認しましょう。次に、自分や家族の本命星、月命星を調べます。吉方位の選定は、次の通りです。

●小さな増改築の場合は、月と日が吉方位となるように、大きな増改築などの場合は、年と月が吉方位となるように選定します。

●家の半分以上にわたる増改築や建て直しのための仮移転の場合は、仮移転する方位と完成したときに戻る方位とをチェックしたうえで、年と月が吉方位であり、日も大安吉日になるように選定します。

●新築、家を購入しての移転は、年・月・日ともに吉方位となる日を選定します。

また、凶方位には「五黄殺」「暗剣殺」などの「五大凶殺」があります。この大凶方位については、次ページから詳しく説明しています。

五黄殺（ごおうさつ）

五黄土星が位置している方位を、その年の「五黄殺」といいます。この「五黄殺」の方位は、誰にでも共通する大凶方になります。

したがって、この凶方へ向かっての移転、改築、新築など、何か事をすることは、病気、事故、トラブルなどのあらゆる凶災を招きます。ことに土を動かすことは大凶ですから、絶対に避けるべきです。ただし、五黄土星の本命星の人がいつも「五黄殺」という凶運をもっているわけではありません。

暗剣殺（あんけんさつ）

五黄殺の真向いにあたる方位が、「暗剣殺」というもう一つの大凶方になります。五黄殺と並んで凶作用は強烈です。文字通り病難、盗難、家庭の紛糾、事業の失敗など、予想外の災禍が突然ふりかかってくる方位ですから、この方位への移転、建築は避けてください。

また、「暗剣殺」が自分の本命星に入っている年は、運勢全般にわたって大きなマイナスの作用を引き起こされますから、細心の注意と警戒が必要となります。

本命殺（ほんめいさつ）

年の場合でも、月の場合でも、方位盤上で自分の本命星が位置している方位が、その人にとっての「本命殺」になります。

この凶方の「本命殺」に向かって建築、移転、修繕、敷地内の土の移動、伐採、植木の植え替えなどを行なうと、必ずなんらかの形で災害を被るとされています。

とくに、思わぬケガや病気を招きやすくなり、健康面への障害となってあらわれますから、十分に注意してください。

本命的殺（ほんめいてきさつ）

本命殺の真向いにあたる方位が「本命的殺」です。「的殺」とも称し、本命殺と同じように凶方位になります。

本命殺より凶の程度は小さくなりますが、この方位に向かって建築や移転などを行なうと、主に精神的なストレスが生じます。病気が起きる場合も、神経からの凶作用です。

歳破（さいは）

「歳破」というのは、その年の十二支の真向いにある十二支の方位です。

これも読んで字のごとく、物事がすべて破れ、思惑通りに運ばないという大凶方です。それまで順調に進んでいたことが、成就寸前で破綻したり不成立に終わる現象が起こります。もちろん移転、建築にもよくありません。

小児殺（しょうにさつ）

「小児殺」は五黄殺、暗剣殺、本命殺、本命的殺、歳破の五大凶殺とは別に、満六歳以下の子供を対象にだけ作用する凶方位です。

左の「小児殺方位一覧表」を見てください。陽年の二月のように、中央に小児殺がある場合は、家屋の造作、改修、屋根替えなどは絶対に避けなければなりません。子供の身にケガや原因不明の病気、事故などの災難が生じます。

〈小児殺方位一覧表〉

月	陽年○ 子、寅、辰、午、申、戌の年	陰年● 丑、卯、巳、未、酉、亥の年	男女満六歳以下の子供を対象
2月	中央	南	凶方位
3月	戌亥	北	
4月	西	未申	
5月	丑寅	東	
6月	南	辰巳	
7月	北	中央	
8月	未申	戌亥	
9月	東	西	
10月	辰巳	丑寅	
11月	中央	南	
12月	戌亥	北	
翌年1月	西	未申	

九星（五行）相生相剋一覧表

自己の本命（月命）	大吉方 生気	中吉方 和気	吉方 退気	凶方 死気	大凶方 殺気
一白水星	六白 七赤 金星		三碧 四緑 木星	九紫火星	二黒 五黄 八白 土星
二黒土星	九紫火星	五黄 八白 土星	六白 七赤 金星	一白水星	三碧 四緑 木星
三碧木星	一白水星	四緑木星	九紫火星	二黒 五黄 八白 土星	六白 七赤 金星
四緑木星	一白水星	三碧木星	九紫火星	二黒 五黄 八白 土星	六白 七赤 金星
五黄土星	九紫火星	二黒 八白 土星	六白 七赤 金星	一白水星	三碧 四緑 木星
六白金星	二黒 五黄 八白 土星	七赤金星	一白水星	三碧 四緑 木星	九紫火星
七赤金星	二黒 五黄 八白 土星	六白金星	一白水星	三碧 四緑 木星	九紫火星
八白土星	九紫火星	五黄 二黒 土星	六白 七赤 金星	一白水星	三碧 四緑 木星
九紫火星	三碧 四緑 木星		二黒 五黄 八白 土星	六白 七赤 金星	一白水星

五気（五行）所属一覧表

水	金	土	火	木	五気（行）
冬	秋	四季の土用	夏	春	四季
癸　壬	辛　庚	己　戊	丁　丙	乙　甲	十干
子　亥	酉　申	辰 戌 丑 未	午　巳	卯　寅	十二支
一白	七赤　六白	八白 五黄 二黒	九紫	四緑　三碧	九星
腎	肺	脾	心	肝	五臓
鹹	辛	甘	苦	酸	五味
☵坎	☱兌　☰乾	☶艮　☷坤	☲離	☴巽　☳震	八卦
（子宮）　耳	口 肺 首 脳	手　腰　腹	乳　目	股足 気管 神経	五体
金と木	土と水	火と金	木と土	水と火	相生
火と土	木と火	水と木	金と水	土と金	相剋
可 水＝水	小凶 金＝金	凶 土＝土	可 火＝火	吉 木＝木	比和

建築開始日の決め方

家を新築する際、地鎮祭が終わってから建築を開始する場合は、施主の年・月・日のすべてが吉日であることが望ましいのですが、通常は工事の進行状況を見計らって、日が吉日となるときに着工します。

ただし、四季を通じて春の四月、夏の七月、秋の一〇月、冬の一月にある土用の入りから明けまでの十八日間（立春・立夏・立秋・立冬の前日までの期間）と、暦における「五黄の日」や「三隣亡」の日は避けましょう。「三隣亡」は「三りんぼう」とも書き、この日に建築の開始や棟上げをすると、後日になって火災を起こし、しかもその災禍は三隣（近所）を亡ぼす大凶日であるとされています。

家の改築や一部をリフォームする場合も、施主にとって吉相にあたる年・月・日を選んで施工を開始することが大切です。

また、家を取り壊して新たに建て直す場合や、家の半分以上にわたる大改築であれば、吉となる年・月・日を選んで吉方位に転居したあと、新築の場合は二十一日間、改築の場合は二十七日間以上は空き家にしておいてから工事にかからなければなりません。

古い家には長年にわたるさまざまな因縁が滞留しているため、着工と同時に悪い作用があらわれてくるからです。そのため、一定の日数をおいて因縁の気が消えたあとに着工するのが正しい方法です。この家の「気抜き」をする期間が終わってから、建築を開始してください。

家の完成後に造園などを行なう場合も、考慮が必要です。完成に近づいてから、植樹や改善・修理工事をするときは、完成後六十日以内までに終えるよう、工事を始めます。これ以上、経過してから開始すると、方位の吉凶をあらためて調べなければなりません。

改築の心得

家族が増えて住宅が手狭になったり、長年住んで不便を感じていた場所を改築しようとすることも多いでしょう。こうした場合も、たとえ釘一本、ごく一部の改造でも、その場所や時期によって思いがけない災いを招く場合がありますから、十分に注意が必要です。

では、改築の例と注意点を説明しましょう。

①トイレの改築

トイレは不浄な場所とされ、とくに凶相の暗示が強いので、取り壊す場合には慎重な処置が必要です。まずトイレの古い設備を撤去し、その周囲約一メートル四方の土を取り除いて全体に清めの塩をまいてから、新しい土を入れて設備を埋め込みます。

②引き家について

住居の引き家をすると、必ず病人やけが人が出るといった凶事が生じます。とくに、敷地内にほかの場所から家を引いてくることは、どんなに吉方や吉日を選んで行なっても、病難はまぬがれません。

③平家に二階を増築する

平家に内階段のみを改築して、二階を建て増す場合、本来は一階の天井を全部取り除き、一階からの通し柱を最低四本、あるいは五本建てて増築します。通し柱のない二階を建て増すことは、家庭不和や家族の離散を意味するので避けなければなりません。

④屋根の修繕について

屋根の修繕は、次の日や期間に行なうと、凶事に見舞われることになります。

●五黄中宮の年・月・日のとき
●主人および家族の本命星が中宮にあるとき
●四季の土用期間のとき
●三隣亡のとき

家相学とは？

八宮論の考え方

運勢を向上させる鍵は「方位」にある！

POINT

家相本来の目的は、幸福な生活と子孫繁栄を願うもの。八方位の象意を正しく知り、人生設計に活用して開運をはかる。

住まいに自然界の気を十分に取り入れ、よい運気を招くには「方位」が最も重要となります。八宮（八方位）の原理や象意を正しく知り、人生設計にうまく活用して、運勢を最大限に向上させることが家相本来の目的なのです。

そこで、吉相の住まいにするために、日差しをいかに取り入れるか、風通しをどうするか、また住みよくするための間取りや諸設備、家の形態など、多くのテーマがあります。

また、よい家にするには、そこに住む人の職業的立場や家族構成、個人の心理など、目に見えないものも大切な要素となります。たとえば、A氏が好んで設計して住んでいた家にB氏が住んだ場合、それが吉相の家でも、同じような快適性を感じるとは限らないからです。

つまり「家」とは、住む人の性格や職業と家相が渾然一体となり、融合しているものといえます。ですから、生まれた年月が同一の人物であっても、その人の生まれ育った家や環境が違えば、同一の運命はあり得ません。

この違いは、次の理由によるものです。

①地相と居住する人の関係
②家相と居住する人の関係
③いままでに用いてきた方位の関係
④生まれ育った家相の関係
⑤先天的に持つ運命の関係（親・兄弟・男女・健康・性格など）

では、家相の背景となる八方位の事象定位と、それぞれの特徴を説明しましょう。

福徳事象定位

「運のいい人はいい相の家に住み、吉相の墓を持つ」といわれますが、家を中心とした八宮（八方位）には、それぞれ福徳成功をみる事象定位があります。この事象定位が家内安全や身体壮健、出世成功、富貴繁栄のベースとなり、住む人の運命を潜在的に左右するのです。

人は誰でも衣食住が足りて、そのうえで財産を残し、高い地位につき、健康に恵まれて長寿をまっとうする幸福な人生を送りたいと願っているものです。そうした家族の健康と安泰、子供の成長など、家庭運、健康運、金運、事業運は、すべてはこの事象定位に隠されています。そして、家が持つ独特の気の流れと、その中で生活する人間との相関作用によって、いろいろな物ごとが繰り広げられるのです。

もし、八宮のどこかに凶相があれば、その方位の事象に欠陥が生じてバランスを崩し、人生の成功は望めなくなってしまいます。

ですから、精神面や肉体面、または運勢などの活動をよくするには、家相学の事象をうまく活用し、自ら積極的に吉相の家に住むようにしなければなりません。健康や運勢が改善の方向へ向けば、人生の幸福を自らの手でつかむことができるのです。

たとえば東の震宮は、「才能の定位」とされています。東は太陽の昇る正位置で、万物発生、発育の働きを持ち、発明発見、創意工夫、研究考案など、個人の持つ才能を実現させる大切な方位です。このため、家の構えは明るいことを理想とし、東に適当な張りがあり、東側の棟が低い構えを吉相としています。

このように家相学の基本である「易」と「気学」の原理を十分に活用し実践すれば、開運も可能となっていくのです。

象意図（人事・事象の部）

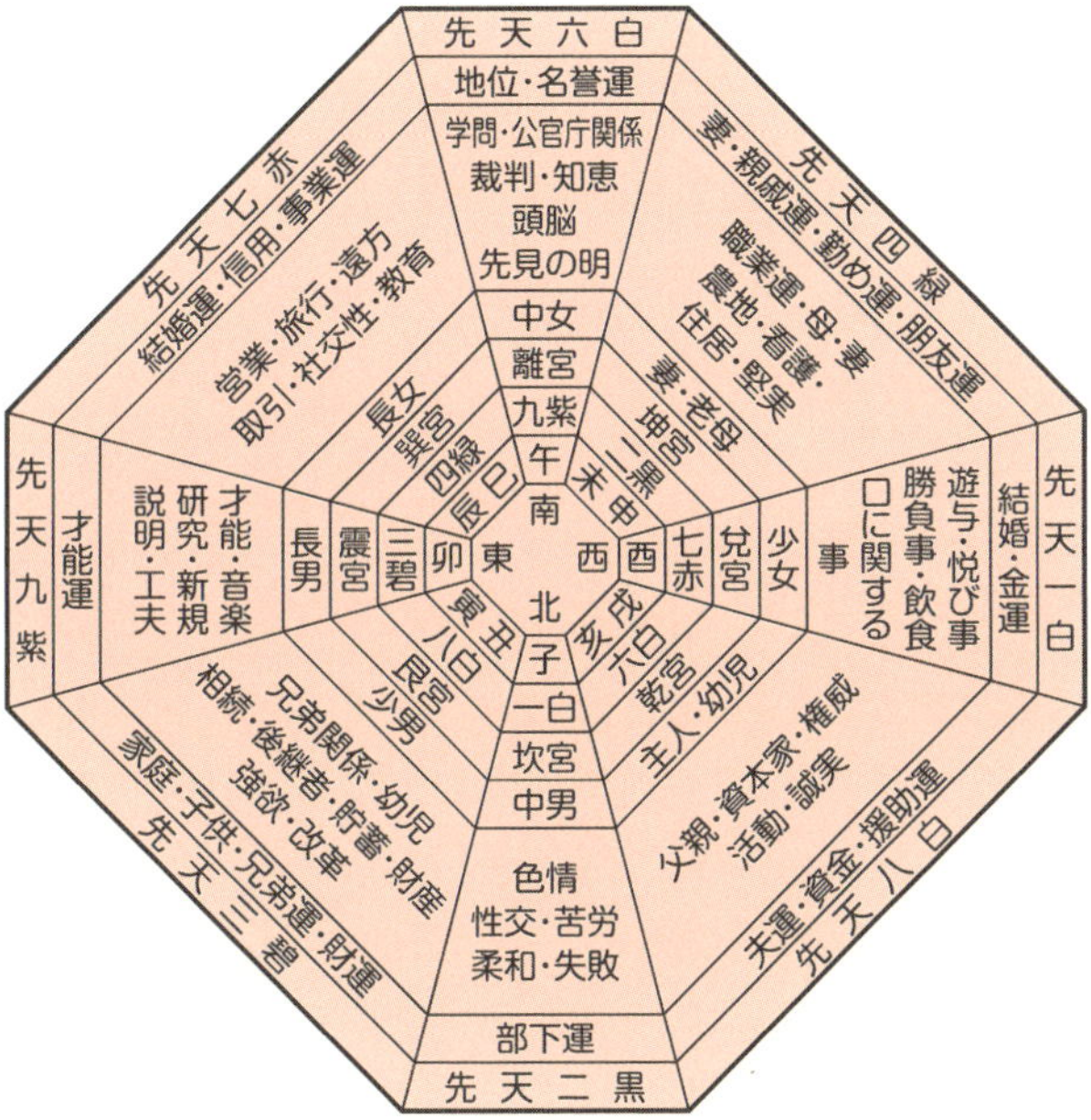
先天六白
地位・名誉運
学問・公官庁関係
裁判・知恵
頭脳
先見の明
中女
離宮
九紫
午
南
先天四緑
妻・親戚運・勤め運・朋友運
職業運・母・妻
農地・看護・
住居・堅実
妻・老母
坤宮
二黒
未申
先天一白
結婚・金運
遊与・悦び事
勝負事・飲食
口に関する
事
少女
兌宮
七赤
酉
西
先天八白
夫運・資金・援助運
父親・資本家・権威
活動・誠実
主人・幼児
乾宮
六白
戌亥
先天二黒
部下運
色情
性交・苦労
柔和・失敗
中男
坎宮
一白
子
北
先天三碧
家庭・子供・兄弟運・財運
相続・後継者・貯蓄・財産
兄弟関係・幼児
強欲・改革
少男
艮宮
八白
丑寅
先天九紫
才能運
才能・音楽
研究・新規
説明・工夫
長男
震宮
三碧
卯
東
先天七赤
結婚運・信用・事業運
営業・旅行・遠方
取引・社交性・教育
長女
巽宮
四緑
辰巳

象意図（人体の部）

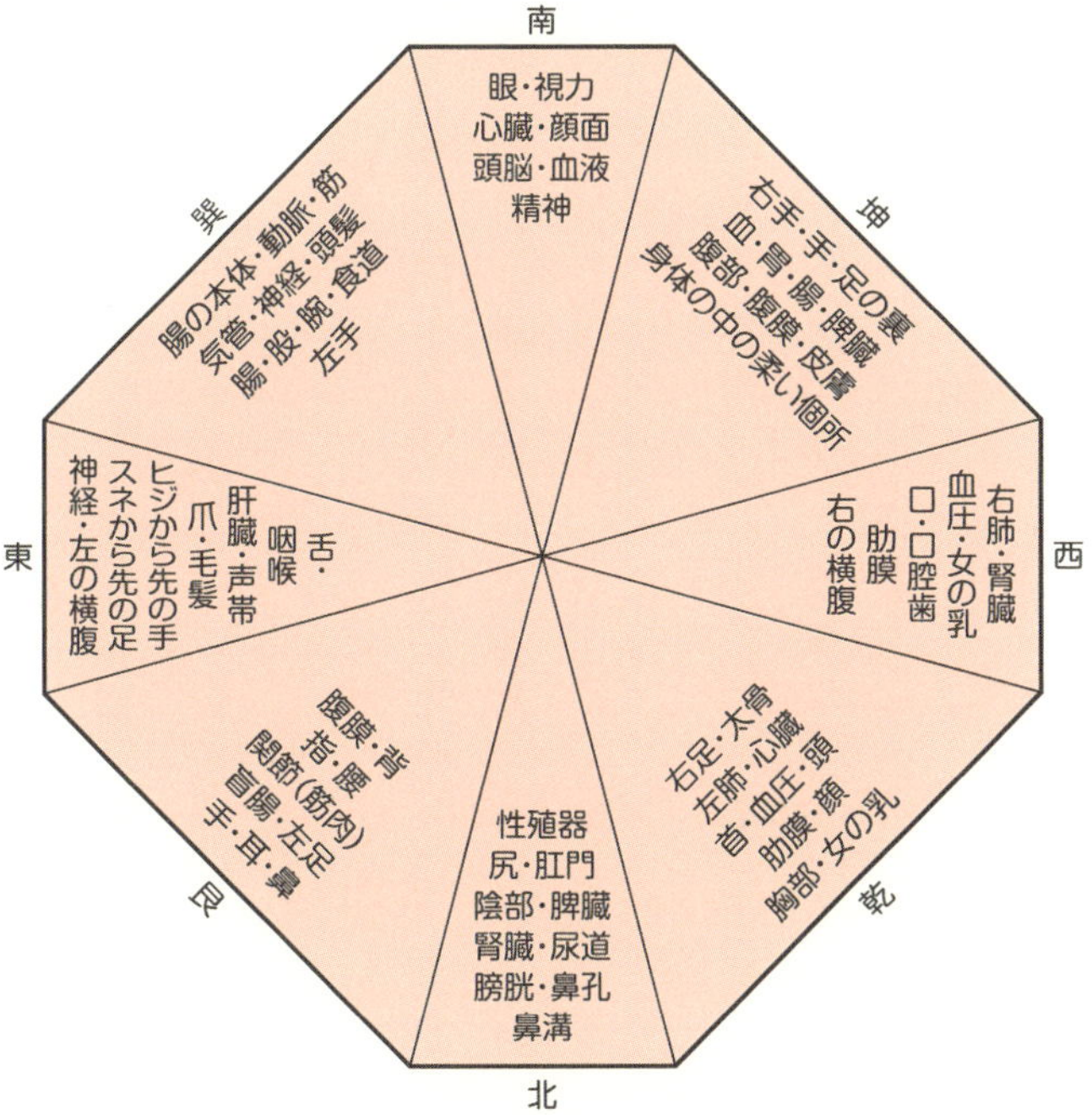
南
眼・視力
心臓・顔面
頭脳・血液
精神
坤
右手・手・足の裏
血・胃・腸・脾臓
腹部・腹膜・皮膚
身体の中の柔い個所
西
右肺・腎臓
血圧・女の乳
口・口腔歯
肋膜
右の横腹
乾
右足・太骨
左肺・心臓
首・血圧・頭
肋膜・顔
胸部・女の乳
北
性殖器
尻・肛門
陰部・脾臓
腎臓・尿道
膀胱・鼻孔
鼻溝
艮
腹膜・背
指・腰
関節（筋肉）
盲腸・左足
手・耳・鼻
東
舌・
咽喉
肝臓・声帯
爪・毛髪
ヒジから先の手
スネから先の足
神経・左の横腹
巽
腸の本体・動脈・筋
気管・神経・頭髪
腸・股・腕・食道
左手

「北」一白水星定位

八方位の「北」に位置する一白水星は、易の「坎」（☵）の卦からきており、「水」を象徴しています。

坎は季節でいえば冬、一日のうちでは真夜中、自然では寒気、雨や雪をあらわします。また、坎という字は「土を欠く」と書くことからもわかるように、土を削って低い所へと流れていく水を表現したものです。そして「水は方円の器に従う」という理論から、「流される・義理人情・悲しみ・陥る」などの意味を持っています。したがって苦労や困難、水害、病難、貧乏、苦悩の象徴でもあるわけです。

一方、水には万物を潤して生物を育てる力があります。また坎は、池の中の龍が雷雲のくるのを待って水中に潜んでいる状態にたとえられ、運勢としてはすべてが苦しみや悲しみを意味しているわけではありません。来るべき時期を待って、修行や研究の成果を世に問うという意味も持っているのです。つまり、地道な努力を要する運勢だといえるでしょう。

北が吉相となる家相は、北に適当な張り出しや別棟がある家、北の正中に納戸や押し入れがある家、北に山や森、高いビルがある地相などです。家業が発展する、夫婦仲がよく子供に恵まれる、健康で明るい生活を送ることができるなどの吉作用があります。

逆に、北の正中にトイレや浴室があったり、北全体に欠けがある家、北の低い地形などは強い凶相となります。子供や部下に背かれる、家庭不和で夫婦の仲が悪い、仕事上の失敗が重なる、冷えからくる病気にかかりやすいなどの凶作用があらわれます。

このように、北はとくに夫婦の愛情運や家庭運、家族の健康運に大きな影響を与えます。

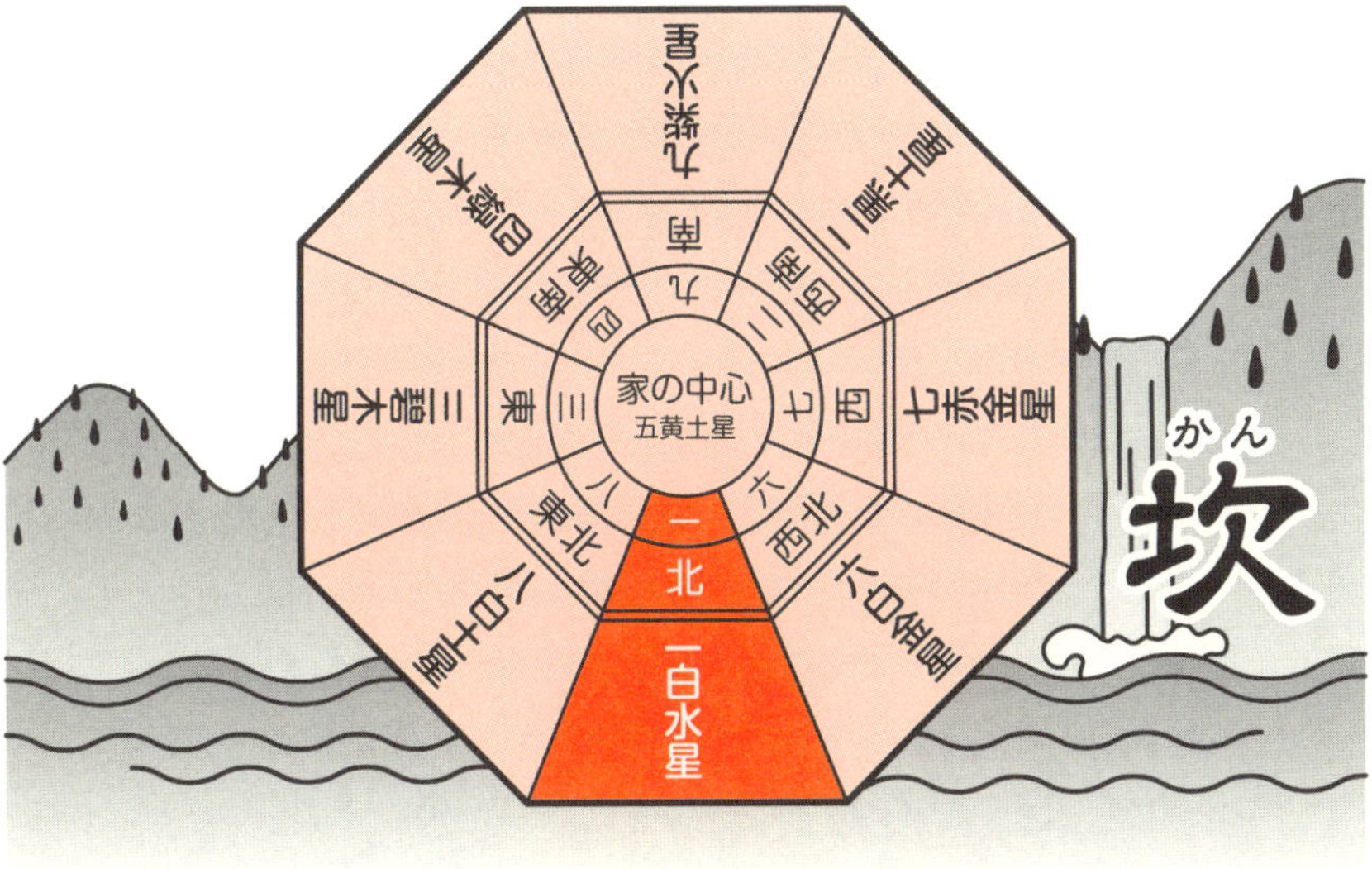

〈坎《かん》の象意〉

中男、中女、子孫、腰、陰部、膀胱、子宮、睾丸、初めて始まる、交渉ごと、縁組、セックス、暗黒、隠れる、包む、失う、悩む、落ち込む、苦しむ、穴、低い所、流れる、迷う、恨む、凝る、柔和、柔軟、色情、失敗、不幸、盗まれる、冷える、混乱する、寒冷、貧乏、住居、地相、知謀、遠方、部下、目下、二つのもの、陰の気の最終にして陽の気の最初

〈天候〉

寒気、雨、雪、霜、潮、水害、北風

〈方位〉

北（子《ね》）、北方四五度の間

〈易・五行〉

坎（☵）、水星

〈季節〉

冬、十二月八日～翌一月五日、真夜中

坎《かん》が吉凶相となる家相

〈吉相とは〉

◎北に適当な張り出しや別棟がある（適当とは、家全体の五分の一ぐらいの大きさを指す）。
◎北に高い地相、山、高いビル、森がある。
◎北に二階が集まり、南が平家建てである。
◎北の正中に納戸、押し入れ、蔵などがある。
◎北の正中に不浄となる設備がない。

〈効果〉

①有能な部下や使用人、または子供に恵まれ、家業は発展し、家庭も安定する。
②夫婦仲は良好にして、子宝運もよい。
③仕事、すべての交渉ごと、交際関係は良好。
④本業以外の副業的なこと、二足のわらじ的なことで利を得ることが多い。
⑤健康に恵まれ、心身ともに柔和となって、明るい生活を送ることができる。

また、窓、別棟、張りなどが大きすぎる場合は凶相ですから、次の点に注意してください。

●部下や目下の権威が増大し、主人の力が及ばなくなる。とくに子供が親の意見を聞かなくなる。
●金銭の出入りが激しく、蓄財ができにくい。
●社交性が旺盛となりすぎ、色難を生ずる。
●子供の不良化、別居、離婚などが起こることも。

〈凶相とは〉

●北の正中（子）にトイレ、浴室がある。
●家の中心から見て、北の正中に井戸がある。
●北全体に欠けがある。
●北の低い地形。

以上の四点に、最も強い凶相の暗示があります。それに対し、次のような場合は、比較的軽い状態で凶相の悪い意味があらわれてきます。

●北の正中に流し、ガスがある。
●北に下水の吸い込みがある。
●北の一〇～二〇メートル以内に川がある。
●北にだけ地下室がある。
●敷地内の北に大きな穴がある。
●北に門、玄関が位置している。

〈作用〉

①部下や目下、使用人の運に恵まれず、子供や部下は離反し、使用人は定着しない。
②夫婦間の性生活はうまくいかず、家庭不和、色情問題、浮気などが起こる。
③生殖器の障害から、子宝運に恵まれない。
④盗難にあう。仕事上での失敗が重なる。
⑤すべての交渉ごとは中途で挫折しやすい。
⑥情に流されることが多く苦労性。
⑦腎機能の低下、冷えからの諸病、腰から下のけがや障害にかかりやすい。

「東北」八白土星定位

「東北」に位置する八白土星は、易の「艮」（☶）の卦からきていて、「山」を象徴しています。艮の山は不動のもので、停止・止まる・静止の意味を持ちますが、艮宮（丑・寅）自体は、物ごとの始まりと終わりの重要なポイントになっています。

艮は、季節でいえば冬から春に移る頃で、気候の変わり目。地の気はここで終わり、また新たにここから万物が発生、始動するため、陰と陽が入れ替わる位置にもなります。このように地の気が出入りする重要な位置なので、古来よりこの艮宮を「表鬼門」といい、向かいの坤宮を「裏鬼門」といって忌み嫌いました。

しかし、ただ忌み嫌い、恐れる必要はありません。鬼門の語源として、次のような孔子の言葉が伝えられているからです。「艮は東北の卦なり。万物の終わりをなすところにして、また始めをなすところ」「精神、形を離れて各々その真に帰す。ゆえにこれを鬼という。鬼は帰るなり、されば艮は万物終始の大徳を行なう尊きところなれば、貴門というべきなり」。

つまり、鬼門は年月や季節の終始を象徴し、永久に止まらない作用をする方位でもあるのです。ですから、この方位の吉相は、天と地の双方から無限の吉慶を受けて、代々の繁栄を約束されることになります。東北が高く西南が低く開けた地相、東北に二階が集まり南が平家の家などが吉相となる家相です。

しかし反面、凶相となれば、陰の気が進み、陽の徳はあらわれません。東北にキッチンや階段、玄関や門、池がある家、東北が低くなっている地形など、凶相の場合は、住む人が精神的苦痛や家運の衰退、家名の断絶などの災いを受ける傾向があります。

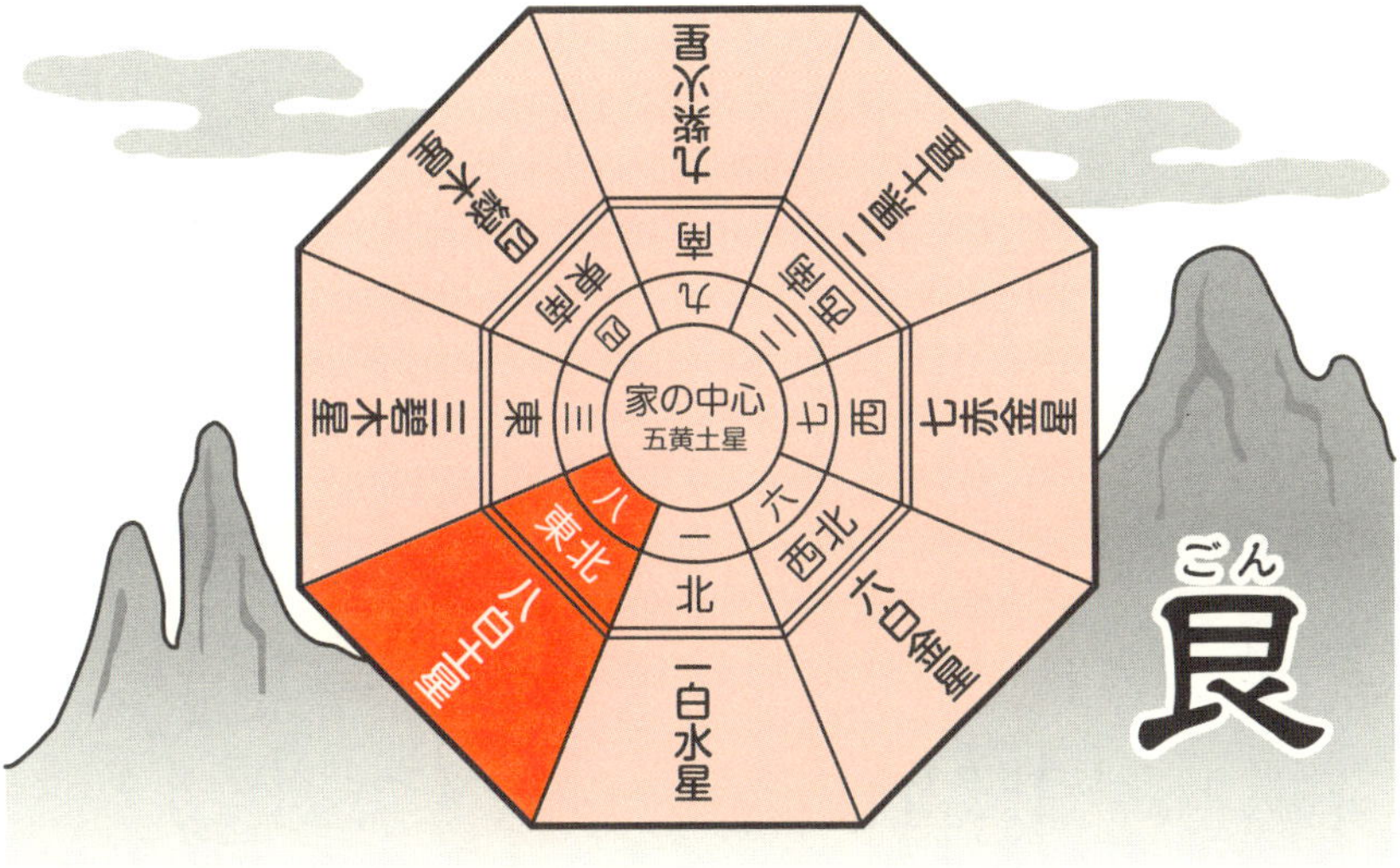

〈艮《ごん》の象意〉

少男（年少者）、幼児、子供、支配人、使用人、兄弟、強情、頑固、無知、相続人、後継者、継ぎ目、節、止まる、高い、受け渡し、宿《とど》まる、蓄積、強欲、改革、生活上の変化、整理、腰、肩、鼻、腫れ物、癌、不随、これ以上動きがとれない状態であるとともに物ごとの終わりにして始めでもある

〈天候〉

雲、曇天、嵐、天候や気候の変わり目

〈方位〉

東北（丑・寅）、東北方四五度の間

〈易・五行〉

艮（☶）、土星

〈季節〉

冬から春に移る頃、一月六日～三月五日まで、午前一時～五時までの時刻

艮《ごん》が吉凶相となる家相

〈吉相とは〉

◎東北が高く、西南が低く開けた地相。

◎東北に二階が集まり、南が平家である。

◎東北に母屋の五分の一以内の別棟がある。

◎東北に欠けや玄関がなく、井戸やトイレなど、不浄となる設備がない。

〈効果〉

①肉親の縁に恵まれ、家族はもちろん親族にも恵まれて、助力を得ることが多い。

②子供や兄弟の成功により幸福を得られる。

③相続問題は順調、かえっていい結果を得る。

④部下や使用人に恵まれ、商売や事業が発展する。また安心して任せておける人物に恵まれる。

⑤財力が徐々に増えて金持ちとなる。または知識が豊富で資産を増やすことができる。

⑥難病に侵されることなく健康を維持できる。

〈凶相とは〉

●東北にキッチンや下水の吸い込みがある。
●東北に池または井戸がある。
●東北に階段や吹き抜けがある。
●東北が低くなっている地形。
●東北が大きく張り出しているか、別棟がある。
●東北に玄関、門、出入り口がある。

以上には最も強く凶相があらわれますが、次の場合にも比較的軽い凶相がみられます。

●東北が欠けている家相または地相である。
●東北に地下室、または大きな穴がある（倉庫、車庫、作業場も含む）。

〈作用〉

①相続問題で支障・争論・悩みごとが多い。後継者の有無・養子・遺産分割などに問題がある。
②仕事や商売は不安定で、商売替えすることも。
③倒産や破産で、家財の整理をする傾向がある。
④財力があっても有効に運用できない。
⑤嫁入りすれば、子供との縁が薄く苦労する。
⑥不動産の売買で詐欺にあう。または失敗する。
⑦金銭苦がついてまわる（水をザルで汲む状態）。
⑧癌・関節病・手足の疾患者が出る。とくに丑年・寅年・八白土星生まれの人は、この影響を強く受けやすい。

「東」三碧木星定位

「東」に位置する三碧木星とは、易の「震」（☳）の卦からきており、「雷」を象徴しています。雷とは天が震動するものですが、「声あって形なきの象」とか「声あって手に取りがたき象」という意味も持っています。したがって「本体がない、中身がない、本質が見えない」とも考えられます。

しかし、動くものの象徴として、天地自然の法則は雷の生気によって活動、発育し、胎動しているという意が強く、これにより進出、伸長、上へ上へと上昇しようとする勢いや活発な行動力をもあらわしているのです。

また震は、一日でいえば朝、季節では春を示し、物ごとが動き始めることを暗示しています。

とくに、この東の震宮は、陰の気を破り太陽の昇る方位にあります。つまり、太陽の出る位置が吉相であればこそ、万物発祥の陽の気を受けて、小より大へ急速に発展し、願望成就の吉徳を受けて家運は栄えていくのです。

東が海か川または平地となっている地形、東に適当な張りがある家など、吉相の家相ならば家運は大いに繁栄し、いい長男が家督を継ぎ、社会的な信用を受けて良縁に恵まれます。また、文学や美術方面にも才能があらわれ、名声を世に知られる人も出てくるでしょう。

反面、この最も大切な希望の象徴となる方位を侵すと、一家の主人にまで悪い影響を及ぼす結果となってしまいます。

東に欠けのある地相や家相、東に高いビルや樹木がある家、東に窓がない家など、凶相となれば太陽の恵みは受けられません。とくに男子の運気を左右し、後継者に苦しんだり、金銭の損害、詐欺、酒、色情問題などが出て、明るい生活は望めなくなります。

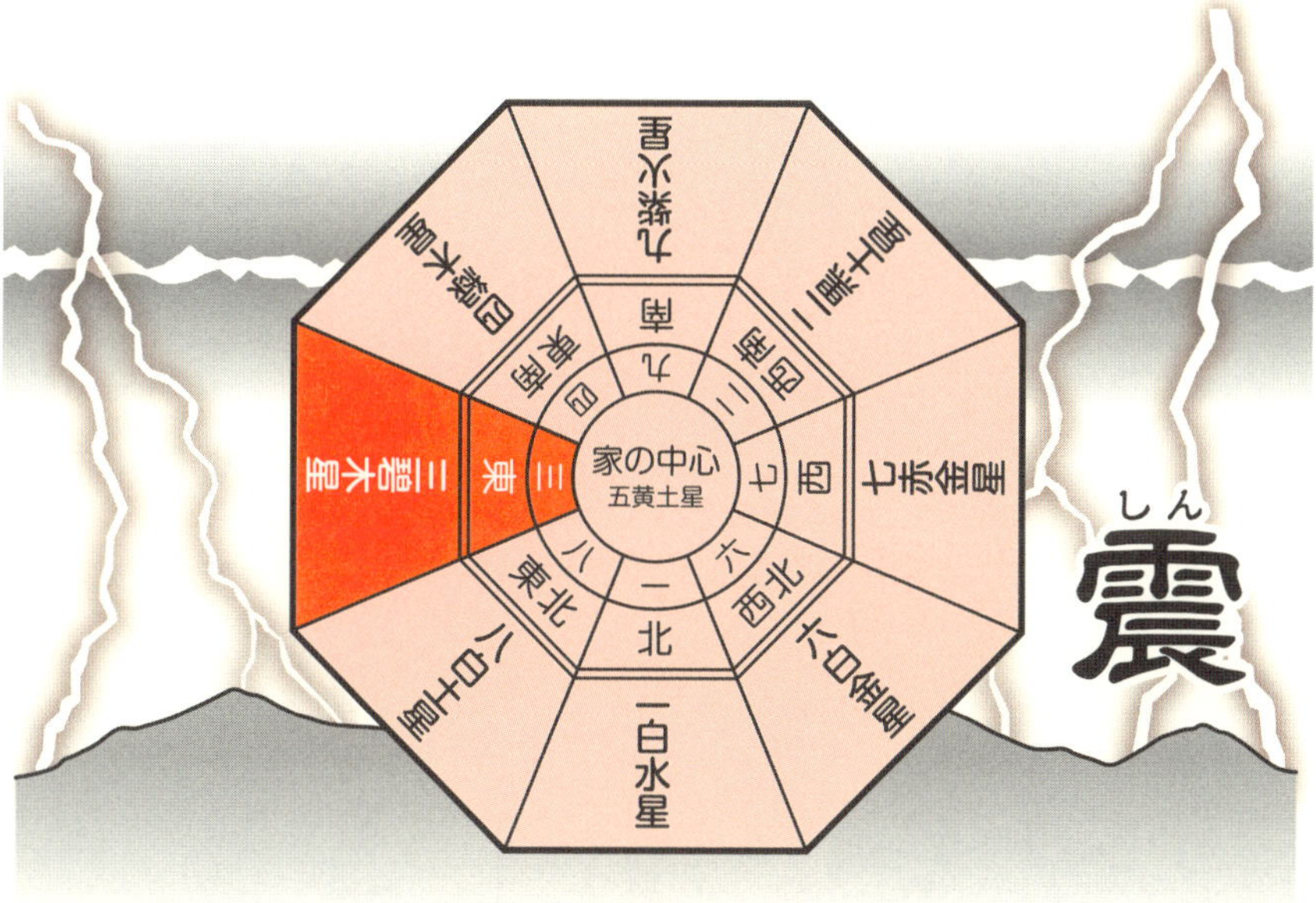

〈震《しん》の象意〉

長男、年長者、先輩、賢人、青年、勇気、つぼみ、新規、才能、急激、至急、驚きごと、騒音、突発的変事、怒り、虚言、伝言、音、ヒステリー、音楽、歌、解説、説明、工夫、研究、発芽、スタート、出産、育児、かけ声、希望、夢、伸びる、活動、顕現する、声あって形なきの姿

〈天候〉

雷、雷雲、雷雨、地震、津波

〈方位〉

東（卯）、東方四五度の間

〈易・五行〉

震（☳）、木星

〈季節〉

春、三月六日～四月五日まで、午前五時～七時までの時刻

震《しん》が吉凶相となる家相

〈吉相とは〉

◎東が海か川、または平地となっている。
◎東に適当な張り、または別棟がある。
◎東がやや低く、西がやや高くなっている地相。
◎東に隣接した高層建築や山がない。
◎東の正中に不浄となる設備がない。

〈効果〉

①一家のあり方、計画、組織を握って発展成長させる。また新規事業で成功する。
②長子、男子に恵まれる（よい婿がくる）。
③才能や努力、実力、陰徳などが認められる。
④話し上手となる。たとえ口数が少なくても実をともなうため、信用を増して引き立てを受ける。
⑤肝臓病や持病が治り、身体が丈夫となる。ただし、過大な張りや別棟は禁物。誇大妄想的な人物や嘘つきが出たり、早くから認知症になることもある。

〈凶相とは〉

●東に欠けのある家相や地相。
●東に高い地相または高いビルなどが接近している家、高い樹木がたくさんある庭がある。
●東に窓がなく、まったくふさがれている。
●東に二階が集まり、西が平家となっている。
●東の正中（卯）にトイレ、浴室がある。
●東の正中に池、井戸がある。

〈作用〉

①長子や後継者が離郷することがあり、同居を嫌う。家業を継ぐことも少ない。
②子供（男子）は素行が乱れ、勉強嫌いとなる。
③やることが順調にいかず、成功を焦るため、かえって失敗を招くことが多い。
④新規のことに手を出して後悔することがある。
⑤社交家、話し上手であるが、嘘やオーバーであったり、思いつきの言動が多く、信用問題が起きる。
⑥男子はとかく無気力で行動力がなく頼りないか、逆に遊びまわるようになる。
⑦言語障害・足の悪い子が生まれやすい。
⑧肝臓病・ノイローゼ・胸部疾患・神経痛・腰痛・手足のけが・高血圧になりやすい。とくに卯年・三碧木星生まれの人は、この影響を強く受けやすい。

「東南」四緑木星定位

「東南」に位置する四緑木星は、易の「巽」(☴)の卦からきていて、「風」を象徴しています。巽の風は遠方から吹いてくる風のことですが、聖書の中に「風はいずこより来たりて、いずこに去るを知らず」という言葉もあるように、不安や動揺、迷いなど、一定性がないという意味を持っています。

一方、巽は季節では晩春から初夏にかけての頃で、植物が成長する時期です。また風には、万物を吹きあおり、これを拡散して生育させる、よい知らせが舞い込んでくるといった意味も含まれ、繁栄発展の運気を備えています。

したがって東南が吉相の家は、仕事面が発展し、部下や使用人は誠実でよく働きます。社会的な信用も高まり、外交的となって、子供は良縁に恵まれるでしょう。

東南に適当な張り出し、門や玄関のある家、東南に海や川が流れている地相などが吉相です。ただし、大きな張り出しは、逆に凶相となるので注意しなければなりません。

また、巽は「福の神の通り道」ともいわれる方位ですから、この方位が欠けたり、凶相だったりすると、仕事運に悪影響が及びます。古くから「人の上に立とうとする者は、巽欠けの家に住むな」といわれるように、いかに悪戦苦闘しても仕事は順調にいきません。かえって世間から悪い噂を立てられたり、信用を失うことになります。もちろん、部下や使用人の失態やそれにともなう損害もあり、取引や交渉ごと、社交関係にも障害が出てきます。縁談がまとまらないなど、結婚運もよくありません。

東南にトイレ、または隣に高い建物がある家、欠けや吹き抜けがある家相は、最も強く凶相があらわれますから、絶対に避けるべきです。

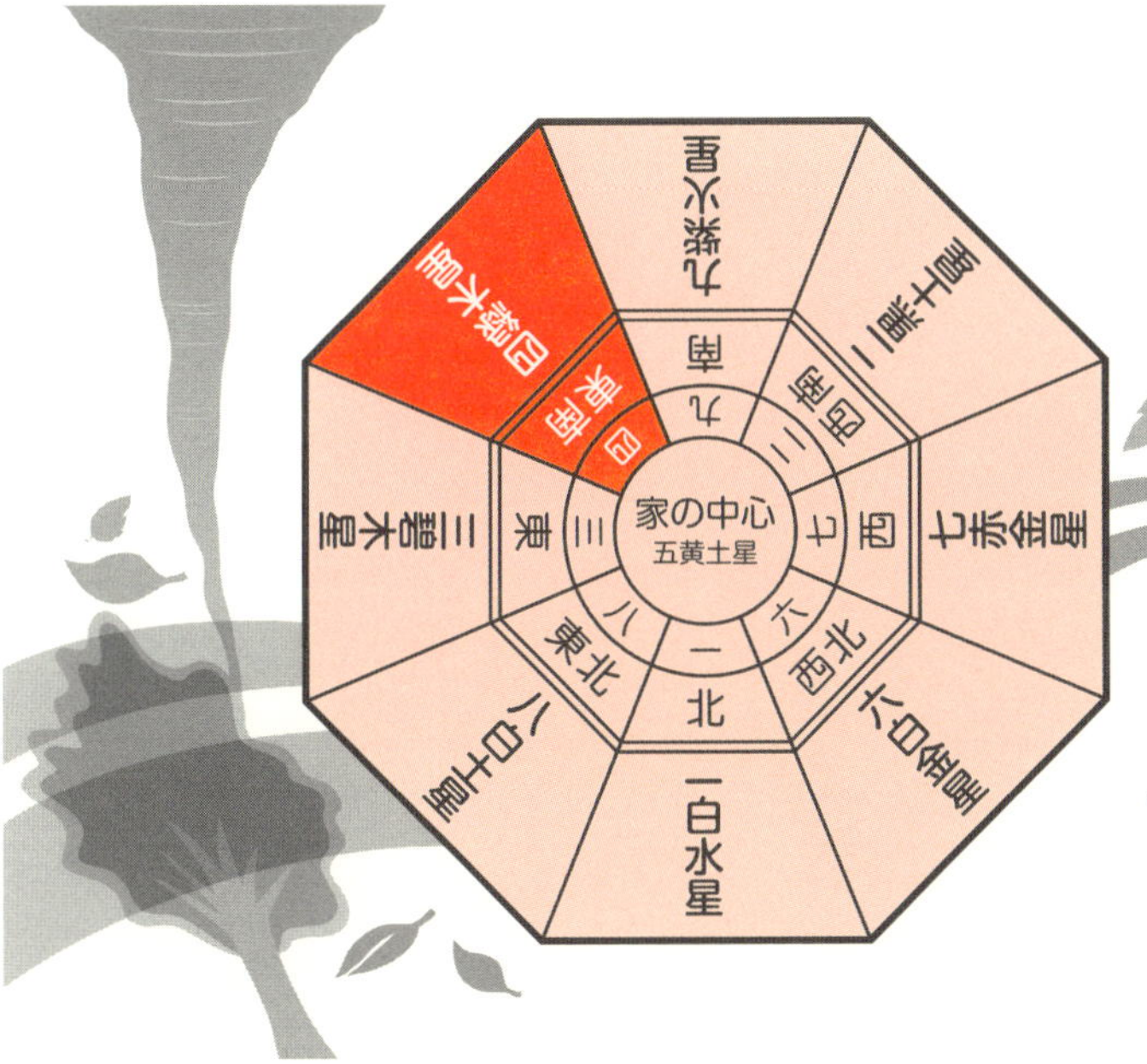

巽《そん》

〈巽《そん》の象意〉

長女、主婦、柔順、調《ととの》う、風評、出入り、心と身体のバランス、遠方、営業、信用、取引、発展、拡張、養育、無形の喜び、社会性、世間、目下、部下、使用人、柔和、旅行、縁組、出会い、細く長いもの、往復、往来、交通、跳躍、飛航（飛行と航海）する、道、動揺、不安定

〈天候〉

残月、風、旋風、空気、雨雲

〈方位〉

東南（辰・巳）、東南方四五度の間

〈易・五行〉

巽（☴）、木星

〈季節〉

晩春、四月五日～六月六日まで、午前七時～一一時までの時刻

巽《そん》が吉凶相となる家相

〈吉相とは〉

◎東南に適当な張り出しや別棟がある（適当とは、家全体の五分の一ぐらいの大きさを指す）。
◎東南に井戸、池がある。
◎東南に海や川が流れている地相。
◎東南が平家で、西北に二階が集まっている。
◎東南に門や玄関、出入り口がある。

〈効果〉

①いい縁談に恵まれる（とくに長女）。
②遠方との取引、人間関係で福徳を得る。
③社会的信用が高まり、徐々に頭角をあらわす。
④身体の調子がよくなり、きわめて活動的、躍動的、外交的となってくる。
⑤女子はいい婿（配偶者）を得て、意外な福徳を受けることが多い。玉の輿もある。
⑥性格は温厚となり片寄ることなく、人気者となる。またはは人望が集まってくる。

ただし、張りすぎや大きすぎる池は凶相です。

〈凶相とは〉

●東南にトイレ、ゴミ捨て場がある。
●東南が高い地相で、または隣に高い建物がある。
●東南に欠けまたは吹き抜けがある。
以上には最も強く凶相があらわれますが、次の場合には比較的軽い凶相がみられます。
●東南に下水の吸い込み・浄化槽がある。
●東南に大きな穴、地下室（車庫も含む）、半地下の作業場がある。

〈作用〉

①縁談がうまくまとまらず晩婚となる。または婚期を失う。出戻りすることもある。
②嫁に恵まれず、家庭不和や離婚になることも。
③社会的信用を失い、営業不振となる。とくに遠方との取引では支障が多く、社交面も不安定に。
④ストレスが原因で体調が悪くなることが多い。
⑤子供は病気がちで、たとえ成長しても縁遠く、結婚しても精神的に不幸になりやすい。
⑥主人は目下や部下の失態で苦労が多い。
⑦盗難・詐欺にあいやすい。
⑧呼吸器系の病・手足の疾患・通風・リューマチ・口腔系の病にかかる人が出る。とくに辰年・巳年・四緑木星生まれの人は、この影響を強く受けやすい。

「南」九紫火星定位

「南」に位置する九紫火星は、易の「離」(☲)の卦からきていて、「火」を象徴するものです。火は燃えることで万物を暖め、周囲を明るくします。また離は、一日のうちでは真昼、季節では夏をあらわすことから、火は日であり、太陽でもあります。太陽が昇れば万物が照らされて周りがよく見える、つまり物ごとの見通しがたつことに通じます。このため離には「明なり、知恵なり」という意味があるのです。

燃えさかる炎は、明るく周囲を照らすため、明瞭・文明・華美・美術文化などを示すときにも用いられます。

また、南は陽の気の極まるところです。日中の太陽が万物を育むように、その気は旺盛で、堅実の運気を備えています。

これらのことから、南に適当な張り出しがある家、南が広く開けていて明るい家など、この方位が吉相である場合には、陽の徳が大いにあらわれます。子孫繁栄が約束され、目上の引き立てや社会的な信用を得ることが多いでしょう。知識や才能に恵まれ、器用で、広く名声を博し、尊敬される人物となる暗示もあります。

しかし同時に、火には燃え移る性質があるので、移動や動揺、分離という意味もあらわしています。日中には南の空にあって輝いていた太陽も、徐々に西に傾いていきます。

そのため、南にトイレやキッチン、浴室がある家、南が高く北が低い地相など凶相の場合には、成功運や地位・名誉運が衰退してしまいます。財を得るときとは反対に、失敗して落ち目になると、火が消えるように急激に衰亡するという特徴もあります。訴訟問題や身内の不和、世間の信用を失うようなトラブル、契約問題による損害なども生じやすいでしょう。

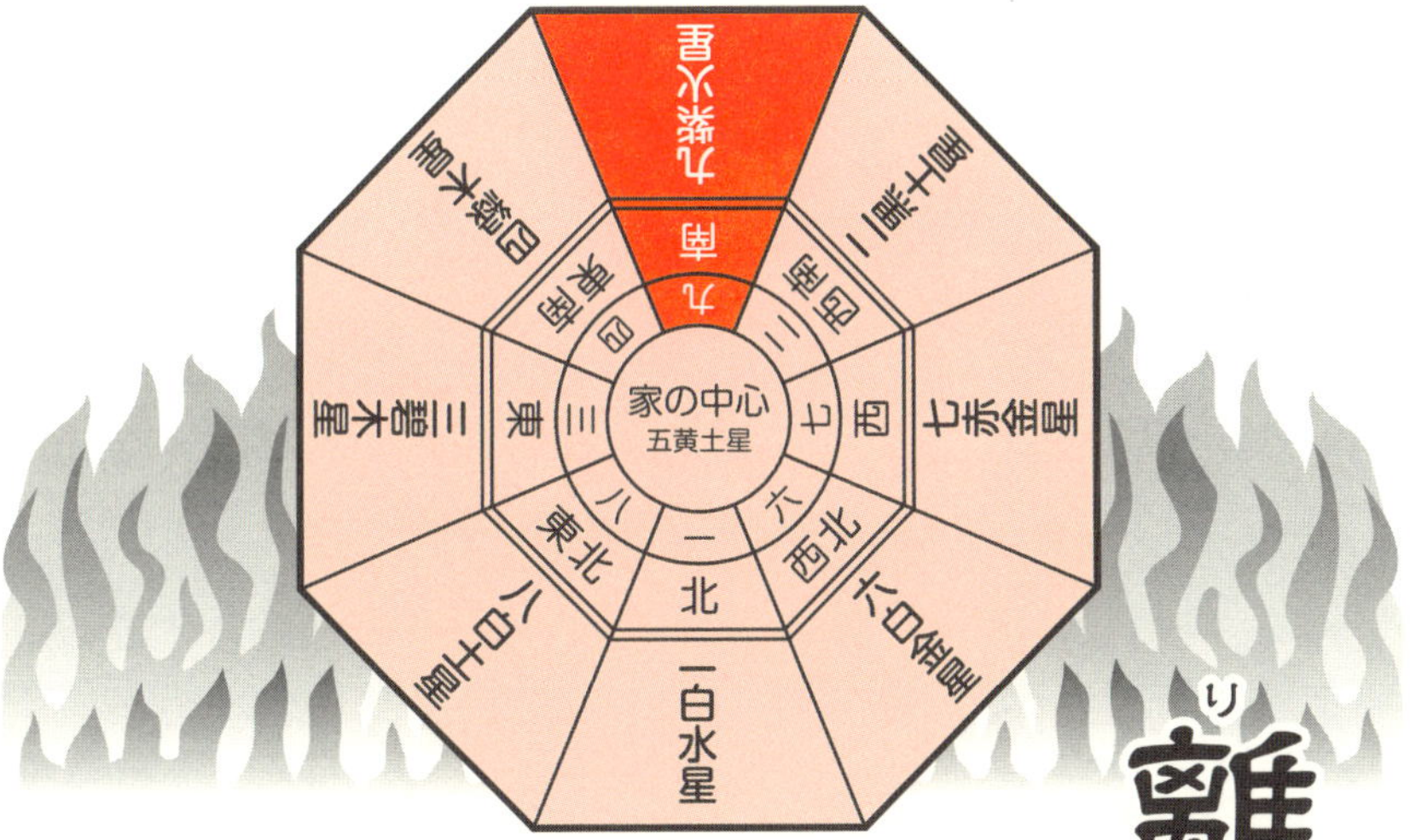

離《り》

〈離《り》の象意〉

中女（中年の女性）、美人、智者、文学者、著述家、裁判、訴訟、鑑定、検査、見識、装飾、美術、芸術、弁説、判断、学問、発明、発見、証文、印鑑、売買、公事、生別、死別、名声、信用、宣伝、情熱、恋愛、色情、神仏、虚勢、公使、光明、華美、付着、高い所、火災、切断、心臓、離散集合

〈天候〉

晴天、日中、暑い日、虹、干ばつ、太陽

〈方位〉

南（午）、南方四五度の間

〈易・五行〉

離（☲）、火星

〈季節〉

夏、六月七日〜七月八日まで、午前一一時〜午後一時までの時刻

離《り》が吉凶相となる家相

〈吉相とは〉

◎南に別棟、または適当な張り出しがある家（適当とは、家全体の五分の一ぐらいを指す）。
◎南が低いか平らで、北が高い地相。
◎南（三分の一）が平家で、北（三分の二）に二階が集まっている家。
◎南に近接した高層建築がない地相。
◎南が広く開けていて明るい家。
◎南に不浄となる設備がない家。

ただし、張りや別棟が大きい場合は凶相となって、住む人の名誉欲が強くなり、よこしまな考えにより自らの地位や信用を失う問題を起こすことにもなるので注意が必要です。

〈効果〉

①先見の明や才能を発揮して、諸事良好となる。
②自分の努力で、地位や名誉を得ることができる。
③発明や発見、研究の成功により道を開く。
④美しい女子や賢い子供に恵まれる。
⑤隠れた才能が認められ、意外な昇進や昇格、栄転、転職することがある。
⑥目や心臓が丈夫になり、心身ともに健全に。

〈凶相とは〉
●南にトイレがある家。
●南にキッチン、浴室、洗濯場がある家。
●南に泉水、井戸、池がある地相。
●南が欠けている地相または家。
●南が全部壁でふさがっている家。
●南が高く、北が低い地相。
●南に二階が集まり、北が平家となっている家。

〈作用〉
①家運が発展するにしたがって、訴訟問題や身内の争論、不和が生じやすい。
②親しい者との生別や死別、離婚がある。
③世間の信用を失うようなトラブルや苦労が生じる。
④色情問題やスキャンダラスなことが起こる。
⑤他人の保証や借金の肩代わりで不祥事が起こったり、契約でのトラブルで損害を受ける。
⑥精神病・ストレス性の病・眼病・心臓病・偏頭痛・てんかん・乳癌などになりやすい。とくに午年・九紫火星生まれの人は、この影響を強く受けやすい。

「西南」＝二黒土星定位

「西南」に位置する二黒土星は、易の「坤」（☷）の卦からきており、「大地」を象徴するものです。坤の大地は、すべてのものを受け入れ生育していく力を持ち、柔軟で勤勉な性質も持っています。天に対して、大地は大衆や庶民をあらわし、天（自然の働き）より蒔かれた種を育てていく地味な母親の努力、産みの苦労、柔順、忍耐、そして女性特有のやさしさである柔の徳をも象徴しています。

つまり坤は、何ものをも受け入れて生み育てる「母なる大地」を意味していることから、西南はその家の主婦に影響を与え、家庭運を左右する方位とされるのです。

また「裏鬼門」と呼ばれる西南は、「地門」とも称され、母・妻・労働・信用などの象意です。その徳は、主婦が苦労をいとわずに率先して働くところにあるわけです。

このため、家相が吉相であれば、家庭は円満で、嫁と姑との仲はよく、働き者で、よく主人の世話をし、財産も蓄積されます。一家は繁栄して土地や不動産を所有するなど、大地を主体とする福徳を授かることになります。

しかし家相が凶相となると、一時は繁栄するものの、家運は衰退してしまいます。夫は力なく、土地や不動産問題が起こり、家に伝わる財産を失うとされています。妻や母は健康運に恵まれず病気になりやすく、苦労が尽きません。また、家を継ぐ者もなく、家が絶えてしまうおそれも生じてしまうのです。

とくに、西南にトイレや浄化槽、キッチンや浴室がある家、西南が大きく欠けている家や地相、西南に大きな張り出しや別棟がある家などは、最も強く凶相があらわれますから、避けなければなりません。

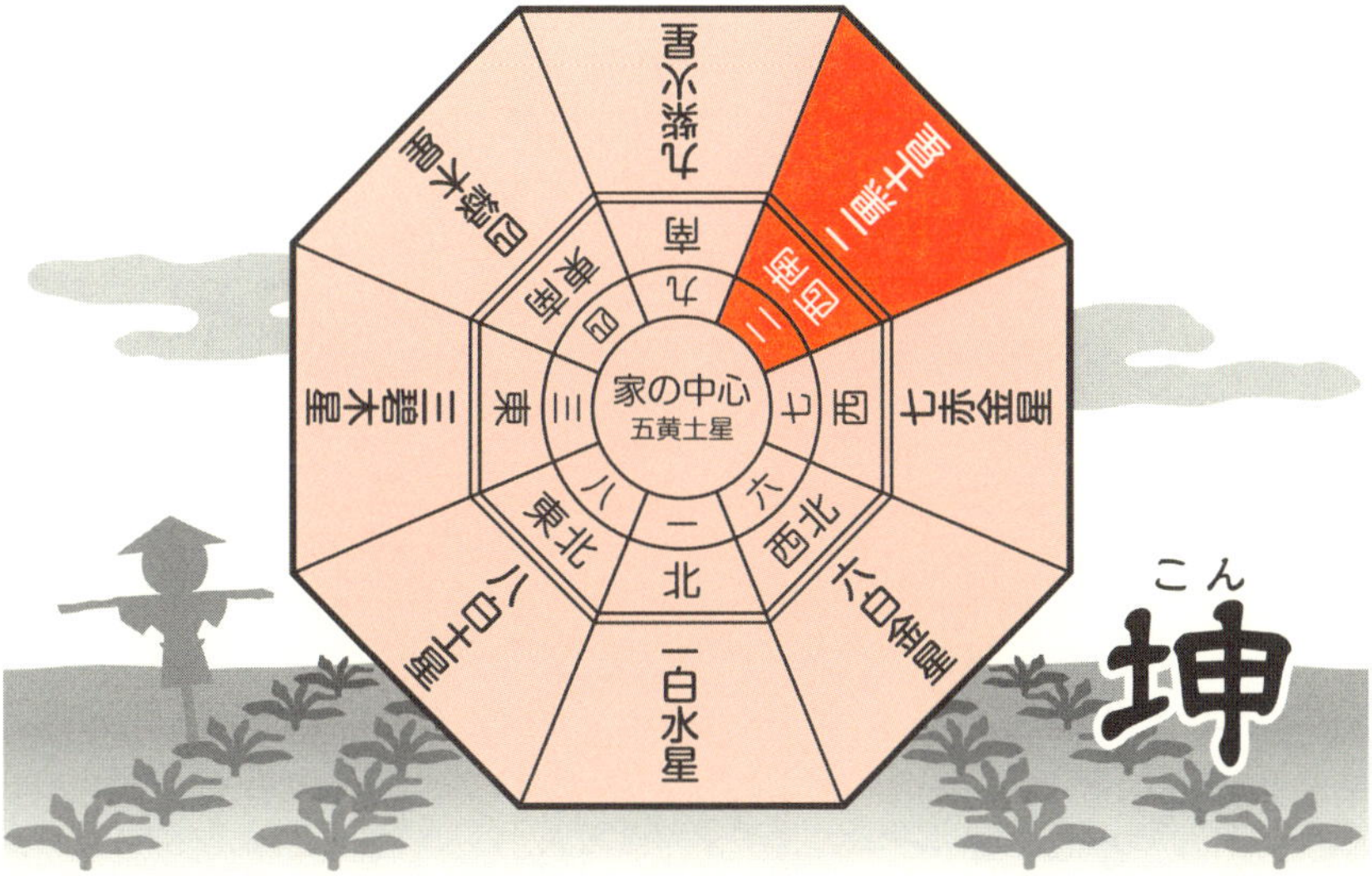

〈坤《こん》の象意〉

母、妻、老婆、大奥、庶民、次席、後援者、参謀・助役、労働、雇用、職人、技術者、部下、使用人、副官、無力、無知、迷う、工夫、貧困、依頼心、柔順、忍耐、努力、穏やか、地味、静か、苦労性、包む、育てる、受ける、古い物、住居、農地、業務、世話、看護、家業、労多くて益少なし

〈天候〉

曇天、暗い日、平穏な日

〈方位〉

西南（未・申）、西南方四五度の間

〈易・五行〉

坤（☷）、土星

〈季節〉

夏から初秋、七月九日～九月八日まで、午後一時～五時までの時刻

坤《こん》が吉凶相となる家相

〈吉相とは〉
◎西南に不浄となる諸設備がない。
◎西南が低く、東北が高い地相。
◎西南が平家で、東北に二階が集まっている家。
◎西南に高い建物がなく、大きな張りや欠けのない家。

〈効果〉
①事業・商売・勤めなどに関する運がよく、すべてが順調に運ぶ。
②知らない間に土地・不動産などの財を増す。
③妻や母が働き者となり、内助の功を得る。
④消化器系が丈夫となり、支障なく働けるようになる。
⑤家庭に柔和さや明るさが戻り、円満となる。
⑥家運が徐々に向上し、一家の安泰を得る。

ただし、未の張りは凶相ですが、未と同時に卯と亥の両方が張る家は大吉相となり、子供が成功して福徳を授かることができます。

また、申の張りも凶相ですが、申と同時に子と辰の両方ともに張りがある家は大吉相となり、部下や目下運に恵まれ家庭円満を約束されます。

〈凶相とは〉

●西南にトイレ、浄化槽がある家。
●西南にキッチン、浴室、洗濯場がある家。
●西南に井戸、池、泉水がある家。
●西南が大きく欠けている家または地相。
●西南が強く張り出している家、または西南に大きな別棟のある家。

以上には最も強く凶相があらわれますが、次の場合には比較的軽い凶相がみられます。

●西南が高く、東北が低くなっている地相。
●西南に二階が集まり、東北が平家の家。

〈作用〉

①土地・不動産問題で苦労する（売買・詐欺・分割・隣接地などに関するトラブル）。
②妻や母が病身となる。または夫や主人の身代わりとなって働き、苦労が絶えない。
③事業・商売・勤めが順調にいかず、困難な状況に陥る。
④奔走努力したわりに十分な実績が出ない。
⑤何をやっても運気が上向きにならない。
⑥家庭内が女性上位、または女系家族となる傾向が強い。
⑦胃腸・消化器系・皮膚病の病人が出やすい。とくに、未年・申年・二黒土星生まれの人は、この影響を強く受けやすい。

「西」七赤金星定位

「西」に位置する七赤金星は、易の「兌」（☱）の卦からきていて、「沢」を象徴するものです。沢とは海や湖、池などのように、水をたたえている所を指しています。水は生きるための最大の恩恵で、喜びともなりますから、兌には「悦び」の意味もあります。

とくに、この西の兌宮は、季節でいえば自然の恵みあふれる実りの秋、一日のうちでは夕方の時刻をあらわすことから、五穀が実る収穫の喜びをつかさどり、すべての仕事を終えて家路を急ぐ充実感を示しています。

このため、「西は太陽が入るところ、万物喜び合う」と考えられ、「南向きの母屋に対して西に蔵あるときは長く財宝を保つ」とされてきました。したがって、この方位は金運に関する吉凶作用に影響します。

たとえば、西に適当な張り出しがある家、西が高く東が低い地相など、吉相となる場合は、金銭面での喜びとなってあらわれることが多いでしょう。家が栄え、裕福になる喜びが訪れて金運に恵まれ、衣食住に不自由しません。交遊関係も活発で、努力が報われ、健康で長生きできます。また夫婦仲もよく、女性の徳によって繁栄することになります。

一方、兌には「口」や「欠ける」という意もあり、喋る、説明する、会食、また不足する、欠如、遊びなどをあらわしています。

そのため、西に大きな張りがあるような凶相の家では、主婦の権力が強くなり、妻はしっかり者か口やかましくなりがちです。借金が増えるなど、金銭的な苦労も多くなります。

つまり、適当な張りのある家は吉相でも、それが大きすぎると、未・申か戌・亥が欠ける形となるため、そちらの凶相が出てしまうのです。

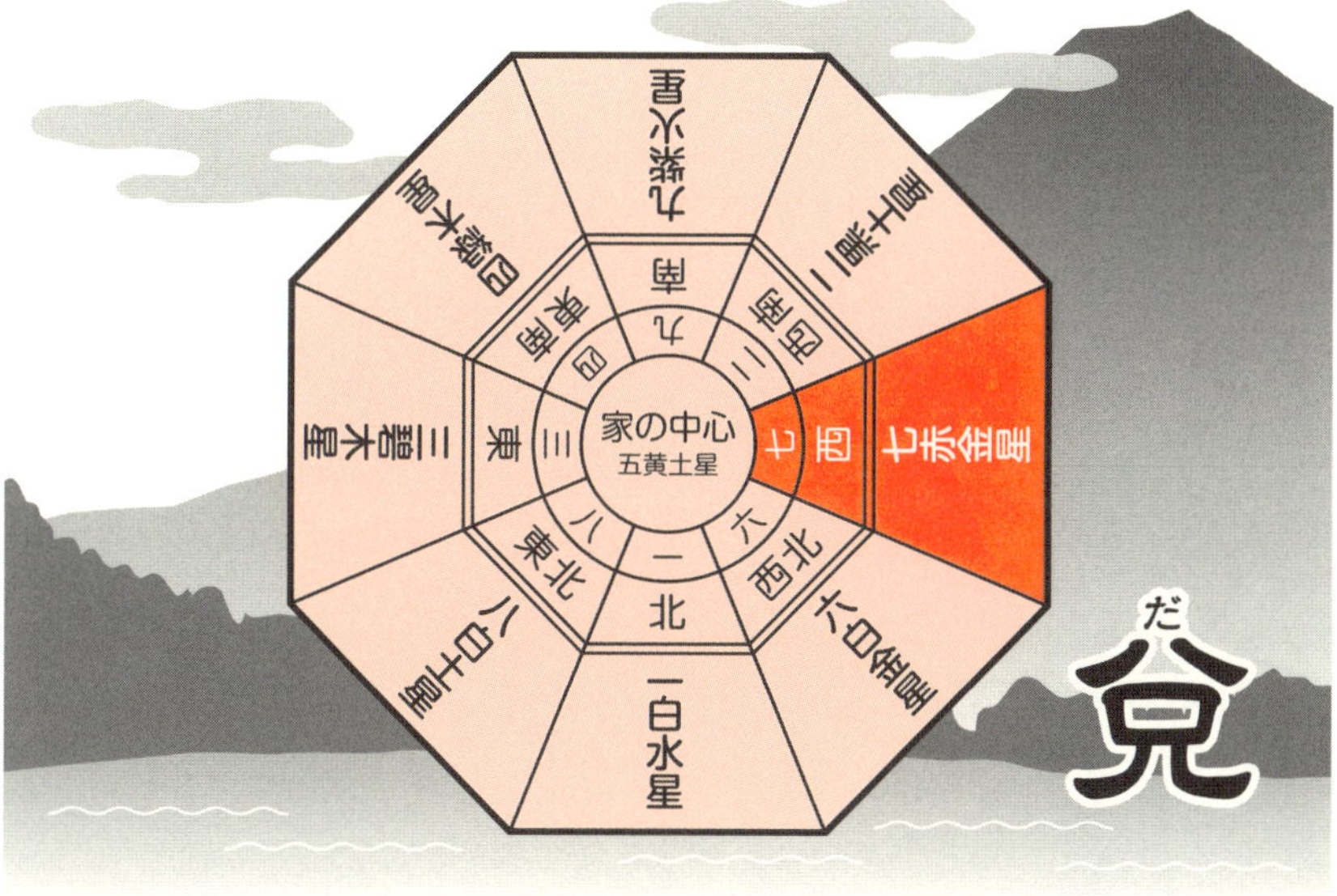

〈兌《だ》の象意〉

少女、若い女性、妾、後妻、不良、水商売、芸人、講演、説明、議論、弁護、講習、酒宴、歓楽、愉悦、恋愛、結婚、親密、甘言、接吻、誘惑、巧言令色、剣難、傷、欠陥、軽挙妄動、挫折、借金、引退、隠居、外柔内剛、お節介、笑う、経済、財政、喜悦、金儲け、喧嘩、手術、始め喜べど後に不満が生じる

〈天候〉

小雨、曇ときどき雨、星空

〈方位〉

西（酉）、西方四五度の間

〈易・五行〉

兌（☱）、金星

〈季節〉

秋、九月九日〜一〇月八日まで、午後五時〜七時までの時刻

兌《だ》が吉凶相となる家相

〈吉相とは〉

◎母屋の五分の一以下の張り出しか別棟がある家。
◎西に蔵がある家（三メートル以上離れること）。
◎西に二階が集まり、東が平家となっている家。
◎西が高く、東が低い地相。
◎西の正中に不浄となる設備がなく、窓もない（壁でふさがれている）家。

〈効果〉

①金銭面の流れが円滑となり、事業や商売、仕事が順調に発展する。
②女子が良縁に恵まれ、その福徳を授かる。
③衣食住が安定し、平穏無事な生活を送る。
④女子に音楽的な才能があり、声楽・器楽ともに優秀な成績を収める。
⑤社交・人間関係において、福徳を得ることがある。
⑥努力は功を奏し、妻や女子は働き者となる。
⑦肺・呼吸器系・消化器系が丈夫となり、健康を維持することができる。

〈凶相とは〉

●西にトイレ、井戸がある。
●西の正中（酉）にキッチンまたは浴室がある家。
●西に大きな張りまたは別棟がある家。
●西が欠けている家または欠けのある地相。
●西の正中に大きな窓がある家。
●西が平家で、東に二階が集まっている家。
●西が低く、東が高い地相。

〈作用〉

①遊びにふけり家業をかえりみず、金銭苦に。
②不倫・浮気・二号など、ほかに色情を求める。
③女子の身持ちが悪く、胸部疾患になりがちとなる。
④家中に手術を要する病、またはけが人が出る。
⑤金銭のやりくりがうまくいかなくなる。借金で首がまわらなくなる。
⑥縁組が思うようにいかず、晩婚になる。
⑦高所からの落下・骨折、喧嘩による傷を負う。

ただし、適当に張りのある家はいいといっても、永住する場合には借金が徐々に増え、どうしようもなくなることがあります。とくに、酉年・七赤金星生まれの人は、この影響を強く受けやすい。

「西北」六白金星定位

「西北」に位置する六白金星は、易の「乾」（☰）の卦からきていて、「天」を象徴するものです。天の徳は、万物を見守る働きを示していることから、乾は天であると同時に父であり、一国にたとえると君主となります。そのため、西北の乾宮は、一家の主人の運や財運に影響を与える方位とされ、権力や尊厳、そして民へ施しを与えることを目的とした働きをあらわしています。

そこで、昔は武家や名門の家ほど、この方位を大切にしました。旧家で西北が吉相の家は、先祖が高名な人だったり、世間から尊敬を受けたりした家柄である場合が多いようです。

また、乾の父なる天は、その気を、坤の母なる大地に下して万物を生み育てます。その徳は無限で、裕福の気をつかさどるのです。

したがって、この方位が吉相であるときは、財力が豊かになり、家業は繁栄します。会社などに勤めている人は、手腕を発揮し、目上の信頼を得て昇格や昇給が順調に進むでしょう。また主人は、しっかりとした威厳を持ち、家庭も安泰となっていきます。

家相では、西北に門や玄関、出入り口、納戸や倉庫のある家、西北に二階が集まり東南が平家の家などが吉相となります。

これに反して、西北が凶相の構えの家は、財産や資産を失うばかりか、長男に恵まれず、親子が断絶して家を出ることもあります。このため心身ともにストレスが多く、主人は威厳を失い、家の中は乱れることにもなるのです。もちろん、人望を集める素質も育ちません。

凶相となる家相は、西北の正中にトイレがある家、西北が欠けている家や地相、西北に階段や吹き抜けがある家などです。一家の主人の運は家族全体に影響しますから、注意が必要です。

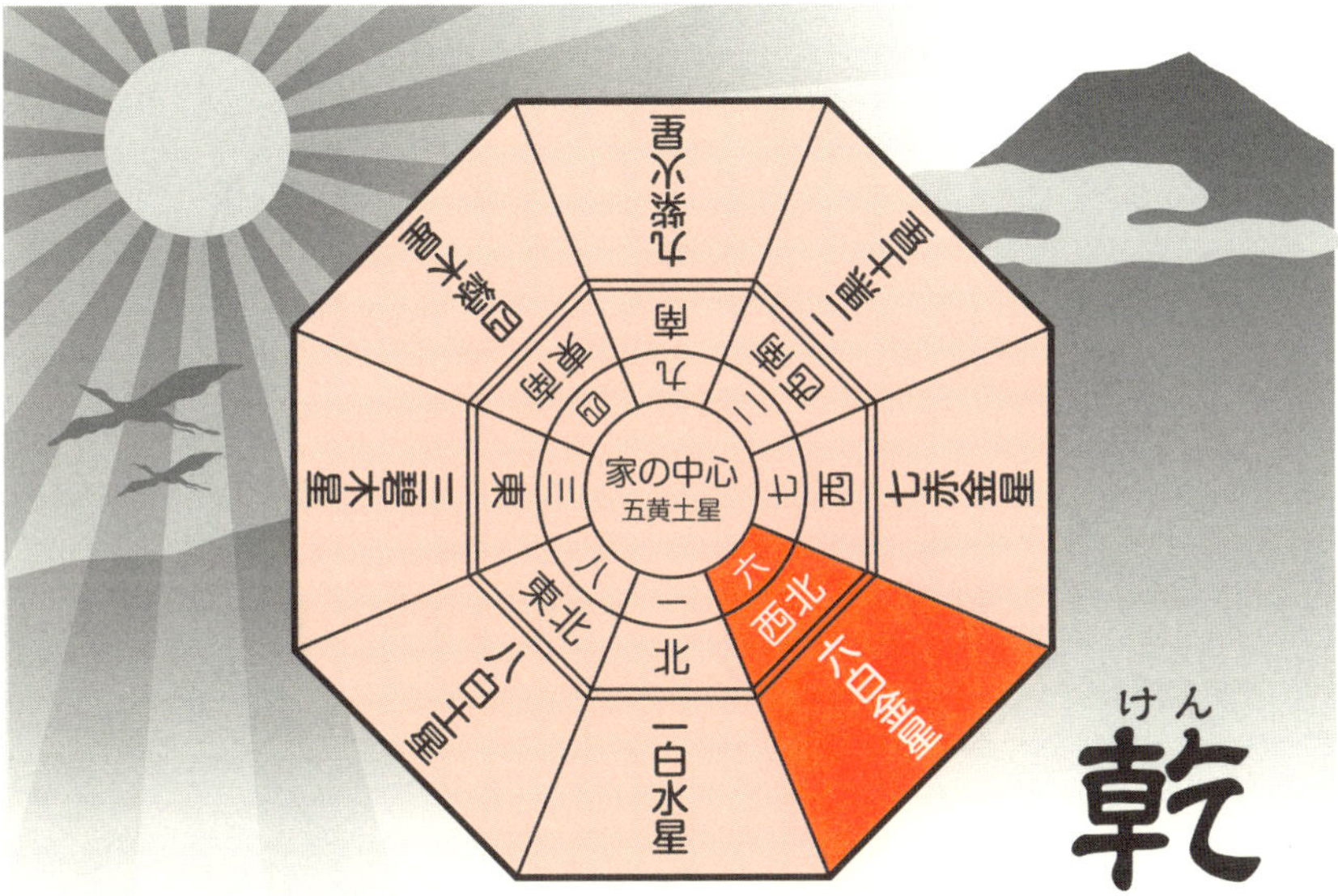

〈乾《けん》の象意〉

主人、夫、父、天皇、位の高い人、会長、社長、首相、神社仏閣、堅い、強情、高慢、権力、争う、侵略、競う、勝負、優秀、活動、完成、充実、性格、模範、守る、法律、裁く、資本家、富豪、施す、尊い、正直、誠実、純粋、向上、多忙、世話、散財、昇る、回転、高級、高価、全盛、威厳、先祖、宗教、信仰、指導、養育、満《みつる》の終点

〈天候〉

晴天、青空、雲、霜、氷

〈方位〉

西北（戌・亥）、西北方四五度の間

〈易・五行〉

乾（☰）、金星

〈季節〉

晩秋より初冬、一〇月九日～一一月五日まで、午後七時～一一時までの時刻

乾《けん》が吉凶相となる家相

〈吉相とは〉

◎母屋の三分の一以下の張り出しか別棟があり、更に東南にも同じくらいの張りがある家。
◎西北に門、玄関、出入り口がある家。
◎西北に蔵、納戸、倉庫がある家。
◎戌・亥に井戸がある地相。
◎西北が高く、東南が低くなっている地相。
◎西北に山、丘、ビルを配した地相。
◎西北に二階が集まり、東南が平家の家。
◎西北の正中に不浄の設備がない家。

〈効果〉

①主人の権威が増し、家庭安泰となる。
②家運が徐々に良好となり、財運が豊かになる。
③神仏をよく尊び、正しい信仰を身につける。
④株式・証券などで意外な利を得ることがある。
⑤頭脳が明晰となり、手腕を発揮する。
⑥社会や目上の信頼を得て、名誉ある地位につく。
　または実力者たる資質を身につける。
⑦一家は活動的で、健康的になる。

〈凶相とは〉

●西北の正中（乾）にトイレがある家。
●西北にだけ地下室、炉がある家。
●西北が欠けている家または地相。
●西北が低く、東南が高くなっている地相。
●西北に階段、吹き抜けがある家。
●西北が平家で、東南に二階が集まっている家。
●西北のみが過大に張り出している家。

〈作用〉

①いくら働いても報われず、財産が増えない。
②邪教や信仰に夢中となって、資産をなくす。
③投機ごと・博打などに財産を入れあげる。
④流産や早死になることがある。また母体が不完全なため、子供ができても障害者であることも多い。
⑤主人の尊厳・権限はなくなり、家庭不和の種となる。親子が断絶することもある。
⑥目上や有識者の引き立てが絶えてしまう。
⑦社会的なトラブルや困難にあって苦労させられる。
⑧左肺を患ったり、ノイローゼ・ストレスからの諸病にかかる者が家族から出る。とくに、戌年・亥年・六白金星生まれの人は、この影響を強く受けやすい。

コラム カラーコーディネイト

家の中心からみた八方位（正式には九方位）には、それぞれ吉相色があります。これは、その方位の象意が持っているラッキーカラーともいえるものです。また、その色はそのまま、住む人の本命星からみたラッキーカラーにもなります。

家相上で凶相となる間取りであっても、その方位の吉相色を基本として部屋のカラーコーディネートやイメージづくりを考えていけば、精神的な悪影響を防ぐことができ、心にもゆとりが生まれてきます。部屋が持っているいろいろな条件の中でも、家相や部屋の使い勝手などを考慮しながら凶作用を軽減し、吉相効果をつくり出していくことができるのです。

たとえば、本命星が六白金星の人で、部屋が北にある場合のカラーコーディネートを考えてみましょう。天井はオフホワイトで、壁紙はカメオベージュかミモザ色、アースカラーなどで濃淡に変化を持たせます。家具はマホガニー調の木製で、カーテンはキャメルや金茶色を基本にしたものを選べば、豪華な雰囲気と重厚感がイメージされ、六白金星生まれの人の特質と北の陰湿な気の放散とがうまくマッチして効果的な使い方となります。

自分の部屋を見直して、まず身近なところから吉相効果の上がるイメージづくりを始めてみてはいかがでしょうか。

①東の方位（三碧木星）の吉相色

オフホワイト・シルバー・グリーン・サーモンピンク・シャンパンイエロー・アクアブルー・オーカー・チョコレートブラウン・トルコブルーなど。

②東南の方位（四緑木星）の吉相色

アイボリー・パールホワイト・レモンイエロー・アイビーグリーン・若草色・飴色・エメラルドグリーン・リーフグリーン・アースカラー・紅茶色など。

③南の方位（九紫火星）の吉相色

ターキーレッド・ローズレッド・スカーレット・クルベット・ルビーレッド・赤紫・アメジストカラー・キャメル・紫紺《しこん》・黄櫨染《こうろぜん》・ネイビーグリーンなど。

④西南の方位（二黒土星）の吉相色

ベージュ・黒褐色・ダークグリーン・ミモザ色・オリエンタルブルー・紺・ターキーレッド・濃いパープル・レモンイエロー・琥珀色・カメオピンクなど。

⑤西の方位（七赤金星）の吉相色

ピーチピンク・オレンジイエロー・パールカラー・アイボリー・エメラルドグリーン・シルバーグリーン・アラバスター・タイガーリリー・ガーネットなど。

⑥西北の方位（六白金星）の吉相色

オフホワイト・シルバーグレー・グレー・ミモザ色・ゴールドイエロー・キャメル・金茶色・カメオベージュ・アーモンド・ポピーレッド・アースカラーなど。

⑦北の方位（一白水星）の吉相色

ベビーピンク・薄桃色・キャメルホワイト・琥珀色・淡い藍紺・シルバーホワイト・パールホワイト・アクアブルー・アラバスター・シルバースカイなど光沢のある色など。

⑧東北の方位（八白土星）の吉相色

淡彩色・ベージュ・アイボリー・パールホワイト・アイスホワイト・スプレーグリーン・あさぎ色・藤紫・レンガ色・シルクホワイト・スカイブルー・紅茶色など。

⑨中央の位置（五黄土星）の吉相色

ゴールド・カーキ色・マスタードイエロー・オーカーイエロー・ブーゲンビリア・ネイビー・キャッツアイ・オリーブ・スパニッシュトパーズ・カメリアなど。

Q1. 東西南北は分かるのですが、家相学で用いられる子、癸などの読み方や意味は？

子《ね》・丑《うし》・寅《とら》・卯《う》・辰《たつ》・巳《み》・午《うま》・未《ひつじ》・申《さる》・酉《とり》・戌《いぬ》・亥《い》は「十二支」といいます。「支」は分けるという意味で、古代中国では天空を十二に区分して、それぞれの方角にあてはめました。これに、宇宙の気を十種類に分けた「十干」の甲《きのえ》・乙《きのと》・丙《ひのえ》・丁《ひのと》・庚《かのえ》・辛《かのと》・壬《みづのえ》・癸《みづのと》（方位では戊・己は含まない）を組み合わせ、易の卦の巽《そん》・坤《こん》・乾《けん》・艮《ごん》を四隅に配して二十四山とし、八つの方位としています。東は卯《う》を甲《きのえ》と乙《きのと》ではさんだ四十五度で、同様に西は酉《とり》を中心に庚《かのえ》と辛《かのと》、南は午《うま》を中心に丙《ひのえ》と丁《ひのと》、北は子《ね》を中心に壬《みづのえ》と癸《みづのと》、東北は艮《ごん》を中心に寅《とら》と丑《うし》、東南は巽《そん》を中心に辰《たつ》と巳《み》、西南は坤《こん》を中心に未《ひつじ》と申《さる》、西北は乾《けん》を中心に戌《いぬ》と亥《い》になります。この八方位が家相をみる場合の基本となるのです。

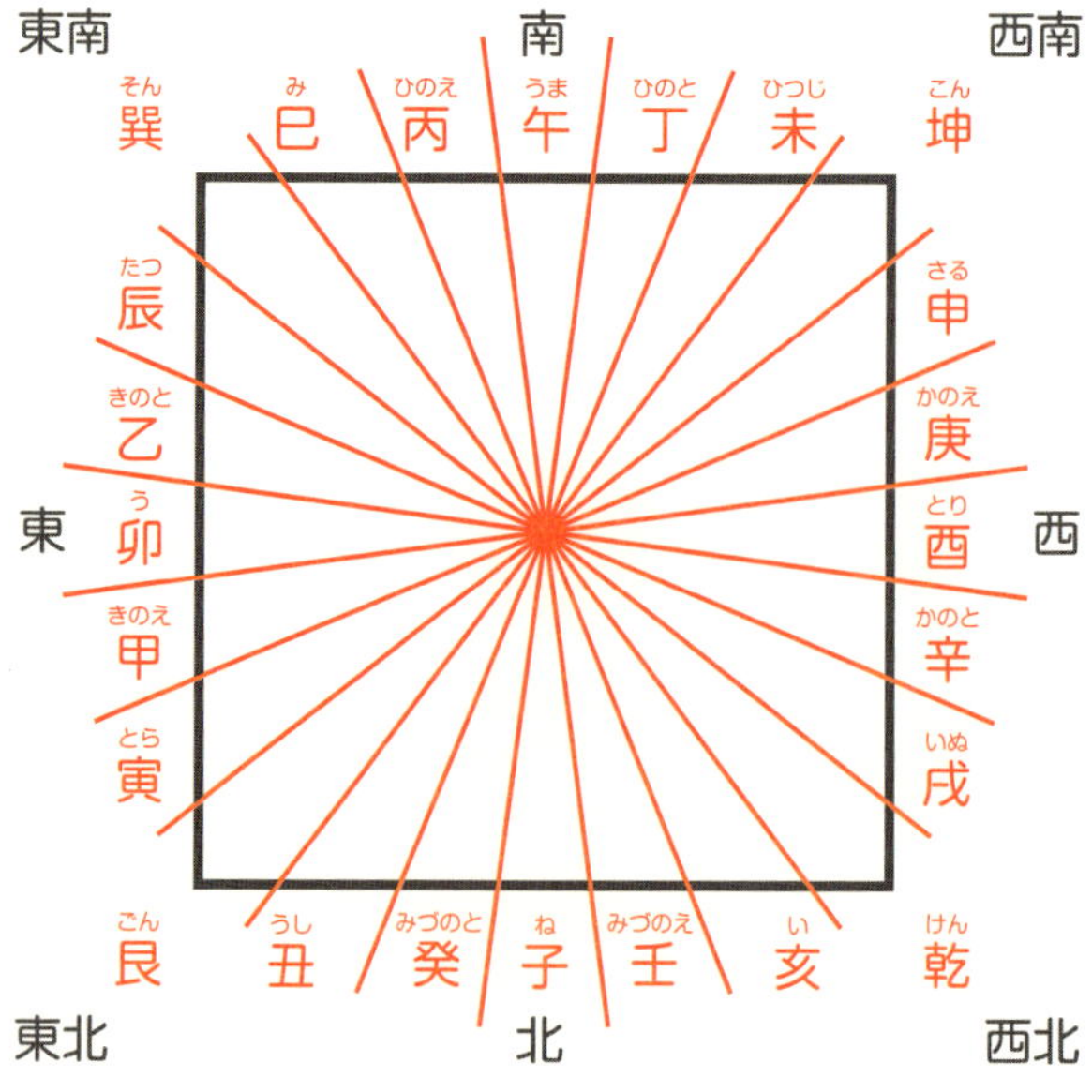

Q2. 風水学と家相学の違いは？

風水学は、文字通り風（空気）や水の流れ、働きといった自然のエネルギーを考え、環境をよくすることで運気の向上をめざすもので、陰陽思想をベースにしています。一方、家相学は方位学と密接に関係し、八方位を基本に建物の吉凶を判断するものです。吉相の家にするために、具体的な家の形や間取り、窓の位置、水回りの場所や不浄の方位などを考えます。

Q3. どうして南が上に書いてあるの？

一般的な地図などとは逆に、方位盤は南が上で、北が下になっています。これは、八方位の中で最も重要な方位が北だからです。「北斗七星」信仰のあった古代中国では、北極星の位置する北は最も神聖で、神の座する方位とされていました。古書に「君子南面する」とあるように、位の高い人物は必ず北に座り南に向くとされ、方位盤もこの説にならっているためです。

Q4. 間取りで最も重視しないといけない場所は？

家の間取りを考える際には、とくにトイレ・キッチン・玄関の「三備」に注意しなければなりません。なかでも最も難しいのがトイレの位置です。現在はほとんどの家が水洗式のトイレのため、どの場所でも問題ないように思えますが、トイレは今でも「不浄」の第一とされる所。精神面や健康に大きな影響を与える恐れがありますから、これらの汚水を集める「排水マス」の位置を必ずチェックし、十分に注意しましょう。

Q5. どの程度のリフォームから鑑定を受けたらいいでしょうか？

家相でいう吉相の家とは、自然界の「気」のルールと調和した家、つまり良い気の流れを持っている家のことをいいます。ですから、リフォームであっても、その場所や時期によって悪い気が滞留すると凶作用の影響を受け、思いがけない災いを招きかねません。ごく一部の改装や小さな増改築の場合も、方位や時期をきちんと確認してから工事を行ないましょう。目安として1週間以上かかるのであれば受けた方が良いでしょう。

Q6. 古い家で図面がないのですが…

図面が手元にない場合は、不動産会社や建築会社に問い合わせてみましょう。古い家で図面が残っていない場合には、実際に家屋の寸法や間取りを調べて、方眼紙に正確に書くとよいでしょう。専門家に依頼して図面を作成してもらうこともできます。

尚、二階や三階建ての家であっても、一階に居住空間がある場合は、中心の基礎となるのはあくまで一階部分です。

Q7. 家相盤で調べてみたら丁度境目にあるのですが…

家相では、吉凶を調べたい場所が、吉方となる方位の中程にあるのが理想です。また、そのほうが吉作用があらわれやすいとされています。しかし、その場所が方位盤の線上にあり、吉方位と凶方位の境目にあるときは注意しなければなりません。この場合は「凶方位に入る」と見るほうが懸命です。その上で、凶作用を受けないような間取りを考えましょう。

おわりに

家は生きています。家は人が住んで初めて命が宿り、日々の生活を営むことで鼓動し始めるのです。また、どのような家も、人が住んでこそ価値が生まれるもので、ただ大きな家を建てればいいというものではなく、住むは「澄」むであり、静かに落ちつき心癒される空間でなければなりません。

私は、家とはそこに住む人の心や性格、人間性のあらわれであり、それにともなう意思がさまざまな形で作用するものと考えています。方位もしかりです。いかに家相が吉相であっても、住む人が卑しい心を持っていたり、よこしまな考えで人を裏切ったり、自分だけがよければいいと我欲に走るなら、その吉徳は頂点を極めたところで崩れてしまうのは当然でしょう。そして、その災いは本人だけでなく家族や子孫にまで影響することは、これまで数多くの鑑定をした私の経験からも疑う余地はありません。

天地万物の全てが変化するように、家もまた古くなっていき、新たに建て替える時期がやってきます。住む人の地位や境遇、家族構成が変わることで、増改築が必要にもなります。そのときこそ、その家、そこに住む人にふさわしい吉相の構えにし、より良い人生に向かう好機といえるでしょう。本書がその一助になることを願ってやみません。

井上　象英

著者 井上 象英（いのうえ しょうえい）

カバー＆本文デザイン 岩間正夫
編集 小田草介
本文イラスト 河内麗
構成 たなかゆうこ
編集協力 三創企画研究所
スタジオアール
創作工房あとらえる

知っておきたい 幸せになれる 家相学

2010年3月8日 初版 第1刷発行
2019年5月1日 第2刷発行

発行者 木村依史
発行所 株式会社 神宮館
〒110-0015 東京都台東区東上野1丁目1番4号
電話 03-3831-1638（代）
FAX 03-3834-3332
印刷・製本 図書印刷株式会社

検印廃止

万一、落丁乱丁のある場合は送料小社負担でお取替致します。小社宛にお送り下さい。
本書の一部あるいは全部を無断で複写複製することは、法律で認められた場合を除き、著作権の侵害となります。定価はカバーに表示してあります。
©2010 by SHOUEI
ISBN978-4-86076-096-0 1950210
Printed in Japan
神宮館ホームページアドレス http://www.jingukan.jp